KB269106

# 위기와 기회

세계 동시 불황, 한국에는 기회다

# 위기와 기회

## 세계 동시 불황, 한국에는 기회다

변상근 지음

민음사

호황은 좋지만 불황은 더 좋다

준비된 자에게 위기는 오히려 기회다.

—마쓰시다 고노스케(마쓰시다 그룹의 창업자)

# 위기를 기회로

세기의 금융 쓰나미가 지구촌을 덮치면서 세계 경제를 거의 반 토막 냈다. 주식과 펀드, 집값은 물론이고 산업 생산과 판매, 소비, 심지어 성장률과 그 전망도 짧게는 두세 달, 길게는 일이 년 전에 비해 절반으로 토막이 났다.

1930년대 대공황이 세계로 파급되는 데 3년이 걸렸다. 2008년 미국발 금융 위기는 불과 3주 만에 글로벌 금융 위기로 번졌다. 인터넷과 금융 혁신으로 세계가 하나의 거대한 카지노 판으로 묶여 있기 때문이다.

실물경제의 동반 침체가 언제 회복될지는 아무도 모른다. 좋아질 때까지 당분간 더 나빠질 것이라는 전망 아닌 전망이 고작이다. 회복은 우리가 하기에 달렸고 우리 스스로가 만들어 낼 수밖에 없다. 반 토막

난 몸뚱이로 살아남으면서 동시에 회복 후의 새로운 도약을 준비해야 한다. 세계가 다 함께 어렵다면 역경에 역경을 헤쳐 온 한국으로서는 해볼 만한 게임이다.

IMF 외환 위기가 1주년을 맞은 1998년 11월, 《중앙일보》 논설위원이었던 필자는 「경제 재건 10년은 각오하자」라는 칼럼을 썼었다. 구조조정이 형식에 그치고, 1년 만에 'IMF를 졸업했다.'는 성급한 낙관론이 나돌 때였다. 그때는 우리만 어려웠고, 수출 활황과 환율 덕분에 무역 흑자를 크게 낼 수 있어서 외환 위기는 조기에 극복했었다.

그러나 너무 급격한 개방으로 기업가정신 등 한국 특유의 강점이 퇴색되고 기업들의 보수적 경영과 설비투자 부진으로 성장의 엔진이 식어 가기 시작했다. IT 중심의 신경제 New Economy 호황과 신용카드 및 부동산 버블 등 일련의 거품들에 이 모든 어려움이 가려져 왔을 뿐이다.

공교롭게도 그 10년 후에 외환 위기가 다시 찾아왔고, 저자는 2009년을 시작하면서 다시 「한국 경제 5년은 각오하자」라는 자세로 이 책을 준비했다. 2001년 IT 거품이 붕괴된 후 올해가 9년째다. 그 본산인 미국의 IT 산업과 나스닥 주가지수는 아직도 전성기 수준을 회복하지 못하고 있다. 일본의 불황은 10년을 끌었다.

세계 경제의 성장률이 글로벌 금융 위기 직전의 연 5퍼센트 대로 복원되려면 최소한 사오 년은 더 기다려야 한다. 그때까지 어려움을 참고 견디자는 얘기가 아니라 망가진 우리의 성장 시스템을 복원하고 재도약을 위한 발판을 다지는 기회로 최대한 활용하자는 뜻에서의 '각오하자'다.

대한민국의 경제 성장 60년 역사는 불리한 여건을 기회로 활용해 온 역사라 해도 과언은 아니다. 1970-1980년대 정부의 강력한 중화학공업 육성 정책은 과잉 중복 투자, 인플레 등의 문제점에도 불구하고 본격적인 대기업 성장의 계기로 작용했고, 포스코, 현대중공업, 삼성전자, 현대차 같은 21세기 대표적 글로벌 기업들을 탄생시켰다.

반도체와 휴대폰 TFT-LCD의 성공은 최첨단 분야라도 열심히 하면 세계 1위를 할 수 있고 기술 자립도 가능하다는 자신감을 대내외에 과시한 산업의 쾌거였다. 개방 과정의 시행착오에도 불구하고 글로벌 개방 체제의 격랑 속에서 경제 체질을 단련하며 세계 13위의 경제 대국으로 올라섰다.

한국의 역동성과 기술력, 산업 경쟁력은 이제 세계가 인정한다. 다만 세계 수준급 한국 기업에 비해 한국의 국가 이미지가 따라가지 못하고, 경제 규모에 걸맞은 국제적 대접과 제 목소리를 내지 못하고 있는 현실이 안타깝다.

세계 질서는 경제 규모가 큰 10여 개 국가들을 중심으로 다극 체제로 옮아가고 있다. 이 국가 간 협력 체제 속에 한국이 능동적인 주역으로 응분의 역할을 해야 할 때다. 안으로는 기본을 더 다지고, 국제 사회에서 제대로 평가받고, 제 목소리를 낼 수 있어야 한다. 단순히 잘사는 한국이 아니고 당당하고 떳떳한 한국, 품격 있고 존경받는 한국으로 거듭나는 기회로 만들어야 한다.

국가적 역량을 결집시켜 지금의 위기를 재도약의 기회로 삼으려면 국가 리더십부터 재정립해야 한다. 새 성장의 리더십, 소통의 리더십, 그리고 신뢰와 행복의 리더십이다. 일관되고 체계적인 성장 전략을 수립하고 이 비전을 국민과의 소통을 통해 사회적 합의를 이루면서 국민을 이끌고 가는 능력이 곧 성장의 리더십이다.

새로운 정책이 성공하려면 정책 자체의 질도 중요하지만 소통을 통한 이해 관계자의 조정도 필수적이다. 정책의 질은 필요조건이지만 소통은 충분조건이다. 위기를 극복해야 할 때일수록 소통이 더 중요하다. 정치의 모래성 위에 경제의 저택을 지을 수는 없다.

성장의 목표는 모두 함께 잘사는 것이다. 잘사는 것은 모두를 부자로 만드는 것이 아니라 가진 것의 많고 적음에 관계없이 국민 모두를 행복하게 만드는 일이다.

이명박 정부는 남은 4년 동안 경제 실적 수치에 집착하거나 연연치 말고 새로운 국가 리더십을 창출하고 실천에 옮겨 한국 경제 재도약의 발판을 탄탄히 다져 놓아야 한다. 이것이 한국 경제를 진정으로 살리는 길이다.

자본주의 경제에서 거품은 날씨의 태풍과 같은 것이다. 모진 태풍을 겪을수록 자본주의는 결점을 보완하며 더 다져지고 진화한다. 자본주의가 훌륭해서가 아니라 그 이외의 현실적 대안이 없기 때문이다. 대공황으로 파국이 온다는 불길한 예언도 난무하지만 비록 고통스럽긴 해도 국제 사회는 위기를 극복할 수 있는 지혜와 결속력을 갖고 있다고 믿는다.

'불이야' 하는 외침은 시장에선 다반사다. 평소 비상구를 통한 대피 요령을 숙지하고 있으면 불이 나도 큰 불상사 없이 질서 있게 빠져나간다. 인터넷 논객 미네르바 소동은 우리 사회의 패닉 현상을 대내외에 광고한 부끄러운 코미디다.

이 책의 1부는 미국 내 주택 산업 위기가 글로벌 신용 위기와 통화 태풍을 거쳐 세계 실물경제의 동시 불황으로 파급되는 과정과 원인을, 2부는 위기의 다이내믹스와 그 지각변동에 따른 기존 경제 질서의 붕괴 과정을 다루었다. 3부에서는 쓰나미와 통화 태풍이 한국에 파급되면서 불러일으키는 소용돌이, 그리고 경제 반 토막 시대 한국의 과제와 기회를 짚어 보았다. 기회는 준비된 자의 것이다. 그 준비에 조그만 보탬이 됐으면 하는 바람이다.

백년에 한 번 올까 말까 하는 경제 위기에 대해 책을 쓴다는 것은 엄청난 도전이자 경제 저널리스트로서는 대단한 영광이다. 위기는 지금도 진행 중이다. 기회가 주어지면 계속 보완해 나갈 생각이다. 책의 집필을 권유하고 독려해 주신 민음사 박맹호 회장께 깊은 감사를 드린다.

2009년 3월

# 1부 세기의 금융 쓰나미

## 1 폭풍 전야




## 2 서브프라임 모기지의 재앙




## 3 글로벌 신용 쓰나미

# 1부
# 세기의 금융 쓰나미

고대 그리스 이후 모든 금융 위기는 탐욕과 공포의 산물이다.

—브루스 와일더

# 1 폭풍 전야

초저금리와 주택 가격 상승이 불러온 서브프라임 거품 파티는 닷컴 붕괴 직전의 1999년 파티를 떠올리기에 족했다. '마에스트로' 앨런 그린스펀은 비이성적 과열이 자산 가격을 터무니없이 부풀려 지난 10년의 일본에서처럼 예측이 되지 않고 질질 끄는 장기 불황을 불러올지도 모른다고 1996년 미리 경고했었다. 주식시장에 대해서는 전염성 탐욕을 경고하면서도 집값은 떨어지지 않기 때문에 주택은 안전한 투자라며 그 어떤 조치도 취하지 않았다. 이라크 사태와 테러와의 전쟁에 정신이 팔려 있는 동안 주택 시장은 유일하게 밝은 곳이었다. 외국 자본의 유입을 촉진하면서 서민층의 내 집 마련 기회를 늘려 주는 이 일석이조의 정책 묘수가 월 스트리트의 탐욕과 초저금리의 유동성 파도를 타고 거대한 쓰나미로 변하면서 모기지 주택 구입자와 투기 세력, 월 스트리트의 브로커들을 모조리 삼킬 줄이야…….

## 과열에서 탐욕으로

1996년 12월 5일 아침, 미국의 연방준비제도이사회 FRB 의장 앨런 그린스펀은 욕조에 몸을 담그고 강연 원고 메모에 몰두하고 있었다. 저녁에 보수적 성격의 민간 싱크탱크인 AEI 미국 기업연구소의 연례 만찬 정책 강좌에 초청받아 "민주 사회에서 중앙은행의 도전"이란 제목으로 연설을 할 예정이었다.

그린스펀은 습관처럼 욕조 안에서 좋은 아이디어를 떠올리곤 했는데 이날도 마찬가지였다. 저녁 무렵 그는 회심의 미소를 지으며 집을 나섰다. 세계 넘버원 경제 대국의 중앙은행 총재인 그에게는 '인플레이션 투사', '경제 대통령', '마에스트로' 같은 별명이 훈장처럼 따라 붙었다. 중앙은행의 기본 임무는 물가 안정을 통해 통화가치를 수호하는 일이다. 이 임무가 워낙 중요하고 엄중하기에 중앙은행 총재를 도를 닦는 '수도승'에 비유하기도 한다. 세속적 이해관계와 연을 끊고 통화가치 수호라는 성스러운 전당을 지키는 자리라는 함의다.

그래서인지는 몰라도 그린스펀의 말은 큰스님의 난해한 법어처럼 들린다. 전문적이고 기술적인 표현에다 특유의 신중함으로 요리조리 빠져나갈 구멍을 만들어 놓기 때문이다. '비이성적 과열 irrational exuberance'이란 법어는 이렇게 해서 태어났다.

그는 중앙은행의 기능과 역할을 역사적 문맥에서 설명해 가면서 막바지에 앞으로의 도전과 관련해 대뜸 이렇게 반문했다.

비이성적 과열이 자산 가격을 터무니없이 부풀려 지난 10년의 일본에서

처럼 예측이 되지 않고 질질 끄는 장기 불황을 불러올 수도 있을지 우리

가 어떻게 알겠습니까? 이런 평가를 우리의 통화 정책에 어떻게 반영해야 할까요? 금융 자산의 거품 붕괴가 실물경제와 그 생산, 일자리, 물가 안정을 해치고 위협하지 않는다면 중앙은행은 걱정할 필요가 없겠지요. 사실 1987년 주식 폭락 사태는 전체 경제에 이렇다 할 부정적 영향을 주지는 않았지요. 그렇지만 자산 시장과 경제 사이의 복잡한 상호 작용을 우리 모두가 과소평가하거나 방심해서는 안 됩니다.

중앙은행 총재들의 평소 신중한 어조를 감안하면 이는 내용적으로 파격적인 경고였다. 그린스펀도 속으로 움찔해 연설을 끝내고 테이블에 돌아와 "뭐 뉴스거리가 됩니까?" 하며 좌중을 살폈으나 아무런 반응들이 없었다고 후일 회고록 『격동의 세월 *The Age of Turbulence*』에서 밝힌 바 있다.

그러나 '비이성적 과열'은 바깥에서 곧 화제가 됐고 그 시간대에 개장한 일본 도쿄 증시에서 주가가 크게 떨어졌다. 그러나 시장의 반응은 반나절에 그쳤고 주가는 아무 일도 없었던 것처럼 곧 회복되었다.

미국 뉴욕 증시 다우존스 평균 주가지수는 1994-1999년 사이에 세 배로 뛰었다. 주가 말고는 경제의 어떤 부문도 세 배로 뛰지는 않았다. 그린스펀이 거품 경고를 할 때 다우 주가지수는 6,000선이었다. 마침내 1999년 9월 다우 지수가 36,000에 이를 것이라는 『다우 36,000』이란 책이 센세이션을 일으켰고, 2000년 1월 14일 다우 지수는 11,722.98로 당시로서는 최고치를 경신했다.

그린스펀은 그 후 이 말을 입에 담지 않았다. 그러나 이 범어는 더욱 강력하고 힘 있는 전도사를 만났다. MIT<sup>매사추세츠 공과대학</sup> 출신의 예일대 경제학 교수 로버트 실러가 2000년 3월 바로 '비이성적 과열'을 표제로 한 저서로 그

FRB 의장 앨런 그린스펀은 1996년 '비이성적 과열'에 대한 우려를 나타냈고, 2002년에는 '전염성 탐욕' 때문에 CEO들이 수익률을 부풀리고 있다고 경고했다. 2006년 1월 그린스펀이 의장직에서 물러날 때만 해도 주식과 집값은 상승 가도를 달리고 있었지만, 불과 몇 달 후 금융 위기가 불거지기 시작했다.

린스펀을 옹호하면서 이 용어는 되살아났다.

실러는 그린스펀이 문제의 연설을 한 1996년 「시장 변동성과 거시시장」이
란 논문으로 그해 최우수 금융 논문에 주는 '폴 새뮤얼슨 상'의 1회 수상자
였다.

실러는 가장 큰 요인이 '투기적' 광풍 speculative frenzy'이라며 1996년 그린
스펀의 지적은 전적으로 옳았다고 거들었다. 그는 주가가 수백만 투자가들
의 '상승 편견'으로 하늘 높이 치솟았다며 수년 내 거품이 꺼질 것으로 내다
보았다. 그의 예상은 2000-2001년 닷컴 거품 붕괴로 곧 현실화됐다.

그린스펀은 2002년 7월 16일 상원 금융위원회에 나가 '전염성 탐
욕 infectious greed'이 1990년대 경제계를 지배했으며 최고경영자들이 주가를
높게, 또 계속 오르도록 하기 위해 이익 보고를 인위적으로 부풀리는 경향
이 있다고 경고했다. 직설적으로 꼬집어 속이 시원하다는 찬사도 따랐지만
그의 시거가 뿜어내는 연기 동그라미들을 잘 해독解讀할 줄 알아야 한다는
권고도 잇따랐다.

주식시장이 침체에 빠지면서 '비이성적 과열'은 좋았던 지난 시절의 향수
쯤으로 받아들여졌고, 닷컴 주식 붕괴 직후 IT정보기술 산업의 본향 실리콘밸
리에서는 '비이성적 과열이여 다시 한 번'이라는 스티커를 부착한 자동차들
도 굴러다녔다.

2006년 그린스펀이 FRB 의장직에서 물러나기 직전 존 스튜어트가 진행
하는 시사 풍자 프로그램 「데일리쇼」는 "앨런 그린스펀에게 바치는 비이성
적 과열"이라는 제목으로 전체 시간을 그린스펀 고별 쇼로 꾸미면서 그의
말을 비꼬았다. '입이 방정'이라 했던가? 지진이 몇 차례 지나갔다고 다시 오
지 말라는 법은 없다. 아니 훨씬 더 큰 것 The Big One이 잉태되고 있다는 것을

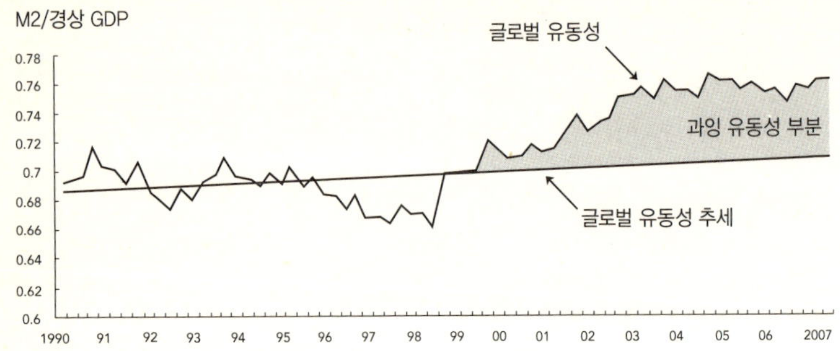



유동성 지표는 경상 GDP 대비 M2로 설정.
글로벌 과잉 유동성은 글로벌 유동성과 글로벌 유동성 추세치 간의 차이로 파악.

**글로벌 과잉 유동성 추이(미국, 일본, 유로권), 자료: 데이타스트림**

누가 알았으랴!

그린스펀이 2006년 1월 FRB 의장을 물러날 때 미국 경제는 강하고 인플레는 낮았으며 주식과 주택 값도 상승 가도를 달렸다. 그러나 몇 달 후 집값이 상승 행진을 멈추고 주택 건설이 침체되면서 위기가 불거지기 시작했다. 유럽과 미국의 은행들로 위기가 한창 번지던 2007년 9월 그는 회고록을 출간했고 그의 '영웅담'이 언론을 누빌 때 그의 후임자 벤 버냉키 의장은 연속적인 기준금리 인하로 위기와 힘든 싸움을 벌이고 있었다.

경제 상황의 악화와 함께 그에 대한 평가도 날로 악화되어 갔다. 2008년 1월 헤지펀드 매니저 윌리엄 플렉켄스타인이 출간한 베스트셀러의 표제는 『그린스펀 거품: FRB에서의 무지의 세월 *Greenspan's Bubbles*』이었다.

《타임》은 2009년 신년호에서 글로벌 금융 위기를 불러온 12대 인물 및 주요인 가운데 그린스펀을 장기 호황 다음으로 두 번째에 올려놓았다. 장기간 저금리에 따른 유동성 과잉으로 주택 시장이 과열되고 있다는 경보가 심심

24

찮게 울렸지만 그는 "확실치도 않은 버블 가능성 때문에 금리를 올리면 경제 전반에 부정적 영향을 미친다."는 입장을 고수했다. 주식 거품을 보고 '비이성적 과열'을 경고했지만 그는 어떤 조치도 취하지 않았다. 집값은 떨어지지 않기 때문에 주택은 안전한 투자라고 그는 되풀이해서 강조했다. 그래서 그린스펀의 도덕적 죄악sins으로 불리기도 한다.

월 스트리트가 무너져 내린 2008년 10월 어느 날 그는 난해한 법어를 접고 '파계破戒'에 가까운 고백을 털어놓았다. 자신이 수십 년 동안 권장해 왔던 자유방임형 시장경제 이념에서 중대한 결함을 발견했노라고. "그 결함이 얼마나 심각하고 오래갈지는 모르지만 나는 그 사실에 충격을 받았다."라고 또렷이 말한 것이다.

그린스펀은 글로벌 자본주의를 대표하는 얼굴이었다. 워터게이트 사건을 터뜨린《워싱턴 포스트》의 밥 우드워드는 2000년에 펴낸 그린스펀 전기『마에스트로: 그린스펀과 미국의 경제 붐Maestro』에서 "우리는 그린스펀에게서 위안을 얻는다. 그는 강하고 가장 우수한 무적無敵의 미국이라는 비전에 생명력을 불어넣는다."라고 썼다. 그 그린스펀과 자본주의 우상들이 비이성적 과열과 탐욕으로 우르르 무너져 내리기 시작한 것이다.


## 닌자, 돈 한 푼 없이 집을 사다


2008년 글로벌 금융 위기를 앨런 그린스펀은 "백년 만에 한 번 있을까 말까 한 금융 쓰나미"라고 표현했다. 1990년대 중반에 일기 시작한 미국의 주택 거품이 초저금리에 의한 유동성 파도를 타고 거대한 쓰나미로 변하면서 주택 소유자와 투기 세력, 월 스트리트의 브로커들을 삼킨 것이다. 무릇 거품은 폭락을 낳고, 폭락은 또 다른 거품을 잉태한다. 희대의 금융 쓰나미의 형성 과정도 예외는 아니다.

2000년 4월 14일은 월 스트리트의 비운의 날이었다. IT 관련 나스닥 주가 지수가 무려 356포인트 폭락하면서 IT 거품이 터진 것이다. 나스닥 지수는 2000년 3월 10일 5,132.52로 1999년 1월 이후 약 1년 만에 두 배 이상 올랐었다. 그러나 이날을 시작으로 2002년 10월까지 78퍼센트가 폭락했다. 고공행진을 거듭하던 인터넷 관련 주식들의 폭락으로 투자자들의 저축이 순식간에 증발하고 소비자와 기업 지출이 움츠러들기 시작했다.

여기에 2001년 9·11 테러가 겹쳤다. 뉴욕의 상징 쌍둥이 빌딩이 폭삭 내려앉으면서 뉴욕 증시는 나흘간 문을 닫았고 그 여파로 미국 경제는 경기 후퇴로 빠져 들었다.

경제의 급속한 악화를 막기 위해 미국 정부가 나섰다. 부시 행정부는 두 차례 파격적인 감세 조치를 단행했고 연방준비은행 FED은 대출과 소비 진작을 위해 금리를 내리기 시작했다. 기준금리인 연방기금 금리는 2000년 말 6.5퍼센트였다. 그러나 2001년 1월 이후 2년 반 동안 열세 차례나 계속 내리면서 2003년 6월 25일 1퍼센트로 낮아졌다.

이 1퍼센트의 초저금리는 이후 1년 동안 그대로 지속됐다. 통화 공급 확대로 돈 빌리기가 쉬워진 데다 초저금리로 빌려 쓰는 비용도 크게 싸졌다. 금리가 1퍼센트면 집을 포함해 원하는 것은 무엇이든 사고 싶은 충동이 생긴다. 경기 후퇴를 막기 위한 정부의 노력이 새로운 거품, 즉 주택 거품에 펌프질을 시작한 것이다.

2003년 30년 고정 금리였던 주택 모기지의 평균 금리는 연 5.8퍼센트로

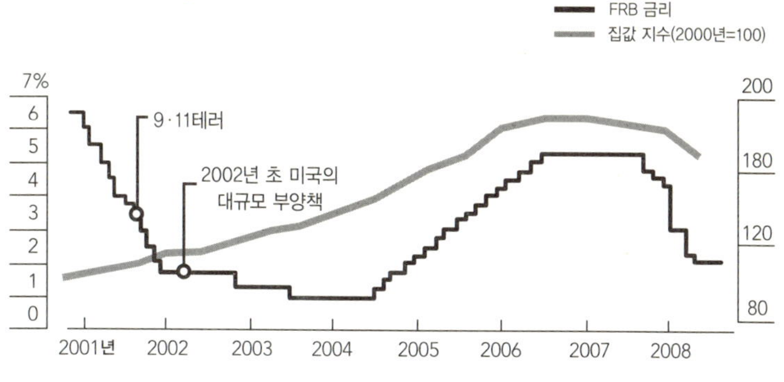


**FRB 금리와 미국 집값 추이, 자료: FRB, 《이코노미스트》**

1960년대 이후 최저로 떨어졌다. '모기지 mortgage'는 주택 구입 자금을 대출해 준 금융 회사가 주택 소유주로부터 매달 원리금을 청구할 수 있는 권리다. 당시 그린스펀 FRB 의장은 의회에 출석해 "지속적 성장을 뒷받침하려는 FED의 노력으로 경제가 살아나고, 이 과정에서 집을 새로 장만하는 가구들도 크게 늘고 있다."며 자랑스럽게 보고했다.

미국의 주택 보급률이 60퍼센트 대를 넘지 못한 상황에서 내 집 마련 가구의 급증은 반갑고 바람직하다. 그러나 문제는 주택 붐의 '질'이다. 주택 대출이 새로운 범주의 차입자들에 의해 주도되고 있었기 때문이다. 이렇다 할 소득이 없고 no income 직업도 없고 no job 재산도 없는 no assets 닌자 Ninja들, 이른바 '서브프라임 비우량' 차입자들이었던 것이다.

이들에 대한 대출은 위험부담이 큰데도 모기지 업체들은 이른바 '2/28' 편법을 미끼로 대출 실적 경쟁을 벌였다. 30년 상환 모기지 대출을 해 주면서 처음 2년 동안은 다운페이먼트 계약 시 인도금나 원리금을 한 푼도 내지 않고 3년째부터 변동금리로 28년 동안 갚아 나가도록 하는 방식이다.

수십만 달러짜리 주택을 돈 한 푼 내지 않고 먼저 구입한 다음 3년째부터 할부금만 갚아 나가면 된다. 더구나 주택 값이 계속 오르고 있기 때문에 집을 일단 사 놓으면 값이 올라 할부금 부담은 상대적으로 가볍게 느껴지고 오른 집값을 근거로 2차 대출을 받아 소비나 다른 투자에 이용할 수도 있다. 저소득층이나 집 없는 소수계 이민자들에게는 절호의 기회였다.

모기지 대출 회사 피너클파이낸셜의 모기지 브로커 케빈 코넬리의 회고담이다.

2004년 워싱턴 근교 비엔나오피스에 한 젊은 여성이 들어왔다. 그의 남자 친구가 아나폴리스 근처에 집을 사려고 한다며 소득이나 자산, 재직 증명 같은 것 없이도 대출을 받을 길이 있느냐고 물었다. 나는 그녀에게 구비 서류 묶음을 건네주었다. 대출을 집행하는 날 그녀는 혼자 왔다. 남자 친구가 출장 중이라며 모든 위임을 받고 왔다고 했다. 이 대출은 꼭 본인이 나와서 서명해야 한다고 했더니 그녀는 울먹거렸다. 남자 친구는 실제 구류 중인 몸이었다. 하지만 그런 건 전혀 문제가 되지 않았다. 어느 누구라도 수십만 달러를 빌려 집을 살 수 있을 때였으니까. 나는 그녀의 남자 친구가 심문을 받고 있는 법원으로 서류를 보내 주기로 했다. 대출이 나가는 날 공교롭게도 그는 풀려났다. 그는 내가 대출해 준 수상한 고객들 중의 한 사람에 불과했다. 수상한 것이 갈수록 정상적인 것이 되고 있었다. 대출 받는 자의 소득이나 고용에 관한 증빙 서류나 다운페이먼트 요구는 전혀 없었다. 이런 대출을 버젓이 해 주고 있다는 우리 자신이 정말 놀라울 따름이었다.

—《워싱턴 포스트》 2008년 6월 15일자

미국 정부도 서브프라임 모기지 대출의 위험성을 간과했고, 재무부의 개리 진슬러 국내 금융 담당 차관은 2000년 5월 "신용에 접근할 다른 대안이 없을 때 서브프라임 대출은 좋은 선택 방안"이라고 오히려 옹호했다.

서브프라임 모기지 대출은 2001년 전체 주택 담보 대출의 7.2퍼센트에 불과했으나 2004년에 18.2퍼센트로 급증했고 2006년에는 20.6퍼센트로 최고조에 달했다.

2006년 1월 퇴임을 몇 주 앞두고 이 통계가 보도되자 FRB 그린스펀 의장은 "나도 그 숫자를 보았어. 어떻게 그런 숫자가 나왔지?"라며 비우량 대출이 단기간에 극적으로 급증한 것이 믿기지 않는다는 표정이었다.

그린스펀이 후임 벤 버냉키 의장에게 이런 우려를 전했는지 여부는 분명치 않다. 버냉키는 취임 2주 후 의회에 나와 미국의 주택 보급률이 70퍼센트에 육박했다며 서브프라임 대출이 일부 기여한 결과라고 보고했다. 그러면서 "서브프라임 모기지 시장이 얼마나 탄탄한지, 또 어떤 문제점이 있는지의 여부는 주택 시장이 나빠질 때나 알 수 있을 것"이라며 유보를 달았다. 그 스스로 뭔가 불길한 낌새를 알아챘다는 얘기인가?


## 월 스트리트가 취했다


2008년 9월 16일 백악관에서였다. 거대 보험 회사 AIG에 850억 달러의 자금 지원을 결정하면서 조지 부시 대통령은 헨리 폴슨 재무장관 등 좌중을 돌아보며 "어쩌다 우리가 이 지경까지 됐지?" 하며 큰소리로 역정을 냈다. 미국인들의 내 집 마련 꿈 확대를 공언하고 대통령이 된 그가 8년 후 퇴임을 앞두고 주택 시장 붕괴에 직면했으니 기가 찰 노릇이었다.

그러나 이는 부시 대통령의 자업자득이었다. 미국 국민들은 자기 집을 가질 때 최선을 다하며 시장은 내버려 둘 때 가장 잘 굴러간다는 게 부시의 신념이었다. 재임 중 주택 보급률이 사상 최대라는 사실에 그는 자부심이 대단했다. 그래서 규제는 손을 떼다시피 했다.

알 허바드 전 국가경제위원회 NEC 위원장은 "문제의 심각성을 전혀 깨닫지 못했다. 깨달았다면 능히 대처했을 것"이라고 회고했다. 이라크 전쟁과 테러와의 전쟁에 정신이 팔려 있는 동안 주택 시장은 유일하게 '밝은 곳'이었다. 집값이 계속 오르면서 경제가 활기를 띠었고 2차 주택 대출을 받아 내구 소비재들을 새것으로 바꾸거나 자녀를 대학에 진학시키는 등 흥청거렸기 때문이다.

아메리칸 드림은 내 집 마련과 부의 축적이라는 쌍두마차다. 30년간 모기지를 부으며 내 집을 마련하다 보니 한평생 매달 할부금을 부어야 하는 모기지의 굴레를 벗어나지 못한다. '모기지 아메리카'에 저당 잡힌 인생이라고나 할까.

미국의 주택 보급률은 1940년에 45퍼센트 미만이었다. 1960년대 중반에 65퍼센트로 높아졌고 이 과정에서 모기지 산업이 큰 역할을 했다. 주택 담보 대출은 지방의 저축 대부 은행들이 고객으로부터 예금을 받아 예금이자보다 약간 높은 이율로 주택을 구입하는 사람에게 30년간 빌려주는 것으로 시작됐다. 1970년 모기지 대출 수요가 공급을 크게 웃돌자 정부가 새로운 아이디어를 내놓았다. 30년 고정 금리의 모기지를 모기지 은행들로부터 정부가 사들여 지불보증을 하고 모기지 수천 개를 묶어 하나의 채권으로 증권화시켜 투자자에게 판매토록

하는 방안이었다.

투자자들은 주택 소유주들이 매달 붓는 원리금으로 현금 흐름을 확보할 수 있고, 모기지 은행들은 당장 현금이 생겨 더 많은 주택 구입자에게 융자를 해 줄 수 있다. 월 스트리트는 증권화와 투자자 알선으로 새로운 수수료 수입이 생기는 등 모두에게 이로운 윈윈 전략이다.

그러나 이 증권화는 부채담보부증권 CDO: Collateralized Debt Obligation이 개발된 1980년대까지는 활발치 못했다. CDO는 투자은행 살로몬브라더스의 모기지 금융 책임자 루이스 래니에리와 그의 경쟁자 퍼스트보스턴 CSFB의 로렌스 핑크가 상품화했다.

담보가 되는 기초 자산들을 신용 등급별로 묶은 다음 등급이 높은 순으로 분할 판매하되 이자율과 만기도 각기 달리했다. 한결 신축성을 높인 이 신제품에 투자자들이 몰려들었다.

특히 서브프라임 모기지는 신용 위험이 높은 것으로 간주되기 때문에 대출 회사들은 보다 높은 금리를 물렸다. 이는 서브프라임 모기지를 묶어 증권화한 상품을 산 투자자가 보다 높은 수익을 올릴 수 있음을 의미한다. 신용 평가 회사들은 이들 증권에 높은 등급을 매겼다. 월 스트리트는 고객의 부족을 전혀 느끼지 않았고 지난 10년 동안 막대한 부가 축적된 아시아와 중동 같은 곳에서 투자자를 쉽게 만날 수 있었다. 정부가 보증하는 모기지의 두 거인 패니메이와 프레디맥은 부시 행정부로부터 주택 보급률을 높이도록 주문받아 서브프라임 대출 묶음을 정책적으로 열심히 사들였다.

모기지 업체들에게 서브프라임 대출은 안전한 베팅이었다. 주택 가격은 계속 오르고 있고 대출을 받은 주택 소유자들은 집을 어느 때고 팔 수 있으므로 할부금이 날로 높아 가도 신경을 쓰지 않았다. 집값이 올랐기 때문에 집을 처분하면 모기지를 제하고도 큰돈이 남았다. 월스트리트는 위험에는 아랑곳없이 모기지를 닥치는 대로 사 모아 이를 묶어 증권화해 국내외 투자자들에게 열심히 안겼다. 이들 증권들이 주택 붐을 부채질하며 수조 달러가 모기지 시장으로 흘러 들어왔다. 이 모든 것은 '탐욕greed' 한 단어로 수렴되었다.

2008년 6월에 『서브프라임 모기지 : 최근의 붐과 침체 Subprime Mortgages』라는 저서를 낸 에드워드 그램리치는 서브프라임 모기지 대출을 가리켜 서민층의 내 집 마련을 돕는 '엄청난 국가적 실험'이라고 말했다. 그는 빌 클린턴 대통령의 지명을 받아 1997년부터 2005년까지 FRB 이사로 있으면서 모기지 브로커의 고금리 대출 유도, 무無서류 대출, 주택 가격 100퍼센트 대출 등 불건전한 대출 관행에 심심찮게 경종을 울렸다. 서브프라임 모기지 시장이 당국의 감시가 전혀 미치지 않는 '황야의 서부 Wild West'로 변해 가고 있다고 개탄했다.

서브프라임 모기지는 저소득층의 내 집 마련을 촉진하고, 쌍둥이 적자 미국의 소비 수준을 유지시키려는 '거품 미국'의 고육책이었다. 1997년과 1998년 동남아와 중남미 국가들이 금융 위기로 고전 중일 때 미국은 장기 저리의 주택 대출을 확대하여 미국 가계의 소비 촉진을 통해 닷컴 거품을 연착륙시켰다.

그러나 닷컴 거품이 터진 후 주식시장이 침체에 빠지고 미국의 재무부채권도 낮은 이자율 때문에 그 매입이 한계에 달했다. 외국 자본의 유입으로 적자를 메워야 하는 입장에서 국채보다 수익성이 높고 안정성도 못하지 않은 투자 상품을 내놓지 않으면 안 되었다. 그래서 부채담보부증권 같은 새로운 금융 상품을 만들어 권위 있는 신용 평가 기관의 높은 신용 등급까지 받아 시장에 내놓은 것이다.

그러나 2004년부터는 이것도 한계에 다다랐다. 중산층 이상의 주택 보급률이 거의 포화 상태에 이르면서 더 이상 증서 발행이 어렵게 된 것이다. 그래서 신용이나 소득이 입증되지 않은 저소득층에게까지 주택 대출을 늘리는 서브프라임 모기지 대출이 시작된 것이다. 외국 자본의 유입을 촉진하면서 서민층의 내 집 마련 기회를 늘리는 일석이조의 정책 묘수였다.

전체 주택 모기지 가운데 서브프라임 대출 비중은 순식간에 10퍼센트에 이르렀고 미국에 신규 투자한 외국 자본의 60퍼센트가 서브프라임과 관련한 모기지 증권에 집중됐다. 그러나 이라크 전쟁 비용으로 정부 차입금이 늘어나면서 금리 인상 압력이 고조되고, 때맞춰 높은 변동금리가 적용되면서 주택 가격도 하락세로 돌아서자 할부금 납부 연체 등 서브프라임 모기지의 부실이 불거지기 시작했다.

서브프라임 모기지 부실에는 사기성 대출도 큰 몫을 했다. 모기지 브로커들은 차입자들의 서명을 위조해 소득을 멋대로 부풀려 실적 올리기 경쟁을 벌였다. 오래 살 것처럼 해 낮은 금리로 모기지 대출을 받아 놓고 잽싸게 집을 팔아 시세 차익을 챙기는 부류도 적지 않았다.

부시 대통령은 미국이 경제적 벼랑 끝에 내몰리게 된 것은 외국 돈의 홍수에 촉발된 기업의 탐욕과 시장의 과다가 그 원인이라며 "월 스트리트가 취했다. Wall Street got drunk."고 개탄했다. 거품과 광란 사기가 판치는 가운데 초저금리와 주택 가격 상승이 불러온 서브프라임 거품 파티는 닷컴 거품 붕괴 직전의 1999년 파티를 떠올리기에 족했다.

# 2 서브프라임 모기지의 재앙

미국 국내 주택 산업의 위기가 어떻게 해서 월 스트리트로 급속히 전이되면서 글로벌 금융 위기를 불러온 것일까? 위험성 높은 모기지 대출들을 한데 묶어 증권으로 만들어 세계의 투자자들에게 떠안겼기 때문이다. 서브프라임 모기지 부실의 재앙은 네 단계에 걸쳐 연쇄 파급되었다. ❶2007년 2-3월: 모기지 연체율이 급격히 높아지면서 모기지 대출 회사가 부실해진다. ❷2007년 8월: 서브프라임 모기지 대출채권을 유동화한 파생금융상품의 가격이 폭락하면서 부채담보부증권에 투자한 금융 회사들의 손실이 급증한다. ❸2007년 11월: 상업은행 및 투자은행들이 고수익 자산에 투자하기 위해 설립한 구조화투자회사들이 만기일 불일치로 유동성 위기에 봉착한다. ❹2008년 1월: 채권 보증회사인 대형 모노라인의 부실로 연쇄 파급되면서 미국 자본주의 골격인 28조 달러 규모의 신용 시장은 거의 셔터를 내린다. 베어스턴스의 몰락으로 사태는 큰 고비를 넘겼다고 금융가는 가슴을 쓸어내렸지만 이는 그야말로 시작에 불과했다.

## 거품 잔치에 음악이 멈추다

2004년 6월 30일은 글로벌 금융 역사에 획을 그은 운명의 날이다. 미국 연방준비은행이 초저금리 행진을 멈추고 금리 인상으로 돌아선 날이었다. 들뜬 거품 잔치에서 음악이 멈춘 것이다.

1950년대 이래 최저 수준이었던 1퍼센트의 초저금리는 이날 1.25퍼센트로 0.25퍼센트 포인트가 올랐다. 그러나 이를 시작으로 금리는 2년 동안 열일곱 차례 계속 올라 2006년 6월 29일 5.25퍼센트로 폭등했다. 금리 인상 행진이 주택 시장을 짓누르며 자산 붐을 급속하게 냉각시킨 것이다.

주택 붐은 지난 5년 동안 미국 경제를 힘차게 이끌었다. 그러나 2006년 초 서브프라임 모기지 분야에서부터 먹구름이 드리우기 시작했다. 통상 만기 30년 대출의 경우 초기 이삼 년은 시장 금리보다 낮은 고정금리를 적용하고 27-28년은 변동금리로 바뀌어 상대적으로 높은 대출이자를 내는 금리 구조다. 이 때문에 이삼 년 지나 매달 붓게 되는 원리금이 계속적인 금리 인상에 따라 눈덩이처럼 커진 것이다.

새집에 입주한 직후부터 모기지 원리금 연체가 급증하면서 주택 압류에 직면한 가구가 2005년에 비해 무려 70퍼센트가 늘었다. 전체 주택 모기지 중 조정금리부 서브프라임 모기지 비중은 6.8퍼센트에 불과했지만 압류 비율은 43퍼센트를 차지했다. 압류를 당하면 집에서 쫓겨나고 집은 경매에 붙여진다.

모기지 회사 중역들이 2006년 초 사우스캘리포니아에서 가진 한 대책 회의에서 내부 보고서를 보고 모두가 경악했다. 연체자 중 처음부터 돈 한 푼 없이 대출받아 집을 산 사람이 적지 않았던 것이다. 이런 사람에게 집을 갖게 하는 모기지 사업 모델은 있을 수가 없다. 도대체 세 번째 붓는 할부금부터 지급불능이 될 줄을 누가 예측이라도 했겠는가.

— 2007년 파산한 모기지 회사 피플스초이스의 한 중역의 말

《워싱턴 포스트》 2008년 6월 16일자

신규 주택 건설이 중지되고 서브프라임 모기지 수요자를 겨냥해 주택 건설을 서둘러 온 건설 업체들은 완공하자마자 빈 집이 된 수만 채의 집을 두고 속수무책이 되었다. 앞으로 10년까지는 새집을 짓지 않아도 될 만큼 주택 공급이 남아돌기 시작했다.

미국의 주택 가격은 2002년부터 2006년 초까지 지속적으로 올라 금리 인하가 멈춘 2006년 6월 전국 주택가격지수는 189.9로 최고점에 달했다. 2000년 초에 비해 무려 89.9퍼센트가 상승했다. 저금리가 가계의 과잉 소비를 조장하고 주택 가격의 거품을 가져왔다.

특히 모기지 대출을 1차 증권화한 주택저당증권 MBS: Mortgage-Backed Securities의 발행이 급증하면서 주택금융 시장에 유동성이 흘러 넘쳤고 이것이 모기지 대출과 주택 가격 상승을 불러온 것이다.

시장 금리 상승에 따라 주택 가격 거품이 꺼지면서 가계 부실도 본격화되었다. 일반 주택의 월 원리금 상환 부담은 2006년 7월 1,207달러로 2003년 2월 795달러에 비해 51.8퍼센트가 올랐다.

미국은 가계 부채 규모가 경상 국내총생산GDP에 육박한다. 2000년 이후 모기지 대출이 연평균 12.1퍼센트 증가해 가계 부채에서 차지하는 모기지 대출 비중은 2000년 68.7퍼센트에서 2007년 76퍼센트로 높아졌다. 가계가

모기지 대출의 볼모라고 해도 과언이 아니다.

집값이 마구 오를 때 갑자기 부자 된 기분으로 너도나도 2차 대출을 받아 자동차와 가구도 바꾸며 흥청거리고 살았다. 불어난 강물이 빠지면 강바닥의 바위들이 드러나듯 주택 가격의 거품이 빠지면서 가계 부실이 현실로 드러난 것이다. 전국 주택 가격은 2006년 6월 꼭짓점에 달한 후 가파르게 추락 중이다. 최고점 대비 17퍼센트 이상 떨어졌지만 그 바닥은 누구도 모른다.

2008년 새해 결의를 묻는 어느 설문조사에서 미국인들은 '빚 갚기', '저축하기'가 1위를 차지했다고 한다. 뚱보 인구가 30퍼센트를 넘는 미국에서 새해 결의는 어김없이 '살빼기'가 으뜸이었었다. 미국인들이 거품의 숙취 속에서 깨어난 것일까?

서브프라임 모기지 부실 사태로 200만 가구가 집을 압류당하고 120만 가구가 정부의 대출금리 조정만 바라며 연명 중이다. 주택에 이어 신용카드와 자동차 할부금 연체도 급증하고 있다. 미국인들이 분에 넘치는 소비를 한다는 경고는 어제오늘의 일이 아니다. 그럼에도 이것이 지탱될 수 있었던 이유는 대충 세 갈래로 설명될 수 있다.

막대한 무역 적자를 해외로부터의 자본 유입이 메워 주고 있는 것이 첫째다. 미국의 무역 적자는 곧 상대국의 흑자를 의미한다. 연간 1조 달러에 육박하는 무역 적자를 내면서 세계의 수출국들을 '먹여 살리는' 격이다. 그 보답으로 흑자국들은 미국 국채와 자산을 매입해 준다. 재무부 채권은 47퍼센트가 외국인 수중에 있다. 미국은 기술 및 기업 혁신의 일번지이고 가장 안전한 투자처라는 인식 때문이다.

미국은 금융 초강국이고 자본수지로 엄청난 흑자를 낸다는 점이 둘째다. 첨단 금융 기법으로 해외에 투자해 무역보다는 금융으로 더 큰 돈을 번다는 얘기다. 미국 달러화가 기축통화이고 달러 주도 국제 금융 체제에서 오는 편익이 그 세 번째다. 100달러 지폐는 찍어 낼 때마다 시중에 거의 유통이 되지 않고 70퍼센트가 외국의 금고에서 잠을 잔다. 찍어 내는 비용이 한 장당 4센트니까 미국은 거의 이자 없이 막대한 달러를 빌려 쓰고 있는 셈이다.

주택 경기가 흥청대면서 오른 집값을 근거로 생활비를 2차 대출받아 일도 안 하고 놀고 먹던 사람들이 최근 10년 동안 엄청나게 늘어났다. 은행이나 카드회사에서 빌린 돈을 갚을 수 없게 되면 집 열쇠를 현관 문에 꽂아 둔 채 캠퍼에 옮겨 타고 여름이면 북쪽 메인 주 호숫가로, 겨울이면 따뜻한 플로리다 주로 캠핑을 일삼는 떠돌이들도 대거 생겨났다.

캘리포니아 주는 주택 242가구 가운데 한 가구 꼴로 가압류 절차가 진행 중이다. 집에서 쫓겨난 이들이 텐트 촌에서 난민처럼 살며 1930년대 대공황 풍경을 재현하고 있다는 보도들도 전해진다. 돈을 갚을 능력이 없는 사람들을 대상으로 돈을 펑펑 빌려주고, 고금리로 현금서비스를 받을 수 있는 신용카드까지 쥐어 주며 돈을 쓰게 만든 것이 신용 자본주의였다. 가난한 자의 꿈을 이용한 '약탈적 머니게임'이란 가시 돋친 항변도 쏟아진다. 대공황의 비극을 그린 존 스타인벡의 『분노의 포도』를 떠올리게 하는 대목이다.


## 셔터 내리는 신용 시장


서브프라임 모기지 연체율이 2006년 4분기부터 급격히 높아지더니 마침내 2007년 들면서 쌓였던 부실이 터지기 시작했다. 2월 7일 두 개의 발표가 몇 시간 간격으로 세상을 놀라게 했다. 런던에 본부가 있는 142년 전통의 홍콩상하이은행HSBC이 서브프라임 관련 106억 달러의 손실이 불가피해졌다는 발표가 하나였다. HSBC는 최대의 서브프라임 대출 기관의 하나다. 이어 미국 2위의 서브프라임 모기지 회사 뉴센추리파이낸셜이 파산 신청을 낼지도 모른다는 소식이 전해졌다.

그로부터 몇 주 사이에 서브프라임 대출 회사들의 주가가 곤두박질치고 파산 보호 신청이 꼬리를 물었다. 신규 주택 건설이 근래 10년 사이 최저 수준으로 떨어지고, 2월 27일에는 뉴욕 다우존스 주가지수가 416.02포인트 빠지면서 사상 일곱 번째 큰 폭락을 보였다.

그러나 연방준비은행 당국자들은 한동안 이렇다 할 동요를 보이지 않았다. 손실액이 크다고는 하지만 미국 경제의 전체 덩치에 비하면 심각한 사안은 아니라고 보았던 것 같다. 넉 달 뒤인 6월 하순 국제경제회의 참석차 남아프리카를 방문했을 때만 해도 버냉키 FRB 의장은 위성을 통한 한 인터뷰에서 "서브프라임 부문의 어려움이 그보다 더 큰 경제나 금융 시스템으로까지 심각하게 번질 것 같지는 않다."라고 내다보았다. 이 얼마나 안일한 정세 판단이었던가.

그러나 금융가에서는 뉴욕의 큰 투자은행 하나가 어려움에 빠졌다는 소문이 나돌기 시작했다. 5위의 투자은행 베어스턴스는 산하에 두 개의 헤지펀드를 두고 있었다. 이들의 서브프라임 관련 손실이 엄청나 그중 하나를 살리려면 수십억 달러의 지원이 불가피하다는 내용이었다. 또 누구누구가 위험하다더라는 쑥덕거림으로 금융가는 연일 술렁거렸다.

서브프라임 모기지를 한데 묶어 사들인 투자은행들은 지불 불능 상태가 된 모기지 대출들을 모기지 회사들에 돌려보냈다. 모기지 회사들이 신용 상태를 잘 알아보지도 않고 대출해 이런 사태가 났다는 질책이었다. 모기지 회사들은 투자은행과의 관계를 생각해 울며 겨자 먹기로 떠안을 수밖에 없었다. 모기지 산업계 전체가 뒤늦게 퇴짜 맞고 되돌아온 부실 대출 더미 때문에 숨이 막힐 지경이었다. 되돌아온 모기지 대출을 놓고 이제 와서 기준을 강화하고, 다운페이먼트 없는 것은 솎아 내고, 신용 요건을 엄하게 한들 무슨 소용이 있으랴. 이미 때는 너무 늦었다.

다시 7월 19일 버냉키 FRB 의장은 의회에 출석해 "모기지 연체와 주택 압류의 증가로 많은 주택 소유자들이 개인적, 경제적, 사회적 곤궁에 처해 있다."며 "사태는 개선되기 전에 더 악화될 것"이라고 보고했다. 그러면서 "서브프라임 산업의 심각한 금융적 손실이 금융 시장에 영향을 미치고 있다."라고 덧붙였다. 버냉키와 FRB 당국자들이 앞으로의 사태에 대해 경고를 내린 것인지, 아니면 여태 사태의 심각성을 깨닫지 못하고 있는지 여하튼 아리송한 대목이다.

며칠 뒤 미국 최대의 모기지 대출 회사 컨추리와이드파이낸셜이 모기지 대출 부도로 이익이 3분의 1 이하로 줄었다고 발표했다. 베어스턴스의 헤지펀드가 구제 불능 상태에 빠지고 프랑스 최대 은행 BNP파리바가 모기지 증권에 투자한 세 개 펀드의 기능을 정지시켰다고 발표했다. 무디스와 스탠더드앤드푸어스, 피치 등 세계 3대 신용 평가 기관은 서브프라임 관련 부채담보부증권의 신용 등급을 갑작스럽게 일제히 하향 조정했다. 이들에게 높은 등급을 부여하며 투자를 부추길 때는 언제였던가?

사태가 악화일로로 치닫던 8월 하순, 와이오밍 주 잭슨홀에서 열린 연방준비은행의 연례 하계 심포지엄은 겉으로는 평온했다. 그러나 이 무렵 버냉키와 그 고위 참모들은 비밀리에 상황실을 설치하고 교대하며 하루 몇 번씩 회동을 갖고 있던 것으로 알려졌다. 이 심포지엄에 초청받은 스탠퍼드 대학의 존 테일러 경제학 교수는 회의장에 나와 "금리를 너무 낮게 너무 오랫동안 유지한 탓"이라며 그린스펀 체제를 비판했다.

또 한 사람의 초청자는 백혈병과 투병 중이어서 참석하지 못했다. 전 FRB 이사로 서브프라임에 강한 경종을 울리며 그 주장을 『서브프라임 모기지: 최근의 붐과 침체』라는 저서로 펴낸 에드워드 그램리치였다. 참석을 못 하는 대신 보내 온 연설문을 그의 동료가 심포지엄에서 낭독했다. 요지는 두 가지였다. "서브프라임 시장은 저소득, 소수인종 차입자들에게 신용 시장 참여를 허용한다는 점에서 그 자체로 장래를 기약하는 발전이다. 그러나 대다수 대출들이 거의 아무런 감시를 받지 않고 이루어지고 있다."라는 것이다. 그의 글이 낭독된 닷새 후 그는 워싱턴 시내 듀폰서클 자택에서 숨을 거두었다.

처음부터 주택 대출금을 갚을 생각도 없이 집값이 뛰기만을 기다리며 도박 삼아 집을 구입한 경우가 600만 건으로 추산됐다. 이들에게 모기지 대출을 제공하며 집을 사도록 부추긴 모기지 대출 관련 회사들은 대형 은행들의 특수 자회사들이었다.

「물거품 된 아메리칸 드림」이란 제목의 《뉴스위크》특집 기사의 한 대목이다.

부동산 중개인을 따라 집을 보러 다닐 때면 흔히 '튼튼하게 잘 지은 집' 또는 '투자 가치가 높은 집'이란 설명을 자주 듣는다. 요즘 내놓은 집들을 보러 나갔더니 상황이 딴판이었다. 곰팡이 투성이의 실내 수영장이 있는 지하실로 나를 안내하면서 "숨을 참으세요."라고 말했다. 악취가 코를 찔렀다. 침실 벽에 낙서가 가득하고 창문에 판자를 댄 집들이 수두룩했다. 모기지 대출 원리금을 못 내 압류된 집들이 시장에 쏟아져 나오면서 흔히 목격되는 장면이다. 이런 가정의 대다수는 제대로 이해하지 못하는 신종 주택담보대출을 이용한 것이다. 동네에서 만난 한 여성은 "듣지 말아야 할 사람들의 말을 들었다."며 부부 합산 소득의 절반이 주택담보대출 상환용으로 나간다고 한숨 지었다.

— 2008년 12월 31일자

피해가 속속 드러날수록 은행과 투자자들은 수천 개 모기지 대출로 묶여 있는 부채담보부증권 같은 복잡한 투자 상품 속에 숨겨진 '지뢰'에 불안감과 공포심을 드러내기 시작했다. "언제 나에게 거액의 손실이 닥칠지 누가 알겠는가. 현금을 단단히 움켜쥐고, 누가 빌려달라면 거절해야지." 금융가는 이렇게 한마음이 되어 가고 있었다. 미국 자본주의의 주요 골격인 28조 달러 규모의 신용 시장은 셔터를 거의 내린 상태였다.

## 베어스턴스 최후의 날

서브프라임 모기지 부실은 미국 주택 산업의 위기다. 이 미국 국내 산업의 위기가 어떻게 해서 월 스트리트로, 세계의 금융가로 급속하게 전이되면서 글로벌 금융 위기를 불러오는 것일까? 위험성이 높은 모기지 대출들을 한데 묶어 증권으로 만들어 월 스트리트는 물론이고 세계의 투자자들에게 떠안겼기 때문이다.

2008년 1월 10일 밴 버냉키 FRB 의장은 연초 첫 회견에서 서브프라임 사태가 "더 큰 경제의 앞날에 영향을 미치고 있다."라고 마침내 시인했다. 1월 19일 미국 실업률이 2005년 11월 이래 최고 수준인 5퍼센트에 이르고, 이틀 후 세계 증시는 2001년 9·11 테러 이래 최대의 낙폭을 기록했다. 미국 FRB는 근 25년 만에 처음으로 금리를 0.75퍼센트 포인트나 부랴부랴 내렸다. 그러나 공격적인 금리 인하에도 경제의 추락은 멈추지 않았고 은행들의 손실은 눈덩이처럼 불어나고 있었다.

3월 12일 세계 금융가의 이목은 서브프라임 부실에 크게 노출된 월 스트리트의 다섯 번째 투자은행 베어스턴스 Bear Stearns에 온통 쏠렸다. 85세의 CEO 앨런 슈워츠는 급거 저녁 TV에 출연해 회사가 170억 달러의 현금 쿠션을 갖고 있다며 투자자들을 진정시키려 애썼다. 그러나 그날 밤 베어스턴스의 돈줄들은 모두 돌아서 버렸다. 다음 날 고객들이 맡긴 돈을 돌려달라고 아우성이었고 파산은 초읽기에 들어갔다.

투자은행업은 신뢰를 먹고 산다. 신뢰가 증발하면 비즈니스도 함께 사라진다. 베어스턴스는 2007년 여름부터 휘하 헤지펀드 중 두 개가 서브프라임 모기지 부실에 호되게 물렸다. 회사는 유동성을 확충해 가며 2월에 투자자 컨퍼런스까지 열어 "우리의 자본 포지션은 튼실하다."라고 역설했으나 투자자들은 반신반의했다. 베어스턴스는 당시 자본금 111억 달러에 3950억 달러의 자산을 굴리고 있었다. 레버리지 비율이 무려 서른다섯 배 이상이었고 경쟁 관계에 있는 투자은행들에 비해 자산의 유동성이 떨어졌었다.

파산 확률이 30-35퍼센트라는 루머가 돌면서 3월 10일 굴지의 한 은행이 20억 달러의 단기자금 융통을 거절했다. 투자은행들이 일상적 결제 자금으로 수십 억 달러를 빌렸다가 갚고 또 빌리는 환매조건부증권 RP 매매를 통한 자금 조달은 투자은행 업무에는 필수적이다. 월 스트리트에서 이 차입이 거절당하는 것은 월급날 하루 전에 5달러를 빌리려다 거절당하는 것으로 비유된다. 베어스턴스 중역진은 딴 곳에서 융통을 시도했으나 신용은 급속히 메말라 가고 있었다.

다음 날인 3월 12일 골드만삭스 파생상품 그룹은 자기네 헤지펀드 고객들에게 베어스턴스가 금리 스와프 의무를 이행할 수 없을 것 같다는 전자메일을 보내면서 골드만삭스는 베어스턴스와는 파생상품 거래에 더 이상 발을 들이지 않을 것이라고 밝혔다. 베어스턴스와 거래를 단절한다는 완곡한 표현이었다.

한 달 전에 35만 달러에 불과하던 베어스턴스의 부채는 1000만 달러가 되었고 이에 대한 신용부도스와프CDS 프리미엄은 100만 달러를 넘어섰다. 베어스턴스는 최후 순간까지 출혈을 감수했으나 3월 11일 프리미엄 액수는 더 이상 의미가 없어졌다. 은행들이 베어스턴스 채무에 대한 어떠한 신용 보호도 거절했기 때문이다. 골드만삭스의 전자메일 내용이 입소문으로 퍼져 나가면서 '홍수의 수문'이 열렸고 헤지펀드와 고객들의 인출 러시가 시작됐다.

CEO 슈워츠는 기자회견 다음 날 JP모건체이스의 CEO 제이미 디몬의 사적인 휴대폰 번호를 알아내 베어스턴스를 매입해 달라고 부탁했다. 디몬은 시간을 주면 검토해 보겠다고 대답한 뒤 JP모건체이스 직원 수백 명을 베어스턴스에 파견해 장부 실사에 들어갔다.

버냉키 FRB 의장은 베어스턴스가 무너질 경우 글로벌 경제의 붕괴를 우려했다. 수십억 달러의 미국인 예금을 맡은 머니마켓펀드MMF들이 베어스턴스에게 거액을 빌려주었다. 금융 시장에서 베어스턴스의 중요한 역할이 정지되면서 다른 투자은행들도 쓰러질지도 모른다고 생각했다. 연방준비은행Fed은 현금을 돌게 해 베어스턴스를 우선 살려 놓기로 결정하고 3월 14일

오전 9시 300억 달러를 JP모건체이스를 통해 긴급 융자를 지원했다. 미국 중앙은행이 예금을 취급하는 상업은행 이외의 금융 기관에 공적자금 지원으로 개입한 것은 1929년 대공황 이후 처음 있는 일이었다.

주말에 헨리 폴슨 재무장관은 JP모건의 인수 협상 과정을 직접 챙겼다. 모건은 베어스턴스의 일부 인수 의향을 비쳤으나 폴슨은 모두를 가져가 달라고 종용했다. 모건은 베어스턴스의 장부에 있는 300억 달러의 부채담보부증권을 연방준비은행이 가져간다고 동의하면 그렇게 하겠다고 고집했다. 더 나은 대안이 없다고 판단한 Fed는 이를 받아들인 것이다.

JP모건은 베어스턴스를 한 주에 2달러를 쳐 2억 3600만 달러에 인수한다고 발표했다. 1923년에 설립돼 전 세계 종업원 1만 5000명에 3850억 달러를 굴리던 베어스턴스는 1년 전만 해도 주가가 최고 169달러, 그 가치는 180억 달러 상당이었다. 주식시장에서 그 가치의 98퍼센트를 잃어버린 것이다. 패닉 상황에서 루머→결정적 전자메일→85년 역사의 투자은행의 죽음에 이르는 데는 불과 며칠밖에 걸리지 않았다.

서브프라임 모기지 부실의 재앙은 네 단계에 걸쳐 연쇄 파급된다. 모기지 연체율이 급격히 높아지면서 대출을 해 준 모기지 대출 회사가 부실화된다. 2007년 2-3월의 1차 금융 불안이 여기에 해당한다. 미국 2위의 서브프라임 모기지 대출회사 뉴센추리파이낸셜이 파산 신청을 하는 등 모기지 회사들의 부실이 본격화된 시기다.

서브프라임 모기지 대출채권을 유동화한 파생금융상품의 가격이 폭락하면서 부채담보부증권CDO에 투자한 금융 회사들의 손실이 급증한다. 2007년 8월의 2차 금융 불안이 2단계다.

헤지펀드의 경우 고수익 고위험 등급에 대한 투자 비중이 36.0퍼센트나 되어 손실이 엄청날 수밖에 없다.

다음은 상업은행 및 투자은행들이 고수익 자산에 투자하기 위해 설립한 투자 전문 회사인 구조화투자회사 SIV: Structured Investment Vehicle 들이 만기일 불일치로 유동성 위기에 봉착한다. 2007년 11월의 3차 금융 불안이 3단계다. 이들은 구조화투자회사 또는 유동화전문회사로 불린다. 이들은 단기성인 자산담보부기업어음 ABCP: Asset Backed Commercial Paper 을 발행해 조달한 자금으로 주택저당증권 MBS 이나 CDO 등 고수익 장기 채권에 주로 투자하기 때문에 만기일 불일치로 유동성 위기에 몰리게 된 것이다.

4차 파급은 소위 모노라인 Monoline: 채권 보증 회사 이다. 이들은 신용부도스와프 CDS 계약에 따라 부도가 나면 주택 채권의 원리금을 대신 갚아 주어야 한다. 보증 수수료로 고수익을 올릴 때는 좋았지만 예기치 않은 거대 부실이 발생할 경우 보험금 지급액이 엄청나 부실에 빠진다. 2008년 1월의 4차 금융 불안이 여기에 해당한다. 이들 대형 모노라인의 신용 등급이 하향 조정될 경우 서브프라임 부실은 일반 채권시장으로까지 확산될 수밖에 없다.

이 모기지 부실 재앙의 첫 거대 희생자가 베어스턴스였다. 헨리 폴슨 재무장관은 정부가 베어스턴스를 긴급 구제한다는 인상을 주지 않기 위해 인수 가격을 가능한 한 낮추기를 원했다. 며칠 지나 베어스턴스는 은밀한 재협상으로 가격을 주당 10달러로 올렸다. Fed가 민간 금융 회사에 전례 없는 자금 지원을 해 여타 투자 회사들이 더 큰 위험도 불사하는 대담성을 키워 줬다는 비판도 제기됐다. 베어스턴스의 몰락으로 서브프라임 사태는 큰 고비를 넘겼다고 금융계는 가슴을 쓸어내렸다. 그러나 이는 그야말로 시작에 불과했다.

# 서브프라임 부실의 확산 과정

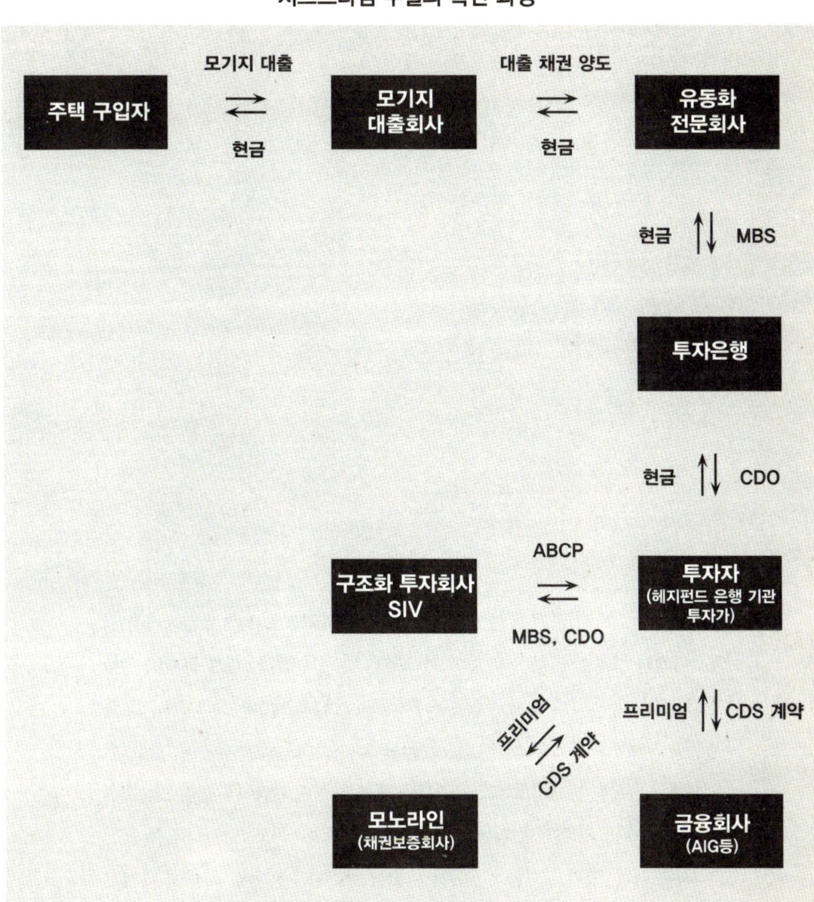

# 3 글로벌 신용 쓰나미

서브프라임 모기지 관련 독성 자산이라는 금융 바이러스가 세계 금융가를 감염시키면서 글로벌 금융 거인들이 하나둘씩 쓰러져 갔다. 세계 굴지의 은행과 금융 회사들의 장부에서 수십, 수백억 달러 상당의 바이러스가 주택저당증권 형태로 발견되고 스위스의 UBS 은행과 월 스트리트의 투자은행 메릴린치가 거액의 손실을 발표하며 최고경영자들이 물러났다. 거액의 부실이 잇따르면서 리먼브라더스가 파산 신청을 하고, 메릴린치가 사라지고, 모기지의 두 거인 패니와 프레디, 그리고 보험의 AIG가 사실상 국유화로 넘어갔다. 독립 투자은행 골드만삭스와 모건스탠리는 생존을 위해 금융지주회사로 업종을 전환해 월 스트리트의 대형 투자은행 시대가 막을 내렸다. 씨티은행과 뱅크오브아메리카 등 대형 상업은행들의 부실이 불거지면서 2009년 들어 상업은행발 2차 금융 쓰나미 경보가 그치지 않는 등 금융 위기는 새 국면을 맞고 있다.

## 미국, 독毒을 수출하다

미국에서 촉발된 서브프라임 모기지 부실이 세계적 신용 위기로 번지고 있다는 첫 신호탄은 2007년 8월 9일 파리에서 날아들었다. 프랑스의 자랑이자 유럽 최대 은행의 하나인 BNP파리바가 미국 서브프라임 모기지 대출과 관련된 채권들은 "유동성이 완전 증발"돼 그 가치를 가늠할 수 없게 됐다며 이를 팔아 현금화할 생각은 말라고 투자자들에게 경고한 것이다. 표현은 완곡했지만 내용은 서로 간의 거래 단절이었다. 이 불길한 뉴스로 신용 코스트가 급등하고 세계 금융계는 마침내 올 것이 왔다는 비장한 분위기에 휩싸였다.

'신용경색 credit crunch'이란 말은 바로 1년 전까지만 해도 생소한 말이었다. 이제는 '돈이나 신용의 심각한 부족'을 뜻하는 신조어로 당당히 사전에 올랐다.

그날 영국 BBC의 비즈니스 에디터 로버트 피스톤은 「미국, 독毒을 수출하다 US exports poison」라는 글을 블로그에 올리며 투자자들이 독이 든 양고기를 1등급 양고기로 속아 산 격이라고 개탄했다.

금융 시장의 앵글로아메리칸 모델은 유럽 주요 도시에서 곧잘 경멸을 당했다. 그럼에도 프랑스와 독일의 내로라하는 금융 기관들이 미국 월 스트리트의 유혹에 끌려 미국의 비우량 채권들을 재포장해 유럽의 투자자들에게 안기고, 급기야 이 손실을 메우느라 유럽중앙은행 ECB까지 개입하는 꼴이 가관이라는 얘기였다.

ECB는 그날 금융 시장 경색을 풀기 위해 950억 유로를 긴급 투입했고 그 후 며칠 사이에 1087억 유로를 더 풀었다. 미국과 캐나다, 일본의 중앙은행이 서둘러 개입에 나섰고, 8월 17일에 미국 연방준비은행은 신용경색이 경제 성장을 위태롭게 한다는 경고를 발하며 기준금리를 0.5퍼센트 포인트 내렸다.

시장이 그 가치를 어떻게 매겨야 하는지를 모르는 이상한 증권들을 '독성 toxic' 자산이라고 부른다. 그대로 갖고 있으면 손실이 눈덩이처럼 불어나고, 하루라도 먼저 떨어 버리려 하지만 정확한 가치를 몰라 시장에 팔 수도 없고 팔리지도 않는 골칫거리다. '미국 서브프라임 관련 독성 자산'이라는 금융 바이러스가 세계 금융가를 감염시키기 시작한 것이다.

영국의 서브프라임 대출 기관들이 즉각 모기지 대출 회수에 나서고 신용 상태가 좋지 않은 가구들에 대해 차입 코스트를 대폭 높이기 시작했다. 8월 28일 독일 작센 주의 중앙은행인 란데스방크가 서브프라임 시장 과투자로 파산 상태에 몰려 규모가 더 큰 라이벌 은행인 바덴뷔르템베르크에 넘어갔다. 독일의 기업은행 IKB가 10억 달러의 손실을 입었다는 비보가 이어 전해지는 가운데 9월 4일 은행끼리 서로 빌리고 빌려주는 런던 은행 간 LIBO 금리는 6.7975퍼센트로 1998년 12월 이래 최고에 달했다. 금리의 수준보다도 은행들은 거래하는 상대 은행이 언제 어떻게 될지, 또 자신들이 언제 어떤 곤경에 처하게 될지를 몰라 신용이 급격하게 얼어붙은 것이다.

바로 열흘 후 영국 노던록 Nothern Lock 은행에서 100년 만에 최악의 예금 인출 사태가 벌어졌다. 이 은행은 고객들의 예금보다는 주로 시장에서 자금을 조달해 모기지 대출을 해 왔다. 신용경색으로 자금 조달이 되지 않자 영국 중앙은행에 긴급 자금 지원을 은밀히 요청했다. 이 사실이 알려지자 예금자들이 은행에 몰려와 단 하루 만에 10억 파운드가 인출되는 기록을 세웠다. 영국 정부가 예금 지급을 보증할 때까지 예금 인출은 계속되었다.

미국 연방준비은행이 다시 금리를 0.5퍼센트 포인트 내리고, 시장에 어떤 자금 지원도 않겠다던 영국 중앙은행은 100억 파운드를 덥석 내놓았다.

10월 들면서 거액의 손실이 드러나기 시작했다. 세계의 은행 중 첫 손가락에 꼽히는 스위스 은행 UBS가 서브프라임 관련 34억 달러 손실을 발표하면서 최고경영자가 물러났다. 미국의 금융 거인 씨티그룹은 손실액이 31억 달러로 드러났으나 2주 만에 추가로 59억 달러가 상각 처리되고, 6개월도 안 돼 손실액은 400억 달러로 불어났다.

10월 30일에는 월 스트리트의 최대 증권 회사 메릴린치가 서브프라임 모기지 투자와 관련해 79억 달러 손실이 밝혀지면서 최고경영자가 물러났다. 이 손실로 메릴린치는 3분기 손실이 23억 달러로 2001년 이후 최악의 경영 실적을 기록했다.

미국의 주택 시장 추락과 함께 모기지 대출 부도가 꼬리를 물면서 불똥은 소위 모노라인으로 바로 튀었다. 이들은 주택 관련 채권을 주로 취급하는 보험회사의 일종으로 보험료를 받고 유사시 원금과 이자를 지불보증한다. 대형 금융 회사의 숨은 자회사들이 발행한 비우량 채권을 보증해 주면서 이들은 고수익을 올려 왔다.

신용 평가 기관들이 이들에 대한 신용 등급을 하향 조정하면서 이들의 지불보증 능력이 의심받기 시작했다. 대표적인 모노라인 MBIA Municipal Bond Investor Assurance가 석 달 사이에 23억 달러 손실을 입었다는 뉴스가 그 신호탄이었다. 대형 금융 회사들의 연쇄적 거액 손실로 전가되는 것은 시간 문제였다.

미국발 바이러스가 글로벌 금융 시스템을 붕괴시키는 과정은 네 단계로 진행됐다. 서브프라임 모기지 위기로 신용경색이 빚어진 2007년 8월부터

2008년 2월까지가 1단계다. 세계 굴지의 은행들 장부에서 수십억 달러의 바이러스가 주택저당증권MBS 형태로 발견됐다. 8월 10일 미국 연방준비은행이 430억 달러, 유럽 중앙은행이 1560억 유로, 일본은행이 1조 엔의 유동성을 시장에 공급해 숨통을 트게 했다. 2008년 2월 17일에는 영국 노던록 은행이 국유화됐다. 2008년 8월 은행과 보험 부문 세계 금융 기관의 주식시장 가액은 8조 5400억 달러였고 부실로 인한 상각 처리는 670억 달러였다.

2단계는 투자은행들의 수난기였다. 2007년 9월 30일 UBS가 3분기 6억 9000만 달러의 손실을, 10월 24일 메릴린치가 서브프라임 관련 84억 달러 손실을 각각 발표했다. 월 스트리트의 다섯 번째 투자은행 베어스턴스가 JP 모건체이스에 한 주당 단돈 2달러로 인수된 2008년 3월 16일까지가 2단계로 구분된다. 세계 금융 기관의 시가 총액은 2008년 3월 7조 3200억 달러로 줄었고 상각 처리는 5040억 달러로 급증했다.

3단계는 대규모 부실 사태에 정부가 본격 개입한 악몽의 9월과 10월이었다. 리먼브라더스가 파산 신청을 하고, 메릴린치가 사라지고, 모기지 두 거인 패니메이와 프레디맥, 그리고 보험에서는 AIG가 사실상 국유화로 넘어갔다. 미국 의회에서 7000억 달러의 구제금융법안이 승인되고 연방준비은행은 9000억 달러의 단기 자금을 금융 기관에 지원했다. 금융 기관의 주식 시가 총액은 2008년 9월 5조 8880억 달러로 줄었고 상각 처리는 9190억 달러로 급증했다.

4단계는 투자은행에 이어 대형 상업은행들의 부실이 불거진 2009년 1월부터다. 독일 정부는 1월 8일 코메르츠방크의 지분 25퍼센트를 갖는 조건으로 100억 유로를 긴급 지원했다. 1월 14일 도이체방크가 39억 유로의 손실을 발표하고, 15일에는 앵글로아이리시 은행이 국유화됐다. 16일 뱅크오브아메리카BOA가 24억 달러의 손실을 발표했고 씨티그룹은 83억 달러의 손실와 함께 그룹을 두 개로 분리한다고 발표했다. 미국 정부는 BOA에 200억 달러의 자본을 확충시키고 1180억 달러의 손실을 보증했다. 2009년 1월 현재 세계 금융 기관의 시가 총액은 3조 5860억 달러로 줄었고 부실로 인한 손실 처리는 1조 380억 달러로 크게 불어났다. 투자은행에 이어 상업은행발 2차 금융 쓰나미 경보가 끊이지 않는 상황이다.


## '모기지 아메리카'의 치욕


2008년은 세계 금융사상 아마도 가장 길었던 한 해로 두고두고 기억될 것 같다. 미국발 서브프라임 모기지 부실이 거대한 금융 쓰나미를 일으키며 글로벌 금융의 거함ᵀ艦들을 하나둘씩 삼키기 시작한 것이다.

해가 바뀌자 미국의 조지 부시 대통령은 신용경색으로 2008년 미국 경제의 성장이 둔화는 되겠지만 그래도 펀더멘털은 여전히 튼튼하다고 강조했다. '펀더멘털은 튼튼하다.'는 말은 어디서 많이 들어 보지 않았던가? 세계은행도 신용경색으로 세계 경제의 성장이 둔화는 되겠지만 중국과 인도가 좋은 실적을 보이며 쿠션충격흡수 작용을 해 줄 것으로 전망했다.

그러나 비명 소리는 연초부터 꼬리를 물었다. 서브프라임 관련 투자액의 결손처분으로 2007년에 얼마의 순손실이 났다는 피해 보고의 연속이었다. 공식으로 발표되는 손실 이외에 진행 중이거나 숨겨진 부실이 얼마인지는 알 도리가 없었다. 감추고, 버틸 수 있을 때까지 버티다 보니 한 달이 1년처럼 느껴질 수밖에 없었다.

선진 7개국 정상들이 서브프라임 관련 손실 규모가 4000억 달러에 이를 것으로 우려하는 가운데 3월 17일 베어스턴스가 JP모건체이스로 넘어갔다. 4월 8일 국제통화기금IMF은 서브프라임 사태가 기업 채무와 소비자 신용 등 여타 부문으로 확산되면서 신용경색에 따른 잠재적 손실은 1조 달러 이상에 달한다고 추정했다. 특히 4월부터 6월까지 석 달간 은행들의 고초를 영국의 BBC는 사방에 '십시일반'으로 돈을 구하러 다니는 데Banks pass round the hat 비유했다.

7월 13일 미국 최대 모기지 대출 은행의 하나인 캘리포니아의 인디맥IndyMac이 자금 조달이 막혀 파산했다. 자산 규모 320억 달러의 파산은 미국 역사상 1984년 컨티넨탈일리노이 내셔널뱅크400억 달러에 이어 두 번째 규모였다. 파산 직전 열하루 동안 예금 인출은 13억 달러에 달했다.

미국 주택담보대출의 두 공룡 패니메이와 프레디맥의 주가가 하루 만에 50퍼센트 폭락한 것도 이날이었다. 베어스턴스 사태 이후 잠잠했던 금융 위기가 더 큰 규모로 다가오고 있었던 것이다.

헨리 폴슨 미국 재무장관은 '미스터 바주카'로 통한다. 그가 즐겨 쓰는 '바주카포' 발언 때문이다. "내가 물총이 아니라 바주카포를 갖고 있다는 것을 시장이 알면 그것을 쓸 일이 생기지 않는다."는 소신을 그는 가졌다. 꼭 살려야 할 회사가 비틀거릴 경우 아예 초장에 자금의 지원 한도를 한껏 확대해 주면 시장의 신뢰가 높아져 정작 돈 쓸 일이 생기지 않는다는 논리다. 마침내 그 바주카의 위력을 시험할 날이 왔다.

주택 시장의 침체로 모기지 채권이 동반 하락하고 대출 연체가 급증하면서 '모기지 아메리카'의 두 공룡이 비틀거리기 시작한 것이다. 패니메이Fannie Mae와 프레디맥Freddie Mac은 주택담보대출과 그 보증을 주 업무로

하는 민간 회사다. 연방저당협회FNMA와 연방주택대출저당회사FHLMC를 줄여서 만든 이름으로 그냥 패니와 프레디로 불린다. 정부가 뒤에서 보증을 해 줄 뿐 국책 회사는 아니다.

패니는 1930년대 대공황 이후 서민들의 내 집 마련을 쉽게 하기 위해 국책 기업으로 출발했다가 1968년 주식을 상장하며 민영화했다. 독점을 막기 위해 2년 뒤 같은 일을 하는 프레디를 만들었다. '내 집을 마련해 드립니다. We make home possible.'가 프레디의 구호다.

모기지 채권을 사 모아 주택저당채권MBS을 발행해 금융 회사나 투자자들에게 팔아 모기지 시장에 자금을 공급해 주고 채권에 대한 보증도 선다. 두 회사가 보유하거나 보증한 모기지 규모는 5조 2000억 달러로 미국 전체 12조 달러의 40퍼센트가 넘는다.

이 두 공룡이 상반기에만 200억 달러 손실을 냈다. 7월 7일 두 회사 모두 자본금 확충이 긴요하다는 감독 당국의 경고가 나오더니 사흘 후 윌리엄 풀 전 세인트루이스 연방준비은행 총재가 "프레디가 기술적으로 지불 불능 상태이며 패니도 곧 불능 상태에 빠질 수도 있어 정부의 긴급 구제가 요망된다."라는 폭탄 발언을 터뜨려 세계를 경악시켰다.

두 회사의 주가는 17년 만에 최저치인 10달러 아래로 곤두박질쳤다. 일요일인 13일 밤 폴슨 재무장관이 정부는 두 회사를 지원할 태세가 돼 있으며 필요할 경우 자본과 신용을 무제한 투입할 권한을 의회에 요청할 것이라며 진화에 나섰다. 정부가 자본을 투입하면 국유화를 연상케 한다. 폴슨은 국유화를 피하고 싶은 생각에서 '무제한 자금 신용 지원'을 강조했다. 물총이 아닌 비장의 바주카를 꺼내 든 것이다.

불행히도 그의 발언은 불발탄으로 그쳤다. 우선 의회가 '두 회사에 사실상 백지 수표를 주는 것'과 같다며 제동을 걸었다. 근본 원인인 모기지 부실은 놔둔 채 자금만 빌려주면 밑 빠진 독에 물 붓기여서 시장도 그의 바주카를 신뢰하지 않았다. 2008년 들어 7월 중순까지만 해도 두 회사의 주택저당채권을 월 평균 200억 달러어치씩 사들이던 외국의 금융 회사들이 다투어 채권을 처분하면서 두 공룡은 더욱 궁지에 몰렸다.

국유화하고 나중에 제대로 민영화하라는 여론이 빗발쳤으나 폴슨도 의회도 고양이 목에 방울 달기<sup>국유화</sup>를 서로 꺼려했다. 정부가 자본을 투입해 국유화하면 기존 주식은 자본 감소로 헐값이 되고 두 회사의 주식을 대량 보유한 금융 회사와 지방 은행들의 손실은 눈덩이처럼 불어난다. 9월 7일 폴슨은 두 회사를 당분간 정부 관리 아래 둔다고 발표했다. 두 회사에 최고 1000억 달러씩 공적자금 2000억 달러를 지원해 두 회사가 보증 또는 발행한 채권을 시장에서 사들이며 시간을 벌기로 한 것이다.

패니와 프레디는 정부보증회사 GSE: Government Sponsored Enterprises 로 불린다. 형식은 민간 회사이면서도 국민들의 내 집 마련 꿈을 뒷받침하는 국가정책적 목표를 갖고 있기 때문이다. GSE가 갖는 이 어정쩡한 성격 때문에 그들은 모기지 공룡이 될 수가 있었고, 또 그 때문에 부실화됐다.

두 회사는 모기지 채권을 증권화시킨 개척자였다. 처음에는 은행으로부터 요건이 충족된 적격한 모기지 대출들만 사들여 증권화했다. 연체나 부도 위험이 적은 데다 일정 수수료<sup>채권 가격에 포함</sup>를 받고 부도 위험에 대한 보증을 해 주었기 때문에 투자자들에게 GSE가 발행하는 MBS는 보증수표로 인식됐다. 이 신용을 바탕으로 공개시장에서 MBS를 팔기도 하고, 채권을 발행해 그 돈으로 민간 금융 회사들이 발행한 MBS를 사들여 덩치를 키워 왔다. 정부가 보증해 주기 때문에 좋은 조건으로 돈을 빌릴 수 있었고, 그들이 발

헨리 폴슨 미국 재무장관은 '미스터 바주카'로 통한다. "내가 물총이 아니라 바주카를 갖고 있다는 걸 시장이 알면 그걸 쓸 일이 생기지 않는다."라는 소신 때문이다. 2008년 모기지의 두 거인 패니메이와 프레디맥이 파산 위기에 처하자 폴슨은 '무제한 자금 신용 지원'을 약속했지만, 그의 바주카는 의회의 제동으로 불발탄이 되고 말았다.

행하는 채권은 국채만큼 안전한 데다 이자율도 국채보다 높아 외국 정부나 투자 기관들에게도 인기가 높았다.

반면 정부 보증 회사이기 때문에 저소득층에 보다 많은 대출로 내 집 마련을 도와 의회가 책정한 주택 자급률 달성 목표에 기여해야 하는 의무를 지녔다. 서브프라임 모기지 대출을 직접 구입하지는 않았지만 민간 금융 회사들로부터 서브프라임 모기지를 증권화한 채권을 부지런히 사 줄 수밖에 없었다. 2002년에서 2007년까지 두 회사가 사들인 서브프라임 및 Alt-A <sup>신용</sup> 기록은 괜찮지만 소득 증빙 자료가 없거나 불분명 MBS는 6600억 달러에 달했다. 이것들이 우량 채권과 섞이고 한 묶음이 되면서 보유 채권에 '독성'이 번진 것이다.

민간 회사이기 때문에 두 공룡은 법적으로 자기자본요건 충족 의무를 비껴갈 수 있었다. 굴리는 자산이 각기 8000억 달러가 넘었지만 자본금은 290억 달러에 불과했다. 자본금에 대한 차입 자산 배율은 무려 예순다섯 배였다. 주택 거품이 꺼지면서 이 차입 축소<sup>deleveraging</sup>의 파괴력이 두 공룡을 일거에 무너뜨린 것이다.

두 공룡이 발행 또는 보유한 채권 가운데 9850억 달러어치는 외국 정부 기관이 갖고 있다. 두 회사가 파산해 이들 채권이 휴지 조각이 된다면 미국 정부나 미국이라는 국가에 대한 신뢰가 무너진다. 어떤 형태로든 공적자금을 투입해 파산을 막을 수밖에 없다. 장차 두 공룡의 운명은 오바마 차기 대통령과 민주당 의회의 수중으로 넘겨졌다. 정부 관리라는 미봉책이 발표되던 날 크레디트스위스<sup>CS</sup> 증권 분석가들은 두 회사의 목표 주가를 단 1달러로 설정했다. 세계에 저당 잡힌 미국, '모기지 아메리카'의 치욕의 날이었다.

## 리먼브라더스의 포기는 운 좋은 실수?

역사에 가정假定은 부질없는 짓이다. 하지만 월 스트리트의 '작은 거인' 리먼브라더스의 파산을 둘러싸고 이런저런 의문이 지금도 가시지 않는다. 리먼브라더스가 파산하지 않고 긴급 구제됐더라면 상황은 어떻게 달라졌을까? 또 미국 정부가 베어스턴스와 모기지의 두 거인 패니메이와 프레디맥, 그리고 AIG까지 구제해 주면서 유독 리먼브라더스만 파산토록 내버려 둔 이유는 무엇일까?

리먼의 파산이 기폭제가 되어 금융 위기를 기하급수적으로 증폭시켰다는 데는 누구도 이의를 제기하지 않는다. 헨리 폴슨 재무장관과 벤 버냉키 FRB 의장의 최대 실책은 리먼브라더스를 파산토록 내버려 둔 것이라는 비판이 주류를 형성하면서 이들 의문에 더욱 힘이 실리고 있다.

자산 6390억 달러에 부채 6130억 달러 규모의 리먼 파산은 미국 파산 역사상 최대 규모다. 《타임》이 선정한 2008년 금융 몰락 톱10 중 첫 번째가 리먼의 몰락이었다.

2006년까지만 해도 리먼은 고위험 고수익 문화로 기회 포착에 능란한 월 스트리트에서 가장 잘나가는 투자은행의 하나였다. 라이벌 골드만삭스나 모건스탠리에 비해 자본은 적었지만 작고 날렵한 몸집으로 높은 레버리지와 순발력이 장기였다.

채권 트레이더 출신으로 별명이 '고릴라'였던 월 스트리트의 40년 베테랑 리처드 풀드를 CEO로 맞으면서 공격적 경영을 벌여 찬탄과 함께 동업계의 경계 대상이 되기도 했다. 2006년 그의 연봉은 주식을 포함하여 1억 8000만 달러였다. 그러나 2007년 5월 부동산 경기의 꼭짓점에서 주요 도시

외곽 아파트 단지 건설 사업인 아치스톤에 150억 달러를 투자하는 무리수를 범했다. 시장의 정점에서의 매수는 월 스트리트에서 가장 큰 '도덕적 죄악ultimate sin'으로 불린다.

마침내 2008년 6월 9일 리먼은 2분기 중 28억 달러의 적자가 났다고 발표했다. 주가는 며칠 새 21퍼센트가 폭락했다. 풀드는 긴급 이사회에서 "지난 14년 동안 줄곧 이익을 내다 이번 딱 한 분기 적자를 냈는데 이럴 수가 있느냐?"라고 역정을 냈다. 리먼의 금융계 커넥션을 과시라도 하듯 풀드는 60억 달러를 끌어다 자본을 확충했다. 이 과정에서 그는 국제적으로 손을 벌렸고 한국 산업은행과도 접촉했지만 결국 미국 내에서 모두 조달했다.

8월 첫째 주 리먼은 한국 산업은행과 중국 시티증권의 고위경영자를 뉴욕 본사로 초청해 리먼 주요 자산 매각 논의를 가졌다. 이 자리에서도 풀드는 도도하게도 힘을 과시했고 리먼의 보유 자산 및 부채에 관해 아무런 정보도 제공하지 않았다. 특히 산업은행은 인수에 호의적이었지만 풀드는 조건을 고집해 결국 협상은 결렬됐다. 리먼 측은 산업은행이 공식적인 인수 제안을 협상 테이블에 내놓지 않았으며 시간을 끄는 사이에 다른 인수자를 물색할 시간을 놓쳤다고 주장했다. 리먼의 몰락 속도가 워낙 빨라 풀드는 다른 대안을 찾을 시간이 없었다.

9월 12일 3분기 적자가 40억 달러 규모로 드러나고 리먼의 결제 은행인 JP모건이 50억 달러의 추가 담보를 요구해 왔다. 신용 평가 회사들은 리먼이 주말까지 자본을 확충하지 않으면 신용 등급을 낮추겠다고 경고했다.

산업은행의 인수 협상설로 반짝했던 주가가 다시 대폭락을 거듭하며 가치를 94퍼센트까지 잃어버리자 9월 12일 리먼 고객들의 대규모 인출 사태가 빚어졌다. 금요일 저녁 재무부는 맨해튼의 뉴욕연방준비은행 한 회의실에서 리먼의 장래에 관한 긴급 회의를 소집했다.

헨리 폴슨 재무장관과 버냉키 FRB 의장, 티모시 가이스너 뉴욕연방준비은행 총재, 크리스토퍼 콕스 증권관리위원회 위원장 등 이른바 '4인방' 외에 골드만삭스의 로이드 블랭크파인, JP모건의 존 맥, 메릴린치의 존 타인 등 세 투자은행 CEO들도 초청됐다. 정부 개입에 의한 해결보다는 금융 산업계 주도의 해결 방안을 찾아보자는 의도였다. 리먼 측에서는 바트 맥데이드 사장이 배석했다. 특히 이들 '4인방'은 며칠째 거의 시간 단위로 리먼 측과 접촉하며 대책을 숙의해 오던 중이었다. 베어스턴스의 구제도 이들의 작품이었다.

이들은 14일 일요일 밤 아시아 증시가 개장<sup>시차로 아시아 지역은 월요일 오전</sup>되기 전에 매수자를 확정짓도록 리먼 측에 압력을 넣고 있었다. 세 CEO는 리먼의 상업용 자산 330억 달러의 매각 방안을 마련해 업계 차원에서 인수자의 인수를 도와주기 위해 동원됐다.

매수자로 뱅크오브아메리카<sup>BOA</sup>와 영국 바클레이즈 은행이 관심을 보였다. 두 은행 모두 세계 톱클래스 투자은행 인수에 관심이 있었다. 문제는 조건이었다.

두 은행 모두 베어스턴스의 경우처럼 정부가 부실 부분을 공적자금으로 지원해 주면 인수하겠다고 고집했다. 그러나 이는 정치적으로 불가능한 일이었다. 6개월 전 290억 달러를 지원해 베어스턴스를 JP모건체이스에 넘긴 이후 민간 기업의 부실을 국민의 세금으로 메워 준다는 비판이 끊이지 않았다. 더구나 바로 한 주 전 국책 모기지의 두 거인 패니와 프레디를 정부의 관리 아래 두기로 발표한 마당에 리먼의 구제는 폴슨 재무장관에게는 너무도 큰 부담이었다.

미국 정부가 공적자금을 통한 구제에는 분명한 선을 긋자 BOA는 리먼

보다는 메릴린치가 재무상 더 건실하고 BOA의 사업 구조에 더 적합하다며 메릴린치를 선택했다.

바클레이즈 은행은 리먼의 불량 자산 500억 달러는 제외하고 우량 자산만 골라 인수하겠다고 고집하다 물러났다. 연방준비은행도 부실화가 뻔한 자산을 보고 돈을 빌려줄 수는 없다고 버텼다.

일요일 14일 저녁 리먼의 바트 맥데이드 사장이 리먼 본사로 돌아와 기다리고 있던 폴드에게 파산 신청 결정을 보고했다. 폴드의 첫 마디는 "저들이 이럴 수가 있어!"였다.

리먼은 월요일인 9월 15일 파산 신청을 냈다. 다음 날 바클레이즈는 리먼의 북미 자산 17억 5000만 달러를 사들였다. 대부분은 리먼 관련 빌딩들이었다. 아시아태평양 지역 부문 인력은 일본 노무라 증권의 지주회사 노무라 홀딩스가 인수했다.

6개월 전 베어스턴스가 구제됐을 때 신용경색은 최악의 사태가 지났다며 구조조정으로 버틸 생각이었다. 1800년대 철도 파산, 1930년대 대공황, 10년 전 롱텀캐피털매니지먼트LTCM 사태 때도 꿈쩍없이 살아남았던 158년 역사의 리먼브라더스가 불과 6개월 사이에 침몰한 것이다.

리먼을 파산토록 내버려 둔 미국 정부 당국자들에 대한 비판은 지금도 끊이지가 않는다. 리먼의 파산은 금융 시장을 진정시키기는커녕 골드만삭스와 모건스탠리 등 대형 투자은행들을 줄줄이 몰락시켜 월 스트리트에 동반 죽음을 자초했다는 비난도 드세다. 유럽 금융가에서도 리먼을 구제했더라면 금융 혼란이 오늘과 같은 글로벌 금융 쓰나미로 비화되지는 않았을 것이라는 견해를 편다.

폴슨 장관은 "정부로서는 손이 묶여 어쩔 수 없었다."며 "구제를 받으려

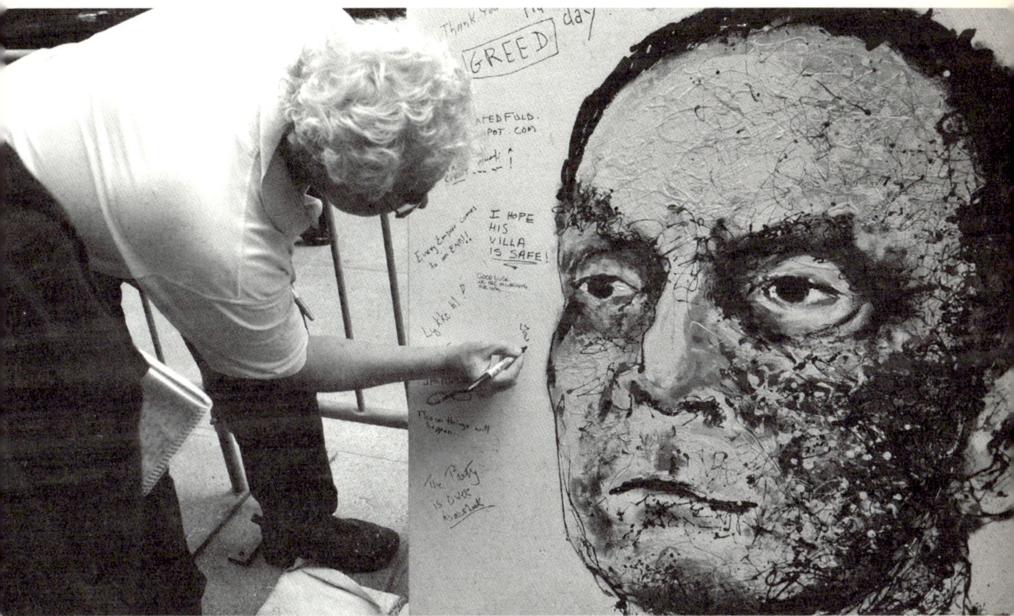


© Richard H. Cohen/CORBIS

리먼브라더스의 CEO 리처드 풀드의 초상. 2008년 8월 리먼브라더스는 한국산업은행과 중국 씨티증권의 CEO들을 초청해 리먼의 주요 자산 매각을 논의했다. 이 자리에서도 풀드는 도도하게도 힘을 과시했고 리먼의 보유 자산 및 부채에 관해 아무런 정보도 제공하지 않았다. 결국 리먼은 인수자를 찾지 못하고 9월에 파산하고 말았다.

면 담보로 잡을 자산이 충분해야 하는데 리먼은 그러지 못했다."라고 해명했다. 그러면서 리먼이 매각에 적극적이지 않았다고 은근히 비난했다. 이에 대해 풀드는 리먼 인수에 관심과 능력을 가진 지구상의 모든 금융 기관과 접촉했다고 반박했다. 풀드는 매각 협상을 벌일 때 상대방에게 리먼의 이름과 브랜드는 그대로 살리고 종업원도 가능한 한 승계해 줄 것을 요구했다. "우리의 우선순위는 가격이 아니다."라고 항상 강조했다고 한다. 고압적 자세를 취하다 매수자가 없으면 베어스턴스처럼 정부가 긴급 구제해 줄 것으로 믿었는지도 모른다.

리먼 파산 신청 나흘 후 미국 정부는 머니마켓 지원 조치를 취했고 2주 후 의회는 7000억 달러의 구제금융법안을 승인했다. 이 지원 자금의 일부만 있었어도 리먼은 죽지 않았을 것이다. 베어스턴스와 리먼 사태의 해결 방안에 함께 관여했던 한 실무자는 "살릴 의도가 있었다면 리먼은 능히 살릴 수 있었다."라고 후일 전했다. 폴슨 재무장관이 너무 정치적 반대 여론을 의식해 몸을 사린 데다 풀드와 리먼에 대한 동업계의 반감과 시샘 때문에 리먼 구제에 호의적이거나 적극적이지 못했다는 뒷얘기도 들린다.

리먼의 파산이 '중대한 실수'까지는 아니더라도 '운 좋은 실수a very lucky mistake'가 될지의 여부는 후일의 역사가 판단할 일이다.


## 증권 명가 메릴린치의 불 끄기 세일


메릴린치는 미국 월 스트리트 최고의 증권 명가였다. 2006년 연말 뉴욕 본사의 종무식은 자축 '하이파이브'로 축제 분위기였다. 가장 뒤늦게 모기지 대출 채권 분야에 뛰어든 늦둥이가 이 분야 최고의 수입과 이윤을 올린 것이다.

모기지 분야의 돌진을 진두지휘한 스탠리 오닐의 카리스마와 그 판단력에 새삼 찬탄을 아끼지 않았다. 2006년에 메릴린치는 부채담보부증권CDO의 세계 1인자로 올라섰기 때문이다. 그러나 그로부터 2년도 안 된 2008년 9월 15일 710억 달러의 모기지 채권 부실과 그로 인한 147억 달러의 손실을 입고 뱅크오브아메리카BOA로 흡수되고 만 것이다.

메릴린치가 월 스트리트 최대의 모기지 플레이어가 되기로 작심하고 이 분야에 뛰어든 것은 2005년부터였다. 메릴린치는 특히 선두주자 리먼브라더스를 부러워했고 리먼이 만든 '모기지 조립라인'을 벤치마킹해 고유의 머니머신을 만들고 대대적 쇼핑에 들어갔다.

2005년 1월부터 2007년 1월까지 2년 동안 주택 및 상업 모기지 관련 회사나 자산 열두 개를 사들였다. 한국과 독일, 영국에서 상업용 건물을, 이탈리아에서 대출 서비스 회사를, 그리고 영국의 모기지 대출 업체를 인수했다.

최대의 매수는 미국 서브프라임 대출 업체 퍼스트프랭클린이었다. 메릴린치는 다른 회사가 발행하는 모기지 채권에 전적으로 의존하는 것을 피하기 위해 자체 내 모기지 채권을 만들고 이를 CDO로 묶었다. 또 수수료 수입을 의식해 CDO 시장에 직접 뛰어들어 매집에 열을 올렸다. 그들만의 '조립라인'이 CDO 비즈니스에 따르는 위험부담을 얼마나 이해하고 있었는지는 알 길이 없다.

2006년 CDO 총 발행액은 3160억 달러에 달했다. 보통 판매액의 0.45퍼센트에서 2.5퍼센트가 수수료여서 수수료 수입은 13억 달러에서 80억 달러에 이른다. CDO 수수료 수입은 이 분야의 1인자 메릴린치의 현금 금고였다.

2006년에 이어 2007년 1분기에도 메릴린치의 이윤은 또 하나의 기록을 세워 세 라이벌 리먼브라더스와 골드만삭스, 베어스턴스를 눌렀었다.

주택담보대출은 본질적으로 상업은행의 업무다. 우량한 가계에 대출해주고 원금과 이자를 받으면 된다. 그런데 이것을 이용해 추가로 이익을 볼 수 있는 가능성이 열렸다. 투자은행업과 연결해 이익을 창출하는 자산유동화 기법이다. 메릴린치의 조립라인은 이러하다.

주택담보대출을 여러 가계에 주고 이들 대출을 하나의 풀pool로 묶어 이 풀을 특수 목적 회사에 넘긴다. 이 자회사는 이 풀을 담보로 주택저당증권MBS을 발행하고 이 증권을 시장에서 투자자들에게 판다.

투자자에게 팔리면 돈은 자회사를 거쳐 은행으로 다시 들어간다. 대출이 회수되는 것이다. 최초 대출을 받은 사람이 내는 원금과 이자는 이제 은행이 아니라 담보부증권을 사들인 투자자들에게 흘러간다. 이 과정에서 이익이 생긴다.

우선 증권을 발행하고 인수시키는 과정에서 수수료가 발생하고 보증 업무가 첨가되면서 보증수수료도 발생한다. 대출하고 이를 유동화해 팔아 자금을 회수하고 다시 대출하는 과정에서 한 사이클이 돌 때마다 수수료가 생긴다.

메릴린치의 오닐 회장은 자산유동화 업무의 수익이 워낙 짭짤해 주택담보대출을 주는 모기지 전문 회사 중에서 유명한 퍼스트프랭클린을 아예 휘하에 사들인 것이다. 자회사 퍼스트프랭클린이 담보대출을 주면 모회사인 메릴린치가 이를 유동화해 증권으로 만들어 팔고, 회수된 돈을 다시 자회사에 주면 자회사가 이를 토대로 대출하는 사이클을 반복할 수가 있다. 담보대출 증권화의 수직계열화가 이루어진 것이다.

이 '머니머신 money machine' 구축에 모기지 부문의 대표 크론틀 부사장이 반대하자 그를 해임시켜 버렸다. 리스크 관리는 신경을 쓰지 않은 것이다.

경기 침체와 함께 오르기만 하던 주택 값이 꺾이기 시작하자 담보대출의 부실화가 시작됐고 대출 부실화는 이를 담보로 발행된 주택저당증권의 부실화로 연결됐다. 고객의 돈과 빌린 돈까지 합쳐 과감한 투자를 한 헤지펀드와 대형 금융 회사 산하 구조화투자회사 SIV들이 파산하기 시작했다. 이들 증권들은 부채담보부증권 CDO으로 2차, 3차 증권화가 되면서 수많은 종류의 자산이 형성됐고 가치 산정은 물론 파산 때 책임 범위의 산정조차 어려운 괴물로 변해 버렸다.

2007년 들어 모기지 사업이 추락하자 최대의 수혜자였던 메릴린치는 최대의 희생자로 돌변했다. 2007년 10월 메릴린치는 모기지 분야 CDO 부실채권 79억 달러를 결손처분하고 23억 달러라는 사상 최대의 손실을 발표해 투자자들을 경악시켰다. 기세 좋던 채권 분야 1등 공신 오스만 세메리치와 카리스마적 CEO 스탠리 오닐은 축출됐다.

골드만삭스의 중역 출신 존 타인이 새 CEO로 사태 수습에 나섰지만 손실이 수십억 달러씩 계속 쌓였다. 돈 되는 자산이면 무엇이건 매물로 내놓았고 2008년 8월에는 보유한 CDO를 한 투자은행에 1달러에 22센트 꼴로 처분하기도 했다.

9개월 동안 147억 달러 순손실을 기록한 데 이어 보유 중인 2600억 달러 CDO의 일부가 부실화되기 시작하자 주가는 9월 둘째 주 한 주 동안 36퍼센트가 곤두박질쳐 시장가액은 260억 달러로 150억 달러가 줄었다.

BOA는 리먼브라더스와 메릴린치 두 회사를 놓고 저울질하다 9월 12일 종가 주당 17.05달러 주식을 주당 29달러로 높이 쳐 500억 달러에 메릴린치를 사들였다. BOA의 최고경영자 켄 루이스는 자산 관리의 '왕관 보석'을 손에 넣었다며 BOA가 씨티그룹에 견줄 수 있는 '글로벌 금융 슈퍼마켓'으로 도약하는 발판을 얻었다고 자랑 삼아 발표했다. 월 스트리트의 증권 명가가 불 끄기 세일 fire sale로 흔적도 없이 사라진 것이다.

BOA는 메릴린치를 인수하는 조건으로 미국 재무부로부터 250억 달러를 지원받았다. 인수 작업은 2009년 1월 1일 종료됐으나 BOA는 2008년 4분기 중 메릴린치의 손실이 예상보다 훨씬 더 크게 드러났다며 재무부에 수십억 달러의 추가 지원을 요청한 것으로 알려졌다. 이 소식에 BOA의 주가가 곤두박질쳤다. 메릴린치의 부실이 BOA의 부실로 전이되면서 금융 위기는 투자은행에 이어 상업은행의 위기라는 새 국면으로 접어들었다.


## 보험계 타이태닉 호 AIG의 SOS


신용부도 보험이 자동차 보험과 유사하다고 착각이라도 한 것일까? 리먼 브라더스 파산의 충격파가 글로벌 금융 시장을 덮친 바로 다음 날, 훨씬 더 크고 위험한 파도가 밀려오고 있었다. 세계 보험업계의 타이태닉 호 아메리칸인터내셔널그룹 AIG이 최악의 유동성 위기에 빠진 것이다.

AIG는 상반기 132억 달러의 적자를 기록한 데 이어 9월 16일 주식 한 주가 1.25달러로 지난 1년간 최고치 70.13달러에 비해 95퍼센트가 폭락했다. 신용부도스와프 CDS라는 보험 상품의 설계 결함이 뚫어 놓은 구멍으로 타이태닉 호의 바닥에 바닷물이 스며들기 시작한 것이다.

AIG는 미국 정부에 SOS를 타전했고 헨리 폴슨 재무장관과 그의 팀은 긴급 지원 자금 850억 달러를 2년 동안 지원키로 했다. AIG 자회사들의 자산을 담보로 하고 미국 정부가 79.9퍼센트의 지분을 갖는다는 조건이었다. 이들의 논리는 간단했다. 리먼은 없어져야 할 회사지만 AIG는 글로벌 파장이 심각해 살려야 한다는 것이었다.

부실 원인은 부채담보부증권CDO이 부도가 날 경우 원리금을 보전해 주는 신용 파생상품 신용부도스와프CDS를 대량으로 취급하다 CDO의 부도 사태로 보험금 지급불능 상태에 빠진 것이다. 850억 달러의 지원은 순수 민간 회사에 대한 공적자금 지원 규모로는 사상 최대다. 보험계 거인이 정작 자신의 안전에 대한 보험은 돌보지 않은 채 국유화로 넘어간 것이다.

AIG의 부실은 런던 사업부 AIG 파이낸셜프로덕츠AIGFP가 그 근원이다. 금리스와프 같은 파생상품을 취급하던 런던 사업부는 1980년대 후반 JP모건체이스의 파생상품 전문가로부터 CDO가 부도 났을 때 원리금을 보상해 주는 일종의 보험 상품 CDS를 취급해 보라는 권고를 받았다. CDO는 믿을 만한 큰 회사들이 발행하고, 위험을 분산토록 설계돼 있으며 신용 등급도 높아 보험회사 입장에서는 구미가 당겼다. 더구나 AIG는 초우량 회사로 보험 계약에 따른 담보도 요구되지 않아 수익성도 높아 보였다.

AIG 런던 사업부의 책임자 조지프 카사노는 당시 펜실베이니아 대학 와튼 스쿨의 게리 고턴 교수에게 위험부담을 최소화할 수 있는 컴퓨터 모델을 만들어 줄 것을 의뢰했다. 고턴은 주택 대출이나 회사채 등 모든 종류의 부채에 관한 광범위한 역사적 부도 통계를 근거로 컴퓨터 모델을 만들었고 런던 사업부는 1998년 CDS를 상품화해 팔기 시작했다.

런던 사업부는 이 CDS 비즈니스를 현금 방석으로 바꿔 놓았다. 사업부의 총수입은 1999년 7억 3700만 달러에서 2005년 32억 6000만 달러로 뛰어

올랐고 운영 수입은 1999년 AIG 전체 운영 수입의 4.2퍼센트에서 2005년 17.5퍼센트로 급증했다.

이 모델에 대한 카사노의 자부심은 대단했다. "CDS 판매는 곧 황금알을 낳는 거위였다. 판매 후 부도가 나 회사가 대신 보험금을 물어 주어야 할 경우가 거의 없었다. 공돈free money이었다."라고 말할 정도였다.

카사노와 그 동료들에게 2001년 이후 지급된 보너스 등 보상금 총액은 매년 4억 2300만 달러에서 6억 1600만 달러로 한 사람이 연평균 100만 달러 이상을 챙긴 셈이다. 런던 사업부는 고객들과의 커넥션이 세계 어디에도 미치지 않는 곳이 없었고, 파생상품 계약의 특성상 서로 간에 2중, 3중으로 얽혀 있으면서도 철저히 베일에 가려 있었다. 카사노는 그의 고객 명단을 자랑스럽게 여긴다고 공개적으로 얘기할 정도였다.

런던 사업부 AIGFP의 CDS 계약고는 5000억 달러 가량으로 연간 보험료 수입만 2억 5000만 달러에 달했다. 더구나 AIGFP는 보험회사가 아니기 때문에 보험 당국에 보고할 의무가 없었고 거래는 프랑스의 현지 AIG 은행을 통해 이루어져 자세한 내막을 알기가 어려웠다.

AIG는 CDS 최대 판매자로 거래 파트너에게 1달러에 1센트 꼴로 보험료를 물리면서 2006년까지 승승장구했다. 그러나 부채담보부증권이 고도로 복잡해지는 과정에서 예기치 못한 결함과 위험이 발견되고 컴퓨터 모델이 이를 반영하지 못해 AIG는 곤경에 몰리기 시작했다.

CDS를 판매하면 AIG는 세 종류의 금융 손실 위험에 노출된다. 부채증권들이 부도가 나면 대신 물어 주는 것은 당연하다. 그러나 이것 말고도 금융 리스크가 더 있다.

CDS를 매입한 사람들은 보험에 든 부채증권의 시장가격이 하락할 경우,

또 AIG 자체의 채무 상환 능력 평가가 내려갈 경우 그에 상응하는 담보를 요구할 권리를 갖는다. 게다가 AIG는 시장가격에 의거해 장부상에 계약을 산정해야 할 의무를 지며 보험 계약을 한 채무증권의 가격이 떨어지면 그만큼 상각 처리해야 한다. 이 미래의 담보 요구나 상각 처리의 위험성을 고턴의 모델은 측정조차 시도하지 않았고, 이것이 AIG의 기업 금융을 파탄으로 몰았다.

2007년 중반 주택 경기 침체로 서브프라임 모기지 시장이 추락하자 모기지 채권들의 가격이 급락하고 신용 평가 기관들은 모기지 증권들의 신용 등급을 떨어뜨렸다. AIG의 CDS가 주목을 받으면서 CDS 거래 파트너들이 우려하기 시작했고 200억 달러의 CDS 계약을 체결한 골드만삭스는 15억 달러의 담보를 요구해 왔다. AIG는 무리한 요구라고 버티다 4억5000만 달러에 합의를 보았다.

신용 위기가 깊어지면서 AIGFP의 손실이 불어났고, 2007년 3분기 AIG는 CDS 부문에서 3억 5200만 달러의 손실을 인정했다. 런던 사업부는 보험회사가 아닌 은행으로 설립됐기 때문에 CDS 부실에 따른 모든 책임은 모회사인 AIG로 돌아갔다.

2007년 말까지 골드만삭스 이외에 UBS와 바클레이즈, 로열뱅크오브스코틀랜드, 도이체방크 등이 담보 돈을 요구한 것으로 알려졌다. 부채증권 부도에 따른 보험금 지급에다 담보 요구, 그리고 결손 상각 등 세 갈래로 위험 손실이 겹치면서 2008년 2분기 런던 사업부의 손실은 250억 달러에 달했다.

9월 15일 리먼브라더스의 파산 신청으로 채권 시장이 얼어붙자 신용 평가 기관들은 AIG의 신용 등급을 강등시켰고, 이 등급 하향 조정으로 거래 파트너에게 180억 달러에 달하는 추가 담보를 설정해야 했다. 채권 가격 급락을 상쇄하기 위한 담보 제공 액수는 500억 달러에 달했고 이 손실의 소용돌이가 모회사의 자본금을 잠식하며 AIG를 추락시켰다. 조그만 사업부의 상품 하나가 고성능 폭탄이 되어 타이태닉 지주회사를 날려 버리는 가공할 위력을 가졌다는 점에서 금융 파생상품은 '대량 파괴 무기'라 해도 과언은 아니다.

컴퓨터 비즈니스 모델을 설계한 고턴은 2008년 5월 예일 대학 경영대학원 교수로 자리를 옮겼다.《월 스트리트 저널》은 AIG의 몰락 배후에는 현실 세계의 테스트에서 통과하지 못한 리스크 모델의 실패가 있다고 보도했다.

추가 담보 요구는 긴급 구제 이후에도 계속돼 애초 지원 약속을 받았던 850억 달러의 상당 분을 소진하여 연방준비은행으로부터 10월에 추가로 378억 달러의 신용을 공여받았다. 2008년 3분기에 244억 달러의 기록적인 적자를 내면서 정부 지원 자금의 규모는 총 1500억 달러로 늘어났다.

AIG의 전 CEO 모리스 그린버그는 미국 당국의 구제는 사실상 'AIG의 국유화'로 규정지었다. 총자산이 1조 달러라고는 하지만 손실이 계속 발생하고 있어 자본력의 완충은 약하다. 알짜 자산을 팔아 융자를 갚고 자본을 확충해야 하나 제 값을 받으려면 시장이 회복되어야 한다. 현 CEO 에드워드 리디는 1500억 달러도 충분하지 않을지도 모른다며 "숨 쉬기가 좀 나아졌지만 그 대답은 사람들이 자본 시장에서 무슨 일이 일어날 것으로 생각하느냐에 달려 있다."라고 말했다. 정상적인 시나리오 아래서라면 AIG는 건실하다고 하겠지만, 화급한 불 끄기 매각 처분이 아니라 알짜 자산들을 제 값 받을 수 있도록 시장이 회복되는 날은 과연 언제일까?

## 투자은행 골드만삭스, 업종 전환하다

대형 독립 투자은행은 월 스트리트의 정글에서 고위험 고수익의 줄타기를 뽐내는 원숭이에 곧잘 비유된다. 2008년 3월 이후 단 6개월 사이에 메이저 다섯 마리 중 세 마리가 사라졌다. 베어스턴스는 3월에 사라졌고, 리먼브라더스는 파산 보호 신청을 냈으며 메릴린치는 뱅크오브아메리카BOA로 흡수됐다.

랭킹 1, 2위의 골드만삭스와 모건스탠리 둘만 살아남았다. 그러나 이 둘의 삶도 바로 얼마 전과는 딴판으로 바뀌었다. 독립 투자은행의 독자 생존 시대는 끝장났다는 믿음이 투자자 사이에 번지면서 이들의 주가는 바닥을 모르고 추락을 거듭했다. 미국 정부가 7000억 달러의 구제금융으로 주택담보부증권과 부실화된 자산을 사 준다 해도 예금 기반이 없는 이들이 버티는 데는 한계가 있었다. 거대 상업은행에 합병돼 생존하거나 아니면 사라질 것이냐의 갈림길에서 이들은 업종 전환을 선택했다.

9월 21일 이들은 대형 독립 투자은행에서 은행 지주회사로 업종 전환을 신청해 연방준비은행의 승인을 받았다. 남의 돈으로 자본금의 이삼십 배 고위험 투자를 일삼던 자유는 사라지고, 감독 당국의 까다로운 규제를 받는 상업은행으로 바뀐 것이다.

골드만삭스는 월 스트리트에서 부러움과 질시의 대상이었다. 세계 최대의 사모펀드와 헤지펀드들을 휘하에 두고 '황금을 캐는 삭스Goldmine Sachs'라는 별명에 걸맞게 떼돈을 벌었다. 투자은행가들도, 트레이더들도 업계 최고의 고수들이었다. 2007년에 종업원 3만 522명이 한 사람당 벌어들인 돈은 60만 달러로, 트레이더는 물론 비서 직까지 합한 숫자의 평균이 그러했다.

2007년 신용 위기가 월 스트리트를 짓누르면서 메릴린치와 씨티그룹, 리먼브라더스가 모기지 관련 증권 투자로 거액의 손실이 불거졌을 때도 골드만삭스는 비교적 건재했다. 씨티그룹과 메릴린치의 최고경영자가 쫓겨난 2007년 골드만삭스는 최고 수익을 올려 최고경영자 로이드 브랭크페인은 월 스트리트 CEO 연봉으로는 사상 최고인 6870만 달러를 받았다.

그러나 리먼브라더스와 메릴린치, 그리고 보험 거인 AIG가 파국에 몰리면서 골드만삭스의 주식도 추락하기 시작했다. 골드만이 AIG의 최대 파트너라는 사실이 알려지면서 놀란 투자자와 고객들이 골드만삭스로부터 투자를 거둬들이고 돈을 맡기지 않으려 해 생존 위기로까지 몰린 것이다.

상업은행으로 지위가 바뀐 골드만삭스와 모건스탠리는 당장 예금 기반이 탄탄한 기존 거대 상업은행들과 경쟁을 벌여야 한다. 골드만삭스는 씨티그룹과 JP모건체이스, BOA에 이어 네 번째 은행 지주회사가 됐다. 워렌 버핏이 50억 달러를 투자하고 따로 주식을 발행에 50억 달러를 조달했고 이미 은행 자회사가 보유한 예금 200억 달러를 포함해 1500억 달러까지 늘린다는 계획이다.

모건스탠리도 일본 최대 상업은행 미쓰비시 UFJ 파이넌셜 그룹에 지분을 20퍼센트까지 팔아 80억 달러를 조달할 계획을 발표했다. 그러나 금융 위기와 신용경색 상황에서 예금 기반 확대는 쉽지 않아 보인다.

지금까지 투자은행 IB: Investment Bank은 예금 기반이 없는 독립적 투자은행과 예금은행을 거느린 거대 금융그룹 산하의 투자은행으로 크게 둘로 나뉘었다. 독립 투자은행의 시대가 막을 내린 이상 골드만삭스와 모건스탠리는 앞으로 거대 금융그룹 산하 투자은행들과 맞서 싸워야 한다.

자본 충족 요건 강화 등 당국의 규제가 심해 고수익 모험 투자의 기회는 발을 붙이기 어려워지고 그러다 보면 고위험 투자족들은 헤지펀드나 사모 펀드 쪽으로 사냥터를 옮아갈 수밖에 없다. 저수익 안정 경영 구도에서는 예금 기반이 튼실한 은행이 유리하다.

그렇다고 예금에 기반을 둔 거대 상업은행들이 투자은행업을 더 잘한다는 현실적 증거는 없다. 투자은행은 전통적 기능에다 상품 트레이더, 헤지펀드, 브로커 딜, 게다가 금융공학 연금술사도 겸하는 고도의 복합 기능 회사다. HSBC나 UBS, 크레디트스위스, 씨티그룹 등이 하나같이 모기지 채권 투자에서 엄청난 손실을 입었다. JP모건체이스의 경우 연방준비은행과 통화 관리국 등 규제 당국에서 매일 평균 일흔여 명이 나와 장부를 살피고 트레이딩 현장과 뒤편 지원 부서의 활동까지 점검받았다.

씨티그룹 역시 이에 못지않은 규제를 받아 왔을 텐데 어찌하여 위험이 높은 모기지 증권에 과투자해 파산 지경에까지 몰렸단 말인가?

독립 투자은행의 도산은 자본금 부족 때문이라기보다는 주택 가격 오름세에 대한 과도한 베팅 때문이었다. 자기자본에 대한 차입자산비율, 즉 레버리지 leverage는 베어스턴스가 33, 리먼브라더스가 31, 골드만삭스가 28이었다. 이에 비해 JP모건체이스와 씨티그룹 등 금융 그룹들은 10 안팎이었다. 이 경우 레버리지가 낮다고 더 안전하다는 논거는 성립되지 않는다.

투자은행업은 계속되지만 확실한 것은 지금과 같을 수는 없을 것이라는 점이다. 단기로 돈을 끌어다 몇 십 배 투자를 일삼는 초대형 투자은행보다는 작은 몸집으로 선택과 집중에 능란한 '부티크 Boutique 투자은행'이 각광을 받을 것으로 예상된다. 거액의 보너스에 호화로운 사무실, 출장 시 항공기 1등석 등 지금까지의 모든 호사를 벗어 던지고 투자은행업이 바닥에서부터 재구축되는 'IB 2.0' 시대가 열리리라는 예상들이다.

골드만삭스가 업종 전환을 해도 방대한 지점망을 갖고 소매 금융을 하는 일반적 상업은행 같게 되지는 않을 것 같다. 수익이 적고 경비만 많이 나는데다 골드만삭스의 문화에는 맞지 않기 때문이다. 골드만삭스와 모건스탠리는 둘 다 생존을 위한 전략적 선택을 한 인상이 짙다. 글로벌 금융 시스템이 벼랑에 선 지금 전통적인 상업은행의 틀 속에 들어가 규제를 받으면서 연방준비은행으로부터 자금도 융통하고 고객 예금을 기반으로 한 안전한 토대도 구축해 보자는 의도가 읽힌다. 투자은행의 죽음을 과장 말라는 경고는 이런 전략적 엎드림을 두고 한 말일까?

메릴린치를 인수한 BOA는 메릴린치의 숨겨진 부실이 속속 드러나면서 미국 정부에 연방 SOS를 보내고 있고, 마지막 남은 월 스트리트의 거인 씨티그룹은 모기지 게임에서 거액의 손실이 불거지면서 그룹이 쪼개지는 위기를 맞고 있다. 기세를 올리며 인수했던 와코비아 은행을 웰스파고 은행에 도로 넘기고 증권사인 스미스바니도 매물로 내놓았다.

금융 시장의 경계를 뛰어넘는 금융 상품을 개발해야 금융 산업이 발전한다며 상업은행과 보험, 증권, 자산 운용 부문을 직접 거느린 금융 슈퍼마켓으로 몸집을 불린 지 10년 만에 시중은행과 투자은행만 남긴 은행 본래의 모습으로 원위치하게 된 것이다.

'씨티는 결코 잠들지 않는다. Citi never sleeps.'가 씨티그룹의 슬로건이다. 서브프라임이 뒤섞인 부채담보부증권 CDO과 독성 자산으로 주가가 10달러 미만으로 최고점 대비 90퍼센트 이상 폭락한 지금 씨티는 잠을 잘래야 잘 수가 없는 상황이다. 3000억 달러 규모의 정부 지급보증과 450억 달러의 공적 자금 지원에도 불구하고 씨티는 부실이 누적돼 정부가 최대 36퍼센트의 지분을 획득하면서 사실상 국유화 절차에 들어갔다.

씨티그룹의 붕괴와 분할은 금융 공룡 시대의 종언을 의미한다. 씨티그룹을 본받아 2003년 금융 공룡으로 몸집을 불린 스위스의 복합 금융 그룹 UBS도 660억 달러의 손실을 입어 주주들로부터 투자은행 부문 등을 분리 매각토록 요구받고 있다. 씨티그룹의 뒤를 따라 해체의 길로 들어설지가 현재 주목거리다.

고위험 고수익의 줄타기를 즐기던 월 스트리트가 저위험 저수익의 안정적이고 보수적인 상업은행들의 놀이터로 복귀하고 있는 것이다. '월 스트리트의 종언'까지는 아니더라도 월 스트리트의 한 시대가 막을 내리고 있는 것은 분명하다.

# 4 통화 태풍의 회오리

금융 쓰나미가 불러일으킨 회오리바람이 지구촌 전역에 거센 통화 폭풍을 몰고 왔다. 외국 자본이 빠져나가고 신용 시장에 패닉이 일면서 선진권 국가와 동유럽, 중남미, 아시아 국가들의 통화들이 지역과 나라를 가리지 않고 폭락을 거듭했다. 여기에 초저금리의 일본을 떠나 해외로 나갔던 일본 자본들이 고향으로 돌아가면서 불러일으키는 엔 케리 청산 돌풍이 가세했다. 달러화 대안으로 주목받던 유로화 지역이 위기에 휩싸이면서 통화의 안전한 피난처는 달러밖에 없다는 인식이 되살아나고, 미국의 중앙은행에 자기 나라 돈을 맡기고 그액수만큼 달러를 빌려다 쓰는 미국과의 통화스와프에 각국이 경쟁적으로 매달리고 있다. 2009년 들어 동유럽 국가들이 국가 부도 위기에 몰리면서 서유럽은행들의 연쇄 부실이 우려되는 등 유럽발 통화 태풍 경보에 세계가 가슴을 졸이고 있다.

## 미국 달러, 회심의 미소를 짓다

글로벌 금융 위기가 세계 경제를 '동시 불황' 국면으로 몰아넣으면서 그 회오리바람이 지구촌 전역에 거센 통화 폭풍을 몰고 왔다. 아이슬란드와 호주 등 선진권 국가에서부터 러시아와 폴란드, 헝가리, 우크라이나 등 동유럽 국가, 멕시코와 아르헨티나 등 중남미 국가, 한국과 인도네시아, 인도 등 아시아 국가들의 통화들이 지역과 나라를 가리지 않고 폭락을 거듭했다.

핫머니가 신흥 경제권을 일제히 탈출하고, 엔 케리 자금이 고향으로 돌아가고 carry yen back, 신흥 경제권의 수출 전망까지 어두워지면서 통화가치 하락은 거의 통제 불능 상태로 치달았다. 노벨 경제학상 수상자 폴 크루그먼은 '통화 위기의 결정판 the mother of all currency crises'이라고 불렀다. 종전에는 아시아 위기, 중남미 위기 등 지역 위기로 불리었지만 지금은 모두를 위협하는 글로벌 위기라는 얘기다.

통화 폭풍이 신흥국 경제를 덮쳐 외환 위기를 불러오는 과정은 나라를 막론하고 대개 비슷하다. 우선 외국 자본이 빠져나가면서 주식시장의 주가가 반 토막이 되고 통화가치가 폭락한다. 신용 시장에 패닉이 일면서 외국 은행들이 대출을 돌연 중단하고 무역 신용을 포함한 가장 기본적인 금융 서비스마저 외면한다. 미국발 금융 위기와 아무런 상관도, 잘못도 없는 신흥국들이 어찌하여 모진 폭풍 속으로 빨려 들어가게 됐는가?

첫째는 차입 지렛대 제거 de-leveraging의 파괴력이다. 글로벌 금융 시스템은 자기자본의 몇 십 배가 되는 차입금으로 흥청거렸고 신흥국들 또한 이들 외부 자금의 대거 유입으로 혜택을 누려 왔다. 이 지렛대가 주저앉으면서 자금과 신용의 썰물을 맞은 것이다. 이 경우 평소 적자국이나 과다 채무국이 아닌 건실한 국가라도 기존 대출금의 만기 연장이 어려워진다.

두 번째는 세계 경제의 성장 둔화에 따른 상품 및 서비스 수출의 부진이다. 선진국 경제는 깊고 긴 후퇴 국면으로 진입하고 있어 신흥국의 수출 환경은 날로 악화하고 있다. 또 국제 원자재 가격은 2008년 여름 이후 50퍼센트나 폭락해 이들 원자재를 수출하는 국가들의 수입도 격감하고 있다. 수출 부진으로 외화벌이가 안 되고, 경상수지 전망이 어두워지면서 대외 신용도 나빠진다. 브라질과 아르헨티나, 러시아, 남아프리카 그리고 선진국인 호주도 여기에 해당한다. 나라 전체로는 괜찮지만 은행들이 달러 기근에 시달리는 경우도 생긴다. 러시아는 막대한 외환을 보유하고 있지만 기업과 은행들은 달러 조달에 안간힘을 쏟고 있다. 2000년부터 2008년 중반까지 러시아는 5600억 달러의 외화보유고를 쌓았지만 은행과 기업들은 이 기간 중 외국 빚을 4600억 달러나 늘렸다. 러시아 정부가 서방 국가 정부에 빌려준 달러를 러시아 기업과 은행들이 서방 국가 은행들로부터 도로 빌려 오고 있는 격이다.

통화 태풍의 첫 희생자는 북유럽의 작은 부국 아이슬란드였다. 인구 32만 명에 2007년 1인당 국민소득 6만 2000달러로 1년 전만 해도 "세계에서 가장 살고 싶은 나라"로 꼽힐 정도였다. 1990년대부터 금융 허브 전략을 추진해 외국 자본을 급속히 끌어들였고 국제 투기 자본들은 저금리의 달러 자금을 빌려 고금리의 아이슬란드에서 이른바 '케리 트레이드 carry trade'라는 돈놀이 판을 벌였다.

2005년 이후 미국의 지속적인 금리 인상으로 투기 자본들이 빠져나가기 시작했고 리먼브라더스의 파산 이후 전 세계 금융 시장에서 급격한 차입 축소 및 대출 회수가 일어나면서 직격탄을 맞았다. 아이슬란드의 3대 은행의 순외채는 국내총생산GDP의 246퍼센트에 달했다. 1년 전에 비해 주식시장은 89.2퍼센트, 크로나화는 달러 대비 82퍼센트가 각각 폭락했다.

2008년 10월 3대 은행이 한꺼번에 국유화되면서 국제통화기금IMF으로부터 21억 달러의 구제금융을 지원받았다. 1976년 영국에 이어 30여 년 만에 IMF 구제금융을 지원받는 첫 서방 국가가 된 것이다. 외국 자본에 기댄 '금융입국'의 위험성을 웅변해 준 경우다.

아이슬란드가 금융 위기를 겪는 동안 통화 태풍은 동유럽과 중동 및 중앙아시아를 강타해 '다음은 누구 차례'의 증후군을 낳고 있다. 서유럽의 주요 은행들의 경우 동유럽과 중남미, 아시아 국가들에 물려 있는 대출은 4조 7000억 달러에 이른다. 오스트리아 은행들은 오스트리아 GDP의 85퍼센트에 상당한 돈을 헝가리, 우크라이나, 세르비아, 벨로루시 등에 대출했다. 이 중 헝가리와 우크라이나는 IMF 구제금융 지원을 받았다.

스페인 은행들은 아르헨티나와 브라질 등 남미 국가에 대한 대출 잔고가 3160억 달러에 이른다. 이 지역은 전통적으로 미국의 '뒤뜰'로 간주되고 있지만 이 금액은 미국 은행들의 이 지역 대출 금액1720억 달러의 두 배에 가깝다. 엔 케리 자금으로 주택 모기지 대출 붐에 들떴던 헝가리와 라트비아는 엔화 40퍼센트 폭등으로 곤경에 처했다.

파키스탄은 IMF 구제금융을 신청하기 직전 외환보유고가 한 달간 수입 대금을 결제할 수 있는 수준인 35억 달러에 불과했던 것으로 밝혀졌다. 루피화의 급락을 방지하기 위해 외환보유액 160억 달러의 상당 분을 소진했던 것으로 믿어진다.

달러화의 대안으로 주목받던 유로화 지역이 위기에 휩싸이면서 통화의 '안전한 피난처'는 달러와 일본 엔화밖에 없다는 인식이 다시 굳어지고 있다. 모건스탠리의 통화 전문가들은 모든 통화가 달러에 대해 약세를 보일 것이며 달러에 대한 신흥국 통화들의 가치는 이삼십 퍼센트까지 더 떨어질 것이라는 예상까지 내놓고 있다.

금융 위기의 주범 미국 달러화가 회심의 미소를 짓는 까닭은 전문가들도 헷갈린다. 분명한 사실은 글로벌 달러 부족 현상이다. 세계 경기 위축으로 수출이 줄고, 신용경색과 차입 축소로 자본 유입이 격감하면서 빌려 쓴 돈의 만기 연장마저 어려워지고 있다. 게다가 유럽 지역의 경제 후퇴로 '위기 때는 역시 달러'라는 인식이 높아지고, 지난 6년 남짓 동안 달러 대신 유로 등 다른 통화로 다변화해 온 외화 자산 구성이 달러 쪽으로 급선회하는 움직임도 감지된다. 미국과의 달러 무제한 스와프 등 G7 국가들의 국제 공조가 미국 연방준비은행Fed을 축으로 진행되고 있는 현실도 달러에 보이지 않는 힘을 실어 주고 있다.

골드만삭스는 아시아 지역에서 통화 폭풍 경보 지역으로 호주와 한국, 인도네시아, 인도 4개국을 지목했다. 호주는 원자재 가격이 급락하는 데다 은행의 예금에 대한 대출 비율이 140퍼센트다. 한국은 136퍼센트, 인도네시아는 95퍼센트이고 인도는 급속한 재정 적자를 지적했다. 홍콩은 달러와의 통화가치 고정으로, 중국은 엄격한 자본 통제로 달러에 대해 한동안 '나홀로' 절상을 견지했다. 싱가포르와 대만도 태풍권 바깥이다.

외환 보유 대국 러시아와 인도, 한국이 자국의 통화가치를 방어하지 못하고 있는 현실은 아이러니다. 보유고의 상당 부분이 쉽게 헐어 쓸 수 없는 비유동성 자산이거나 팔면 손실이 커 손대기 어려운 자산일 가능성도 있다. 정책 당국이 글로벌 불황 쇼크에 대비해 통화가치 절하를 내심 방치하거나 아니면 방어가 불가항력적이어서 이도 저도 못 하는 경우를 상정할 수도 있다. 지금까지 신흥국들의 성장은 글로벌 붐과 값싼 신용의 산물이었다. 세계 경제가 동시 불황에 빠지고 자본 유입이 격감하면 이들 경제도 나빠지면서 통화가치는 떨어질 수밖에 없다.

개별 국가의 경제 펀더멘털이 준수하다 해도 글로벌 경제의 펀더멘털이 나빠지는 것이 문제다. 대니 로드릭 하버드 대학 교수는 "신흥국들의 금융 위기는 이제부터가 시작이며 앞으로 갈수록 더 악화될 것이다. 이번 위기는 어느 개별 국가 정부의 힘만으로 해결될 수가 없다는 점에서 종전의 위기들 과는 다르다."며 IMF와 흑자국 들이 대외 크레디트라인을 대폭 확장해 사 태가 수습할 수 없는 지경까지 가지 않도록 국제 공조를 펼칠 것을 촉구하 고 있다.

1997-1998년 여타 동남아 국가들과는 달리 한국이 외환 위기에서 빨리 벗어날 수 있었던 것은 글로벌 활황과 고환율로 1997-1999년 사이에 경상 수지가 흑자로 대반전을 해 주었기 때문이다. 글로벌 불황으로 당분간 이런 활황의 보장이 없다는 점에서 신흥국들의 통화 위기는 지금도 진행 중이다.


## 통화스와프의 밧줄을 잡아라

극심한 통화 태풍으로 국가 경제라는 배가 난파 위기에 몰렸을 때 매달 릴 수 있는 '통화 밧줄'로 통화스와프가 있다. 달러를 찍어 내는 미국의 중앙 은행에 자기 나라 돈을 맡기고 그 액수만큼 달러를 빌려다 쓰고 후일 이자 를 붙여서 갚는 방식이다.

이 통화 맞교환의 정식 명칭은 '잠정적상호통화예치 temporary reciprocal

', 간단하게 '스와프 라인 개설'로 불린다. 1959년 미국의 연방준비은행이 영국과 처음 시도한 이 장치는 몇몇 주요 선진국들끼리 서로 주고받는 '그들만의 리그'였다.

국제적으로 통용되지도 않는 개발도상국 화폐를 미국 중앙은행이 맡아 주고 그 액수만큼 달러를 빌려줄 리는 만무하기 때문이다. 미국에서 역사가 가장 오래된 필라델피아 증권거래소의 세계통화옵션 시장에서 달러화와 가장 활발하게 거래되는 통화는 유로, 영국 파운드, 스위스 프랑, 일본 엔, 그리고 캐나다 달러 및 호주 달러의 여섯 개 통화다. 이 외의 통화는 미국 중앙은행이 받아 예치해 둘 필요성을 느끼지 않는 돈들이다. 통화스와프가 몇몇 국가 통화와 한정될 수밖에 없다.

세계적 신용경색으로 달러 기근이 일자 미국에 통화스와프의 SOS를 맨 먼저 타전한 쪽은 역시 유럽중앙은행 ECB이었다. 2008년 8월 9일 프랑스의 대형 은행 BNP파리바가 미국 서브프라임 모기지 부문 유동성이 완전 증발했다는 이유로 20억 유로 상당의 세 개 투자펀드 기능을 정지시킨다고 발표한 후 신용 시장은 급속히 얼어붙었다. 유럽은행들이 달러 단기물 융통에 비상이 걸리자 ECB는 이들에게 달러를 지원하기 위해 미국 FRB에 통화스와프를 요청했다.

9월 18일 FRB는 ECB와 함께 캐나다, 영국, 일본, 스위스 중앙은행에 모두 1800억 달러의 스와프 라인을 허용했다. ECB에는 기존의 스와프 라인에 550억 달러를 추가해 1100억 달러를, 스위스 중앙은행에는 120억 달러를 추가해 270억 달러로 한도를 늘려 주었다. 일본은행에는 600억 달러, 영국은행에 400억 달러, 캐나다 중앙은행에 100억 달러였다. 역시 '그들만의 리그'임을 재확인시켜 주었다.

그러나 9월 24일 호주 300억 달러와 함께 덴마크 150억 달러, 노르웨이 150억 달러, 스웨덴 300억 달러 등 북유럽 3개국으로 통화스와프가 확대됐다. ECB와 영국, 일본, 스위스 등과는 아예 한도가 철폐되면서 10월 29일에는 뉴질랜드와 150억 달러 규모의 스와프가 체결됐다. 노르웨이와 뉴질랜드에도 통화스와프의 '밧줄'을 내린다는 소문을 듣고 한국과 브라질, 멕시코가 통화스와프를 강력히 요청하자 10월 30일 졸라대지도 않는 싱가포르 150억 달러까지 끼워서 한국 300억 달러과 브라질 300억 달러, 멕시코 300억 달러 4개국에까지 통화스와프가 확대된 것이다. 싱가포르는 자기네는 예방적 차원의 조치로 가까운 장래에 자금을 인출할 가능성은 거의 없다며 한국 등 여타 아시아 국가와 차별성을 강조했다.

글로벌 금융 위기는 미국에서 비롯됐고 그 달러화는 '위기의 통화'로 가치 하락을 거듭해 왔다. 그럼에도 여기저기로 '달러 구명조끼'를 던지며 스와프 라인을 남발하게 된 데는 달러 기근이 그만큼 심각하고 위험한 수준에 와 있었다는 것을 반증한 것이었다.

미국이 한국 등 4개국과 통화스와프를 맺은 그날 국제통화기금 IMF은 별도로 달러 기근 해소를 돕기 위해 자본시장 참가국을 대상으로 새로운 단기유동성지원제도 SLF: Short-Term Liquidity Facility를 마련했다. 일시적인 유동성 악화로 어려움을 겪고 있는 국가에 해당국의 IMF 쿼터 출자 할당액의 다섯 배까지 석 달간 융통을 허용하며 12개월 내에 최대한 3회까지 인출이 가능토록 했다. 보통 IMF 융자에 따라붙는 융자 자금의 단계적 지불, 융자 조건으로서의 정책 시행 요구와 정책 감시 등 까다로운 조건들은 배제되었다. 국제 자본시장에 접근이 자유롭고, 정책 운영 실적이 견실하고, 채무 수준이 지속 가능한 나라이면 큰 제약 없이 융통해 쓸 수 있도록 한 것이다.

IMF의 스트라우스 칸 총재는 미국이 한국 등 4개국과 통화스와프 계약을 확대 체결한 것을 환영한다고 밝히고 IMF의 새 SLF와 미국의 통화스와프 라인 등 두 독립된 창구가 글로벌 금융 시장의 유동성을 증대시키고 기본적으로 건전하고 잘 관리된 나라들로 단기 외화 유동성 문제가 전이되는 것을 막아 줄 것으로 기대한다고 밝혔다.

1997-1998년 외환 위기 때 IMF 긴급 융자의 가혹한 조건 때문에 혼이 난 신흥국가들은 IMF 긴급 융자는 되도록 피하려 들고 국내 정치적으로도 용인되지 않는 후유증을 남겼다. 까다로운 조건이 붙지 않은 새 SLF는 '비상시의 비상 대응' 성격이 짙고 그만큼 달러 기근의 심각성을 일깨운 조치이기도 했다. 달러 기근을 겪고 있는 신흥국들 입장에서 두 가닥의 통화 밧줄이 생긴 셈이다.

또 하나의 통화 밧줄은 지역 단위의 통화스와프 체결이나 통화협력기금 창설 등을 통한 통화 안전망 구축이다. 한·중, 한·일 통화스와프의 한도 확대, 그리고 '치앙마이 이니시어티브'로 상징되는 아세안 등 아시아 10개국 통화스와프 라인 구상 등이 그것이다.

이는 국제 결제 통화의 다극화 전략과도 맞물려 있다. 특히 한·중 통화스와프 확대에서 중국은 한도 증액 분을 달러가 아닌 런민삐<sup>위안화</sup>로 지급키로 했다. 중국은 벨로루시, 러시아 등과의 무역 거래에서 런민삐를 결제 통화로 쓰기로 이미 합의했고 미국 달러화에 페그<sup>peg: 고정</sup>된 홍콩 달러도 머지않아 런민삐 페그로 바꿀 계획이다. '런민삐 밧줄'은 런민삐 국제화를 향한 중국의 빨라진 행보와 결코 무관치가 않다.

미국이 여타 국가로 통화스와프 라인을 확대하는 이유는 두 가지로 헤아려 볼 수 있다. 어떤 희생을 무릅쓰고라도 현 글로벌 금융 시스템의 판은 살려야겠다는 절박한 욕구가 첫째다. 달러의 가치 하락은 나중의 문제이고 달러 기근으로 피가 돌지 않아 글로벌 경제 주체들의 돌연사 突然死가 꼬리를 물면 글로벌 시스템 자체가 무너진다. 현 시스템을 유지시키는 것 이상으로 미국에 더 큰 국익은 없다.

외화 유동성이 다급해진 신흥국들이 보유한 미국 국채를 시장에 내던지기 시작하면 국채 값은 폭락하고 자본 유입으로 지탱되는 미국 경제도 더 이상 버티기 어려워진다. 달러 맞교환으로 긴급 융통을 해 주지 않으면 미국 국채를 내다 팔 수밖에 없다는 신흥국들의 주장은 엄살을 넘어선 사실상의 협박이다. 미국이 그만큼 약해져 있다는 증거다.


## 엔 케리 청산 돌풍


악재는 또 다른 악재를 부르기 마련이다. 글로벌 금융 쓰나미에 엔 케리 자금의 청산이라는 거센 돌풍이 가세한 것이다. 초저금리의 일본을 떠나 고수익을 좇아 해외로 나갔던 일본 자본들이 고향으로 돌아가면서 일으키는 회오리바람이다.

케리 트레이드 carry trade는 금리가 아주 낮은 나라의 돈을 빌려 금리가 높은 나라에서 굴려 큰 수익을 얻는 투자 행위다. 그 금리 차익이 '케리'다.

글로벌 금융 시장에서 케리 트레이드는 레버리지가 가장 큰 베팅의 하나다. 헤지펀드와 은행, 보험회사, 뮤추얼 펀드, 투자 딜러 등이 너도나도 몰려들었다.

거래 규모는 1조 달러로 주로 일본 엔화와 스위스 프랑을 빌려 아이슬란드, 뉴질랜드, 브라질, 폴란드, 헝가리 등 금리가 높은 나라에 투자해 왔다. 일본의 금리가 낮고 엔화가 안정됐을 때는 큰 차익을 노릴 수 있지만 일본이 금리를 올리거나 엔화가 강세가 되면 메리트가 없어져 투자자들은 거래를 청산하게 된다. 특히 은행과 투자 딜러 헤지펀드 들은 투기 목적으로 차입 규모를 엄청나게 늘려 놓았기 때문에 갑작스러운 엔화 대출 회수로 케리 트레이드가 청산될 경우 큰 위기로 이어진다.

일본은 1990년대 이후 디플레 경제와 씨름하는 과정에서 금리를 낮게 유지해 왔다. 이 저금리가 일본 자금의 해외 탈출을 부추겼고, 싼 금리로 대출받아 금리가 높은 외국에서 굴리는 소규모 투자가, 속칭 '와타나베 씨'와 '와타나베 부인'들을 대거 등장시켰다.

일본 정부는 2006년 7월 14일 6년 가까이 유지해 왔던 제로 금리를 해제하면서 값싼 대출 시대의 마감을 선언했지만 일본 은행의 정책 금리는 지금도 0.3퍼센트의 초저금리다. 로열뱅크오브스코틀랜드는 와타나베 씨 등 일본 개미투자가들이 해외에 빌려준 돈은 6000억 달러에 상당할 것으로 추산했다.

엔 케리가 청산된다는 것은 미국과 유럽 혹은 중국이나 동유럽 등의 채권과 주식에 투자됐던 자금이 빠져나와 일본으로 돌아간다는 의미다. 이는 미국 유럽의 채권 및 주식 값 폭락은 물론이고 엔화 급등-상대 통화 급락을 부른다. 와타나베 부인들이 굴리는 엔화 자금은 2007년에 200조 엔으로 도쿄 외환시장 거래액의 30퍼센트를 차지할 정도다.

8월 1일 이후 넉 달 동안 엔 케리 트레이드 청산 돌풍으로 호주 달러는 엔화에 대해 33퍼센트, 영국 파운드는 29퍼센트, 유로는 24퍼센트, 스위스 프랑은 19퍼센트, 미국 달러는 12퍼센트가 떨어졌다. 그러잖아도 리스크가 높은 신흥국 통화들에 이 청산 돌풍은 엎친 데 덮친 격이었다.

아이슬란드 크로나화의 폭락은 케리 트레이드가 몰고 온 금융 파국이라는 빙산의 일각에 불과했다. 인구 32만 명의 이 나라는 금융으로 특화해 유럽 최고의 금리로 세계의 단기자금을 끌어들였다. 이들 돈을 기업 매수와 장기 투자에 운용해 1인당 GDP 세계 5위의 번영을 구가했었다. 은행 자산은 GDP의 열 배에 달했다. 세계 투기 자본들이 벌이는 케리 트레이드의 가장 좋은 놀이마당이었음은 물론이다.

그러나 2005년 이후 미국의 지속적인 금리 인상으로 투기 자본이 빠져나가기 시작했고 2008년 9월 리먼브라더스 파산 이후 전 금융 시장에서 레버리지 축소에 따른 대출 회수가 본격화하면서 국가 부도 위기까지 몰렸다. 1976년 영국 이후 30여 년 만에 처음으로 IMF 구제금융을 받는 서방 국가가 되면서 크로나화의 가치는 70퍼센트나 떨어졌다.

헝가리는 엔화를 빌려 와 주택 모기지 대출을 일삼다 케리 트레이드 청산으로 엔화가 40퍼센트 폭등하면서 대규모 부실 수렁에 빠졌다.

엔 케리 트레이드 청산의 또 하나의 주요 피해국은 한국이다. 엔화를 빌려 썼던 한국의 중소 업체와 자영업자들이 갑작스러운 엔고 현상으로 '환율 폭탄'을 맞은 것이다. 엔화 환율은 1년 전 100엔당 800원 대에서 100엔당 1,600원으로 배가 올랐다. 국제금융 시장에서 엔화가 안전 자산으로 통하면서 엔화 구입 비용이 높아지고 대출 금리도 연 7-8퍼센트 대까지 올랐다.

이삼 년 전 제로에 가까운 금리로 와타나베 부인들로부터 엔화를 빌려 썼던 차입자들은 갚아야 할 원금만 배로 뛴 것이다. 엔화 대출을 받아 개원하거나 최신 의료 장비를 들여온 서울 강남의 병원들의 파산 신청이 잇따르고 있다.

엔 케리 자금은 2001년부터 국내에 쏟아지기 시작했다. 무이자에 가까운 엔화 대출을 받아 고수익 고위험 해외 투자에 나선 일본의 개인 투자자들은 한국에서 강남의 의사들을 선택했다. 병·의원의 고급화 바람을 타고 저리의 엔화 자금으로 성형외과, 피부과, 안과 들은 다투어 내부를 화려하게 꾸몄다. 담보 능력이 좋은 모텔, 중대형 상가 소유주도 좋은 대상이었다. 은행들 간의 대출 경쟁으로 은행권의 엔화 대출 비율은 전체 외화 대출 규모의 28.5퍼센트 2008년 8월 말 현재로 늘었다. 한국은행의 엔화 대출 만기 연장 금지 조치에다 은행들의 대출 회수, 환율 및 이자율 폭등이 겹치면서 엔화 대출자 부도도 속출하고 있다. 금융업계에서는 은행, 보험, 제2금융권 등이 국내에 조달한 엔화 자금은 2조 엔 대에 이를 것으로 추산한다. 이 돈들이 경기 침체를 피해 고향으로 돌아가고 있는 것이다.

엔 케리 트레이드는 글로벌 유동성 증가에 차지하는 비중이 막중해 그것이 일으키는 청산 역풍은 여간 매섭지가 않고 여기에 엔화 초강세 양상이 겹치면서 회오리가 더 거세졌다.

국제금융 시장이 엔화를 안전 자산으로 선호하는 이유는 경기 부진에도 불구하고 일본의 금융 부실 규모가 작기 때문이다. 서브프라임 모기지 부실과 관련된 금융 기관의 손실액은 미국과 유럽의 경우 수천억 달러에 달하는 데 비해 일본은 100억 달러에 불과한 것으로 IMF는 추정한다. 일본이 중국에 이어 제2의 외환 보유 대국이란 점도 회오리에 힘을 실어 준다. 한국은 달러에 대한 원화 가치 폭락이라는 글로벌 통화 태풍에다 현해탄 건너 엔 케리 청산 돌풍에까지 휘말려 있는 것이다.

엔고 돌풍은 일본에 마냥 이로운 것만은 아니다. 수출의 가격 경쟁력이 타격을 받고 도요타와 소니 등 주력 수출 기업들의 수출 격감으로 현실화되고 있다. 한국의 입장에서 원/엔 환율의 급격한 상승은 일본으로부터의 수입 부품 및 제품의 가격 상승으로 이어져 국내 물가의 상승 압력으로 작용한다.

반면 엔고가 주는 기회도 무시하지 못한다. 국내 제품의 수출 경쟁력, 특히 일본과 경합도가 높은 전자, 자동차 및 통신 부문에서 시장점유율을 높일 수 있는 기회가 생긴다.

당장 효과를 보고 있는 부문은 관광 및 서비스 수지 개선이다. 2008년 8월 이후 일본 관광객의 수는 한국을 찾는 외국 관광객의 33퍼센트를 점하고 있고 일인당 지출액상반기 중 972달러도 크게 늘고 있다. 엔 케리 자금의 썰물과 일본 관광객들의 밀물로 이래저래 현해탄은 요동치고 있다.

# 5 세계 동시 불황

글로벌 금융 위기가 실물경제로 파급되면서 세계 경제는 1929년 대공황 이 래 최악의 침체로 빠져 들고 있다. 선진국과 신흥 경제권을 가릴 것 없이 세계 가 동시 침체를 겪는 데다 침체의 골도 전례 없이 가파르다. 신흥국들은 무역과 금융 통화 등이 네트워크로 묶여 있어 선진국 경제가 기우뚱 하면 어김없이 동 반 추락하게 돼 있다. IMF는 올해 마이너스 성장에서 2010년에 플러스 성장으 로 V자 형 회복을 예상하고 있지만 미국 등 주요국 경제가 1990년대 일본처럼 장기 침체가 오래 지속되는 L자 형 스태그디플레이션을 겪을 것이라는 전망도 끈질기다. G7과 여타 국가들의 신속한 자본 확충으로 전체 금융 시스템의 붕 괴 위험은 줄어들었지만 '최악의 사태'는 아직 남아 있다는 불길한 예측들이 우세하다. 미래는 예측하는 것이 아니라 우리 모두가 만들어 가야 한다는 말이 새삼 실감난다.

## 세계 경제는 자유낙하 중

글로벌 금융 위기가 실물경제로 번지면서 지구촌을 글로벌 동시 불황 속으로 몰아넣고 있다. 이미 경기후퇴 recession에 들어섰다는 비명과 함께 1929년 대공황 이후 최악의 침체 depression, 게다가 글로벌 디플레이션 deflation의 악령까지 떠올리기도 한다.

'공황적 스태그플레이션'과 장기침체 stagnation에다 디플레이션이 겹친 '스태그디플레이션 Stagdeflation' 등 불황의 이름도 각양각색이다. 관점과 강조점이 다를 뿐 세계가 함께 불황의 늪 속으로 빠져 들고 있다는 현실인식은 똑같다.

2009년은 경제 예측을 포기한 해다. 모든 전망이 최소한 두세 번을 내려 잡아도 시계視界는 거의 제로 상태다. 전망이 불가능하다면 뭐가 문제인지 의문은 제대로 던질 수 있어야 하지만 이것마저도 어렵다. 현명한 질문은 그 속에 답의 절반은 있어야 하니까.

세계가 겪고 있는 동시 불황은 일단 세 가지로 요약할 수 있다. 선진국들이 최악의 금융 위기를 겪고 있고 그 부실의 '지뢰'들은 지금도 도처에 널려 있는 현실이 하나다. 세계의 투자자들이 투자를 회수하고 안전 자산 쪽으로 몰리면서 신흥국들에게 금융 위기와 외환 위기가 동시에 들이닥치고, 그 결과로 신용 코스트는 급상승하고 선진국들의 수출 수요는 줄어드는 이중고를 겪고 있는 현실이 두 번째다.

선진국, 신흥국 할 것 없이 자산 가치가 급락하면서 소비가 위축되고, 소비의 감소가 생산 및 고용 감소, 다시 소비지출 감소로 이어지는 디플레이션적 악순환으로 빠져 들고 있다. 여기에 맞서 각국 중앙은행과 정부들이 금

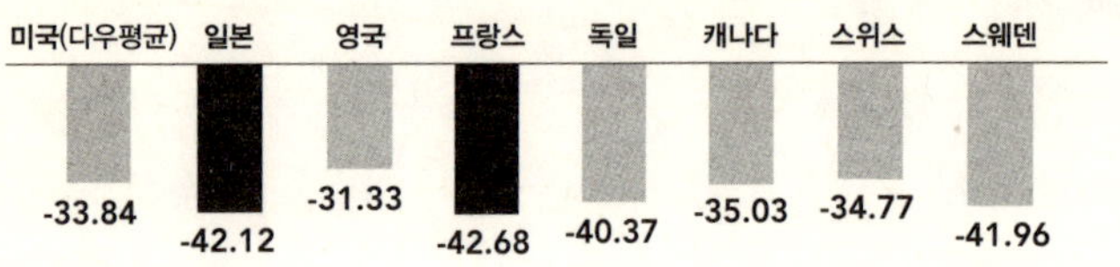


주요 신흥국 증시 등락

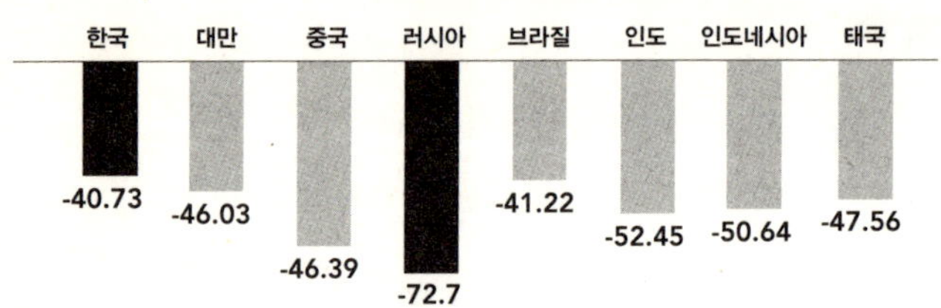


주요 선진국 증시 등락률(2008년, 단위: %), 자료: 키움증권

리를 내리고, 돈을 풀고, 재정을 통한 강력한 부양 정책으로 경제를 떠받치는 사투死鬪를 벌이는 현실이 세 번째다.

따라서 경제를 수렁으로 끌어내리는 디플레이션 세력과 이에 맞서 끌어올리려는 인플레이션 세력과의 대회전에서 2009년 세계 경제의 향방이 좌우된다고 볼 수 있다.

경제를 주저앉히는 디플레이션의 동력은 레버리지를 해소하는 디레버리지deleverage의 파괴력이다. 레버리지는 지렛대다. 빚이 이불이라는 우리 속담도 있지만 빚을 지렛대 삼아 투자 수익률을 극대화하는 투자 전략이다.

과도하고 무모한 레버리지가 글로벌 금융 위기를 불렀다면 2009년의 세계는 디레버리지의 혹독한 후폭풍을 견뎌야 할 운명에 처해 있다. 산이 높으면 골이 깊 듯 레버리지가 높을수록 디레버리지에 따른 추락의 골도 깊다.

모든 금융 기관들이 거의 동시에 디레버리지에 나설 경우 자산 가격은 폭락해 자기자본은 더욱 줄어들어 레버리지는 치솟으면서 지급불능 사태를 불러온다. 1996년에 작고한 시카고의 경제학자 하이먼 민스키의 가공할 '민스키 순간Minsky Moment'이다. 베어스턴스의 29.90달러 주식을 단돈 1달러로 만든 것도 이 디레버리지의 파괴력이었다.

레버리지의 시대는 가고 기업과 금융 기관, 가계 모두가 차입 축소와 부채 상환의 디레버리징에 나섰다. 돈을 아무리 풀어도 소비로 가지 않고, 빚을 줄이거나 현금으로 움켜쥐려는 2009 '디레버리징 사회'의 도래다. 디레버리지 현상은 계속되는 금융 불안 때문에 2010년이나 되어야 해소될 것으로 IMF는 내다본다.

경제의 현 상태는 재는 척도에 따라 진단이 다를 수가 있다. 일반인들은 실업률이 높아졌을 때를 경기 후퇴로 느낀다. 그래서 이웃 사람이 실직하면 경제 감속slowdown, 본인이 실직하면 후퇴recession, 이코노미스트가 실직하면 침체depression라는 농담도 있다.

경제 전문가들은 보통 경제 성장이 2분기 계속해서 마이너스를 기록하는 경우를 경기후퇴라고 부른다. 그러나 이 '2분기 규칙'도 현실성을 잃은 지 오래다. 한 분기 1퍼센트 성장했다가 다음 분기에 마이너스 0.3퍼센트로 떨어지고, 그 다음 분기에 다시 0.1퍼센트 성장하면 경기후퇴는 아니기 때문이다. 1991년 경기후퇴의 경우 전미경제연구소NBER가 후퇴를 선언했을 때 경기후퇴는 이미 끝나 뒷북을 쳤었다. 닷컴 거품 붕괴 직후인 2001년 경기후퇴 때 미국의 GDP는 2분기 연속 마이너스가 된 적이 없었다. 그래서 NBER은 후퇴의 정의를 "경제 활동이 경제 전 분야에 걸쳐 심각하게 위축돼 몇 달

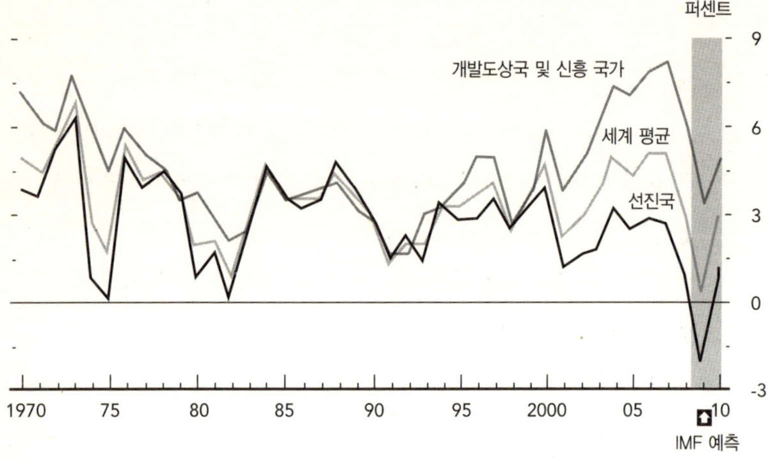



GDP 증가율(2009년 2월 추정), 자료: IMF

이상 지속되는 상태"로 바꾸었다. 그렇다면 '심각한 위축'은 무엇으로 알 수 있는가? 성장률이 잠재성장률을 크게 밑돌 때를 생각할 수 있지만 잠재성장률 측정 자체가 보통 어려운 일이 아니다.

세계 경제의 후퇴를 정의하는 일은 더더욱 어렵다. IMF는 세계 경제의 평균 성장률이 3퍼센트 미만일 때로 정의한다. 이 역시 문제가 있어 보인다. 세계 경제의 연 2.9퍼센트 성장을 현실적으로 '후퇴'라고 볼 수 있겠는가? 성장률 4퍼센트는 미국 경제에는 대단한 호황으로, 고성장 중국에는 큰 침체로 느껴질 수도 있다.

IMF는 2009년 세계 경제 성장률 전망치를 0.5퍼센트로 다시 내려 잡고 그중 선진 경제권은 2.0퍼센트 마이너스 성장을 예고했다. 미국과 일본, 유럽 주요국 경제의 동시 후퇴를 예측한 것은 IMF 창설 이래 처음 있는 일이라고 했다. 2007년 5.2퍼센트, 2008년 3.4퍼센트(예상)에 비하면 급격한 후퇴다. 신흥 경제권은 근년의 평균 7-8퍼센트 성장에서 3.3퍼센트로 크게 주춤해지는 반면 선진 경제권은 1930년대 이후 최악의 집단적 경기 후퇴가 된다는 예상이다.

세계 GDP의 55퍼센트를 점하는 미국과 유로 지역, 영국, 캐나다, 일본, 호주, 뉴질랜드는 신용경색이 본격화한 9월 중순 이전에 이미 후퇴에 들어갔고, 신흥국들은 외국인 투자의 썰물과 함께 외환 금융 위기가 겹치면서 재동조화recoupling를 통한 동반 침체에 빠졌다.

후퇴 국면이 장기화하고 깊어지면서 최근 100년간 최악의 침체 가능성도 조심스럽게 예견되는 상황이다. '침체depression'에 관한 정의는 NBER도 내리기를 주저한다. 대다수 경제 전문가들은 대체로 대량 실업이 최소한 1년 이상 장기간 지속되는 상태를 침체로 본다. 1930년대 대공황은 약 10년간 지속됐고 가장 심했을 때는 실업자가 미국인 네 명 중 한 명 꼴이었다. 현재 미국의 실업율은 14년 만에 최고로 높은 6.5퍼센트다. NBER의 회원이자 하버드대 교수인 제프리 프랭클은 디트로이트 같은 산업 도시가 유령 도시가 될 때 진정한 침체라며 지금은 경기후퇴임을 천명했다.

지금의 금융 위기를 국제 사회가 제대로 관리하지 못하면 이삼 년 안에 부채-자산-임금-상품 가격 하락의 디플레이션 악순환 속으로 빠져 들어가 글로벌 디플레이션이 현실화될 것이라는 우려도 나돈다. 1990년대 이자율 제로, 가격 파괴, 성장 침체라는 일본 디플레이션의 악령을 떠올리게 한다.

불과 얼마 전까지만 해도 원유와 국제 원자재 값 폭등에 따른 수입 인플레가 문제였다. 경기후퇴로 수요와 투기가 함께 줄면서 국제 원유가는 배럴당 50달러 이하로 떨어지고 철강과 알루미늄, 아연 등 금속 원자재도 약세로 돌아섰다.

　일본에서 어느새 디플레이션 우려가 되살아나고 있다. 디플레이션은 단순한 가격 하락 현상을 넘어 경기침체가 심화하면서 자산이나 상품 가격이 지속적으로 하락하는 상황을 가리킨다. 가장 우려되는 것이 부채 디플레이션이다. 부채가 조정되는 과정에서 자산 가격 하락이 유동성 위축으로 이어지고 이것이 실물경제 침체와 물가 하락을 가속화한다. 디플레이션 때문에 실질 부채 부담은 더욱 커지면서 채무자는 소비를 줄이고 저축 등 부채 상환을 위해 노력한다. 이것이 다시 실물경제 침체와 물가 하락을 부채질하며 악순환에 빠져 든다.

　한국 정부는 아직 디플레이션이란 용어를 쓰지 않고 있다. 최근의 경기 상황은 경기후퇴나 위축일 뿐 디플레이션 국면에 진입했다는 근거가 없다고 본다. 민간 연구소에서는 자산 부문에서 디플레이션이 진행 중이라는 견해를 피력하기도 한다.

　찰스 킨들버거에 따르면 금융 위기는 역사적으로 마니아-패닉-대파산-'최후의 대부자'에 의한 네 단계 정리로 전개되어 왔다. 이 구도에 비추어 보면 글로벌 금융 위기는 2008년에 2단계와 3단계를 함께 겪었다. 마니아<sup>열광</sup>는 주택 가격과 금융자산이 상궤를 벗어나 폭등하면서 거품을 키운 1단계다. 거품이 꺼지면서 가격이 폭락하고 신용 불안으로 돈줄이 막히는 패닉이 2단계다. 그에 따른 기업, 금융 기관, 개인의 연쇄 파산이 3단계다.

　각국 정부 당국과 중앙은행이 긴급 구제금융 지원에 다투어 나서고 있지만 숨겨진 부실의 '지뢰'들이 언제 어디서 터질지 몰라 손실액 추정이나 그에 따른 정리는 아직 시기가 이르다. 안정을 되찾아 가는 듯했던 세계 금융 시장에 2차 금융 위기의 먹구름이 감돌고 있다. 씨티그룹과 BOA에 이어 유

럼 금융 회사들의 부실도 1-2월 결산을 계기로 크게 불거지고 있어 '상업은
행발' 2차 금융 쓰나미 경보가 울리는 상황이다.

이 금융 시스템 붕괴가 실물경제를 끌어내리면서 산업 생산도 '자유낙
하' 중이다. 2008년 9월에서 11월까지 석 달 동안 제조업 생산은 미국이 연
율로 16퍼센트, 일본이 21퍼센트, 독일은 15퍼센트가 줄었다. 신흥국들은 이
보다 더 떨어져 한국은 25퍼센트였다. 신흥국들은 이제 무역과 금융, 통화
등이 네트워크로 묶여 있어 선진국 경제가 기우뚱 하면 어김없이 동반 추락
하게 돼 있다. 남의 불행이 나의 행복인 '샤덴프로이데Schadenfreude'는 옛말
이다.


## 제2의 세계 대공황 오는가?


세계 경제의 저성장과 침체 국면이 앞으로 상당 기간 지속되리라는 것은
쉽게 내다보인다. 문제는 그 기간이 얼마나 될 것이며 1930년대와 같은 본격
적인 대공황으로 돌입할 것이냐의 여부다. 2009년 한 해 전망도 시계 제로
인 상황에서 합리적인 예측은 어렵고 전문가들 사이의 추측 게임 내지 예언
수준의 전망들이 엇갈리고 있을 뿐이다.

미국의 노동부장관을 지낸 경제학자 로버트 라이시는 월 스트리트의
주가가 최고점 대비 평균 47퍼센트가 폭락한 현 상황을 두고 대공황Great
Depression이 아니라고 한다면 도대체 대공황의 정의定義는 과연 어떤 것이냐
고 반문했다. 지난 50년간의 모든 경제적 성취에도 불구하고 2008년이 80년
만에 또 하나의 세계 대공황 시작의 해로 기록될 것인가?

1930년대 대공황의 특징적 사실은 대충 네 가지로 요약된다. 첫째, 미국의 기업과 소비자들이 값싼 신용에 의존해 단기간에 급속 성장하면서 개인 또는 기업의 빚을 무리하게 늘렸다. 둘째, 건설 일거리와 생산 주문이 급감하면서 공장들이 문을 닫고 대량 실업 사태가 발생했다. 셋째, 채무자들이 빚을 갚지 못해 대출 은행들이 파산하고 천문학적인 자산 손실을 입었다. 넷째, 대출 부실로 생존이 위협받는 가운데 살아남은 은행들은 자본을 확충하느라 대출을 꺼리고 그 결과로 디플레이션 압력이 증폭돼 침체 축소의 악순환으로 이어졌다.

2009년 지금의 상황과 놀랄 정도로 비슷하다. 당시 대공황의 태풍의 눈은 미국의 월 스트리트였고, 1929년 10월부터 1933년 말까지 은행 9,000개가 파산했으며 전체 경제는 33퍼센트가 쪼그라들었다. 이 기간 중 '세계의 공장' 영국에서 제조업 생산은 50퍼센트가 줄고 근로자는 30퍼센트 이상이 해고됐다. 2008년 들어 미국의 일자리는 11개월 연속으로 줄어 이미 190만 명이 일자리를 잃었다. 4분기 중 실질 GDP 성장률 하락폭은 연율로 마이너스 5퍼센트를 넘어선다는 추산도 나온다.

더구나 거대 기업들의 파산 도미노와 7000억 달러의 '문제 자산 구제 프로그램'은 1930년대와 꼭 닮았다. 당시 루스벨트 행정부는 연방예금보험공사를 만들어 예금 지급보증을 해 주고 은행들을 다시 규제하며 국민의 세금으로 자본을 확충해 주었다. 미국 자본주의 체제에서 생각할 수도 없는 일들이 일상화됐다는 점에서 그때와 지금은 똑같다.

앞으로 삼사 년 사이에 미국을 포함한 글로벌 경제가 1930년대 상황으로 치달을지의 여부는 누구도 단언을 못 한다. 그러나 대부분의 경제 전문가들은 그 위험을 경고는 하면서도 1930년대의 상황을 되풀이하지는 않을 것으로 내다본다.

경제학자로 30년대 대공황의 원인 규명에 연구 인생을 바친 벤 버냉키 FRB 의장은 대공황의 완전한 이해는 경제학의 '성배'를 찾는 일에 비유했다. 그는 은행들의 대량 파산에 따른 신용 채널 붕괴가 대공황을 촉발시킨 것으로 보고 있다.

헨리 폴슨 재무장관에게 공적자금 7000억 달러로 은행들을 신속히 지원토록 강력하게 건의한 것도 이 교훈 때문이었다. 시장에서 투자자들이 자리를 뜨면 정부가 발을 들여 놓을 수밖에 없다. 정부가 보증을 해 주고 자본금을 확충해 주는 일이다. 정부가 행동을 빠르게 하면 할수록 공황을 피할 수 있는 기회는 많아진다. 행동 개시가 늦으면 늦을수록 구제를 통한 정상화는 어려워지고 효과도 없어진다는 의미다.

예일 대학의 경제학자 로버트 실러는 글로벌 금융 위기로 비롯되는 경제적 피해의 성격과 정도는 정확한 예측이 불가능하지만 앞으로 수년간 경제 성장 둔화 정도로 미루어 짐작할 수 있다며 수년간의 경제침체는 불가피할지도 모른다고 우려했다.

세계 경제는 이미 후퇴 국면에 들어섰고, 앞으로 몇 년간은 침체 속에서 대량 실업이 일상화할 것으로 전망하고 있다. 한 가지 다행스러운 일은 세계 경제가 다극화 체제라는 점이다.

1930년대에는 미국과 영국, 유럽이 주축이었다. 지금은 중국을 비롯해 인도, 브라질 등 신흥국들이 세계 성장의 새 동력원이 되고 있다. G7 국가들이 마이너스 성장을 한다 해도 이들 신흥국들은 2009년에 3.3퍼센트, 2010년에 5퍼센트 등 계속 성장이 예측되고 있는 점이 그렇다.

그러나 레버리지 축소에 따른 신용경색과 자산 가격 하락은 부채 상환 부담 증가와 소비지출 억제로 이어질 수밖에 없다.

'레버지리가 보다 적은 비즈니스'와 '레버리지 없는 사회'가 강요되다 보면 미국인들도 정신을 차리고 절약해서 앞으로 이삼 년 GDP의 5퍼센트만 저축하면 외국인들의 자본 유입으로 적자를 메우는 처지에서 벗어날 수 있다는 낙관적인 전망도 없지는 않다. 2010년이나 2011년에 회복될 수 있다면 지난 16년간의 연속 성장 끝에 이삼 년 정도의 어려움은 자신을 되돌아보며 거듭나는 기회가 될 수도 있다는 얘기다. 전망이라기보다는 희망 사항에 가깝다.

족집게 같은 비관적인 전망으로 '경제학계의 카산드라불길한 예언가'로 불리는 뉴욕대 경영대학원의 누리엘 루비니 교수는 앞으로 미국 경제가 1990년대 일본처럼 장기 정체 속에 디플레이션이 몇 년이나 지속되는 'L'자 모양의 '스태그디플레이션'을 겪을 것으로 전망한다.

그는 선진국 주요 중앙은행들이 기준금리를 거의 제로 수준까지 내리고 있으나 이는 그들의 경제를 유동성 함정과 디플레이션에다 부채 디플레이션까지 '3중의 함정' 속에 빠뜨릴 우려가 크다고 지적한다. 금리가 더 이상 경기 촉진을 하지 못하고, 물가 하락으로 실질금리가 높아져 소비와 투자를 위축시키고, 역시 물가 하락으로 부채의 실질 가치가 높아져 가계와 기업은 물론 GDP에 대한 부채비율이 높은 미국 같은 나라에 큰 악재로 작용한다는 얘기다.

신용 거품 붕괴로 인한 손실은 2조 달러로 추정되며 G7과 여타 국가들의 신속한 자본 확충으로 전체 금융 시스템의 붕괴 위험은 줄어들었지만 '최악의 사태'는 아직 남아 있다고 한다. 지금까지 각국 정부와 중앙은행들의 신속한 대응은 '버냉키 효과'로 부를 만큼 일사불란하다. 그러나 불안 또한 없지 않다. 중앙은행은 전통적으로 '최후의 대부자the lender of last resort'다. 그러나 은행들의 자금 공급 기능이 끊어지면서 첫 번째이자 유일한 대부자가 되고 있다. 또 개인 및 기업 부문 소비지출이 위축되면서 각국 정부가 재정 적자를 통해 유일한 지출자가 되고 있다. 민간 부문 손실을 중앙은행과 정부가 고스란히 떠안고 있고, 미국의 경우 앞으로 2년간 재정 적자는 1조 달러로 전망돼 미국 정부와 중앙은행의 장기 지급 능력을 위태롭게 만들고 있다.

미국이 작년 12월부터 경기후퇴에 들어갔다면 후퇴는 벌써 1년째다. 1929년 대공황은 후퇴 국면이 43개월 지속됐다. 뉴욕 증시의 주가S&P 기준는 대공황 때 1929년 9월 3일을 정점으로 1932년 6월까지 30개월 동안 80퍼센트가 폭락했다.

2008년 위기의 경우 2007년 10월 9일을 정점으로 1년 남짓 동안 근 50퍼센트가 떨어져 하락 정도가 대공황 때보다 훨씬 더 급격하다. 인터넷에 의한 세계 경제의 동시성과 상호 연결성도 큰 몫을 했다. 주가 하락 폭은 대공황의 경우 1929년보다 31년50퍼센트이 최악이었다. 32년에 다시 10퍼센트 정도 하락하다 33년 60퍼센트가 반등했다. 2008년이 1929년이 아닌 1931년에 해당됐으면 하는 소망도 여기서 비롯된다.

1930년대와 같은 대공황은 오지 않는다 해도 세계 경제가 좋아질 때까지 앞으로 몇 년간 경제는 더 나빠지리라는 데는 이의가 없다. 좋아지는 그때가 언제일지는 정작 누구도 모른다. 미래는 예측하는 것이 아니라 우리 모두가 만들어 나가는 것이라는 말이 한결 실감난다.

# 2부
# 위기의 다이내믹스

인간의 복잡한 심리를 잡아낼 수 있는 수학 모델은 없다.
이론에 나름의 생명을 부여하고 맹신에 빠질 때 재난은 닥친다

—이매뉴얼 더만(금융공학자이며 컬럼비아 대학교 교수)

# 1 쩐錢의 전쟁

지난 10여 년간 월 스트리트는 중세의 길드 조직 같은 현대판 동업자 조직을 방불케 했다. 그들의 연봉은 거액의 보너스를 타내기 위한 작은 판돈에 불과했다. 보너스는 단기 실적에 근거한다. 트레이더 등 종사원들은 자연 카지노의 도박사들이 되고 룰렛 바퀴가 빙글빙글 도는 동안 최대한 끌어 모아야 한다. 거액의 보너스를 지급받을 때까지 그들은 위험을 무시하거나 과소평가한다. 그들의 상사들도 자주 눈을 감아 준다. 보너스를 많이 받자는 데는 이해가 일치하기 때문이다. 금융 기법의 혁신으로 복잡한 파생상품들이 2차, 3차로 새끼를 치는 글로벌 금융 시장은 대박과 쪽박이 교차하는 혼돈의 황야다. 이윤을 높이려면 싼 이자로 레버리지를 몇 십 배로 높여 위험이 큰 모기지증권 같은 곳에 집중 투자해야 한다. 오늘의 금융 위기 배후에는 이런 대박을 노리는 카지노 문화가 도사리고 있다.

## 카지노 자본주의

글로벌 금융 위기의 뿌리는 카지노 자본주의로 거슬러 올라간다. 폰지 게임‡ 같은 카지노 자본주의가 미국 월 스트리트를 무너뜨리고 글로벌 금융 시스템을 마비시키며 아이슬란드 같은 멀쩡한 나라도 졸지에 국가 부도에 빠뜨렸다.

1998년 작고한 런던정경대의 저명한 국제경제학자 수전 스트레인지는 『카지노 자본주의 *Casino Capitalism*』(1986)라는 저서를 통해 세계 금융 시스템은 급속하게 거대한 카지노로 변해 가고 있다고 경고했다.

카지노에서 매일 거액의 게임이 벌어지고 그 내기에 거는 돈의 규모는 워낙 커 상상하기도 어렵다. 밤이면 지구 반대편으로 판이 옮아가고 세계 주요 도시의 중심가 고층빌딩 거래 영업장에서는 줄담배를 피워 대는 젊은이들이 게임에 여념이 없다. 그들의 눈은 컴퓨터 화면에 고정된 채 시시각각 변동하는 가격의 깜박거림을 응시한다. 룰렛 바퀴의 은색 공이 덜커덕 회전하는 걸 주시하며 그들이 가진 내기 칩을 이리저리 옮겨 놓는 카지노의 도박사들과 너무도 닮았다. 카지노와 마찬가지로 오늘의 금융 세계도 다양한 게임의 기회를 제공한다. 룰렛이나 블랙잭, 포커 대신 주식과 채권, 외환과 그 파생상품, 그리고 국채, 지방채 등 게임 종목은 다양하다. 이 모든 시장에서 선물과 옵션 및 여타 금융 혁신 기법으로 다양한 게임을 즐길 수 있다. 크게 베팅하는 은행 등 큰 손도 있고 아주 작은 개미들도 수없이 많다. 정보를 귀띔해 주는 바람잡이에서부터 순진한 플

‡ 나중에 투자하는 사람의 원금으로 앞 사람의 수익금을 지급하는 금융 사기 수법.

레이어들을 속이는 사기꾼 조직도 있다. 이 글로벌 금융 카지노에서 돈을 수금하고 내 주는 것은 거대 은행들과 브로커들이다.

수전 스트레인지가 상정한 카지노의 이미지는 '미쳐 버린' 세계이며 그 내기에 오가는 돈은 '미친 돈mad money'이다. 그러나 그의 '미친 상태'는 정신 이상이나 광란은 아니다. 글로벌 금융 시장은 불확실성, 예측 불가능성, 불규칙성, 비이성적 행동이 지배하는 데다 개별 국가나 국제적 당국의 통제를 받지 않는다. 조직범죄나 돈세탁 등 범법 플레이어들도 득실거려 플레이어 자신과 상대 플레이어를 다치게 할 잠재적 위험이 항상 도사리고 있는 시장이다. 그 속성과 행태가 카지노와 같다는 점에서 카지노 자본주의다.

금융의 세계화로 시장의 크기와 거래량이 비약적으로 늘고, 파생상품과 헤지펀드 등 계속적인 금융 혁신에다 전자 커뮤니케이션 속도가 빨라지면서 보다 크고 빠른 카지노 판이 되어 가고 있다는 진단이었다.

사실 월 스트리트의 마법사들은 최근까지도 거래에 따르는 리스크를 아주 없애거나 최소한 '관리'해 글로벌 금융 시장을 하나의 카지노 판으로 바꿔 놓을 수 있다고 믿었다. 투자자와 그 판을 관리하는 투자회사의 두 역할을 함께 겸하면서 그들에게는 항상 승리가 보장됐다. 이 과정에서 돈을 더 많이 빌려 더 큰 내기를 할수록 더 많은 돈을 번다는 관행이 몸에 뱄고 이 게임 전략은 얼마 전까지만 해도 잘 작동했다. 2007년 미국의 전체 기업들이 낸 연간 이익 가운데 40퍼센트를 금융 부문이 차지했을 정도다. 빌린 돈을 가지고 여러 현란한 금융 혁신 상품들에 대한 투기적 거래로 카지노 판을 벌인 결과다.

미국에서 금융이 산업의 뒷바라지 역할에서 하나의 주력 산업으로 발돋

움한 것은 20세기 초부터였다. 그러다 1929년 대공황으로 된서리를 맞았고 뉴딜 개혁으로 금융 시스템에 대한 규제 강화와 함께 정부 역할이 강조됐다. 금융 시장의 자유로운 변동성은 2차 세계대전 이후 25년 동안 그런대로 잘 관리가 되어 왔었다.

그러나 이 성공은 두 개의 파괴적 씨앗을 심어 놓았다. 금융 플레이어들이 정부 규제를 피해 우회하는 새로운 길을 찾게 만든 것이 그 하나다. 또 정부가 대공황 같은 극심한 경제침체는 어떻게든 피하려 하고, 따라서 경제가 침체 기미를 보이면 반드시 개입해 줄 것이라는 기대감과 도덕적 해이를 심어 준 것이 다른 하나다.

새 금융상품이나 금융 플레이어들은 전통적 금융 역할을 외면하고 하이먼 민스키가 말한 '머니 메니저 자본주의 money manager capitalism'에 매달린다. 투자자들 또한 닷컴 주식이든 주택이든 되었건 또 다른 무엇이 되었든 간에 끊임없이 '판'이 만들어질 것으로 기대한다. 1970년대 초에는 규제받지 않는 막대한 유럽의 달러가 각국 정부의 통화 관리 능력을 무력화시켰다. 글로벌 투자가나 다국적 기업들이 유럽 지역에서 벌어들인 달러화를 미국으로 송금하지 않고 유럽에서 굴리며 브레튼우즈 체제의 글로벌 금융 관리 시스템을 교란시켰다.

금융의 세계화는 더 폭넓은 경제 세계화를 촉진시켰고 거대 금융 회사들에게 유리한 방향으로 정부 규제를 해체시키면서 규제받지 않는 금융 파생상품 러시를 촉발했다.

모기지 묶음을 증권화해 그들이 빌려주지도 않고 장부에도 기재되지도 않은 주택 모기지 대출에서 이윤을 끌어내는 행위, 신용이 불량한 사람에게 귀에 솔깃한 조건의 모기지 대출로 주택을 안겨 수수료 수입 경쟁을 벌이는 행위, 위험을 회피하기 위한 헤지 hedge로 투기를 일삼는 행위 등은 그 자체가 노골적인 도박이요 카지노 판이 아닐 수 없다.

신용부도스와프 CDS의 경우 상당수가 신용 파산에 대한 위험 회피보다는, 부채담보부증권이 잘못되고 어느 국가가 잘못될 경우를 상정한 거대한 베팅이었다.

카지노 자본주의는 월 스트리트의 이 죽음의 바이러스를 전례가 없는 빠른 속도로 지구상의 모든 금융 센터로 전이시켰다. 1930년대 대공황 당시 위기가 세계로 파급되기까지 3년이 걸렸다. 2008년 미국발 금융 위기는 불과 석 주 만에 글로벌 금융 위기로 번졌다. 세계가 인터넷과 금융 혁신으로 하나의 거대한 카지노 판이 돼 있다는 방증이 아니고 무엇이랴.


## 기업 아메리카의 비극

미국의 두 국책 '모기지 거인' 패니메이와 프레디맥이 사실상 국유화 수순에 들어가자 씨티그룹의 한 시장 정보지는 "환영, 미국 사회주의합중국 Welcome to the United States Socialist Republic"이란 표제를 달았다. 머리글자 'U.S.S.R'은 공교롭게도 옛 소련의 명칭이다. 소비에트 금융 사회주의 국가 연방이냐는 비아냥이 담겨 있다.

재무장관이 굳은 얼굴로 긴급 구제금융 지원을 발표하는 모습은 외환 부족에 시달리는 중남미나 동남아의 금융 후진국들에서 볼 수 있었다. 금융 대국, 그것도 '금융 자본주의 1번지'에서 정부의 긴급 지원이 어떻게 꼬리를 물게 됐는가?

미국의 금융 산업은 1980년대 후반 이후 제조업을 누르고 최대의 기간 산업으로 군림했다. 세계의 자본을 빨아들이는 '자본 흡인력'과 금융 기술로 증권화 상품과 금융 파생상품을 만들어 자본을 끌어 모으고, 이를 국내외에 재투자해 세계 최고의 금융 강국을 일구어 왔다.

미국의 경상수지는 1982년 이후 1991년 한 해만 빼고 계속 적자 행진이다. 적자 폭은 GDP의 6퍼센트 8000억 달러에 이른다. 그러나 기업 인수나 부동산, 주식, 채권 매입 등에 따른 자금 유입이 이를 메우고도 남는다. 적자 폭이 8114억 달러로 최고를 기록한 2006년의 경우 자금 유입액은 1조 5371억 달러로 약 두 배에 달했다.

2000년 IT 거품 이후 주식시장이 가라앉고 미국 국채 매입도 외국 정부 기관들에 한정되자 부동산에 눈을 돌렸고, 부동산 값이 크게 오르자 금융 기법으로 부동산 증권화 상품을 다투어 발행해 연간 발행액이 그해 경상 적자 폭의 20퍼센트를 넘기도 했다.

이익이란 열심히 땀 흘리며 일해서 생기는 것이라면 금융만큼 추악한 장사는 없다는 비판도 없지는 않다. 그러나 금융은 제조업에 비해 이익률이 높고 고용 창출 효과가 매우 크며 공해를 유발하지 않는 장점이 있다. 1억 달러짜리 대형 선박을 주문받아 3년간 수천 명의 기술자들이 땀 흘려 수출하면 오륙백만 달러 정도가 남지만 대형 금융 회사들은 선박 건조 자금을 1억 달러 빌려주고 단번에 엇비슷한 액수를 벌어 간다고 한다.

미국 FRB의 버냉키 의장은 매년 수천억 달러에 달하는 미국의 무역수지 적자를 '개의 꼬리 dog's tail'에 비유한 일이 있다. 무역 거래가 꼬리라면 금융업이 봄통에 해당한다. 무역 거래에서는 적자이지만 펀드나 투자회사, 은행들이 주식, 채권 투자, 기업 인수합병, 해외 부동산 등 금융으로 엄청난 돈을 벌고 있기 때문에 미국 경제의 호황 국면이 지속되리라는 얘기였다.

금융이 황금알을 낳는 첨단 산업으로 급거 부상한 것은 1990년대 이후였다. 금융 개방 및 자유화를 통한 세계화와 인터넷 투자 뱅킹이 날개를 달았다.

전 세계 금융 거래의 액수는 상품 무역 거래의 몇 십 배 수준이다. 제조업 위주의 성장에 한계를 느끼는 나라들일수록 서비스업, 그중에서도 금융 산업을 차세대 핵심 산업으로 키우는 경쟁을 벌여 왔다.

선진화된 제도와 관행에다 전문 인력이 필수적이기 때문에 선진국일수록 금융 산업에 정성을 쏟고, 고급 두뇌와 우수 인력들이 '여섯 자리 수 six figures'(몇 십 만 달러) 연봉을 찾아 금융 산업계로 다투어 몰려들었다. 2007년 8월 서브프라임 모기지 부실이 터질 때까지 금융 산업은 그 절정을 구가했었다.

금융 허브를 꿈꾸는 나라도 한둘이 아니다. 상하이, 시드니, 두바이, 바레인, 아부다비 그리고 인도의 뭄바이까지 금융 허브가 되겠다고 나섰다. 말레이시아는 오일 머니의 증가에 따라 급증하는 이슬람 채권 수쿠크 발행을 중개하며 중동과 아시아를 잇는 금융 허브를 자처하고 있다.

그러나 제조업이나 실물 투자의 기반 없이 돈으로 돈을 버는 금융입국의 위험성과 허망함은 아이슬란드와 두바이 모델이 실패하면서 현실로 입증되고 있다.

세계 지도 모양의 인공 섬 '더 월드', 맨해튼보다 더 큰 워터프런트 섬과 운하, 수중 호텔 하이드로폴리스로 상징되는 '두바이 신드롬'은 거품 금융과 과시적 토목 공사의 합작품이었다.

국제 금융 시장에서 자금을 빌려 투자가들에게 부동산을 담보로 돈을 빌려준 금융 회사들이 미국발 금융 위기로 부동산 가격이 폭락하자 줄줄이 무너져 내렸다.

두바이의 대형 건설 프로젝트들은 속속 중단되고, 감원 태풍 속에 전체 노동자의 70퍼센트를 차지하는 외국인의 상당수가 일자리를 잃고 고국으로 돌아갔다. 두바이의 외채 규모는 GDP의 148퍼센트, 외채가 국민 한 사람당 4만 달러 꼴이다.

형제 나라 아부다비의 구제금융을 학수고대하고 있는 가운데 2008년 11월 30일자 《타임》은 "두바이에서 파티는 끝났다. 도시 전체가 붕괴될 위험에 처했다."라고 전했다. 모래바람만 불던 두바이를 10년 만에 '중동의 진주'로 만든 것도, '중동의 드림랜드'를 불과 일이 년 사이에 '중동의 네버랜드 Neverland'로 추락시킨 것도 거품 금융의 힘이었다.

세계 최대의 재정 적자국이자 최대의 경상수지 적자국인 미국이 세계 최대의 금융 강국이라는 사실은 하나의 아이러니다. 쌍둥이 적자에도 불구하고 미국을 버텨 주는 것이 바로 금융의 힘이다. 세계에서 가장 안전한 투자처라는 국제적 인식에다 기술과 각종 혁신의 1번지가 미국이기 때문이다.

그러나 말이 금융 대국이지 내용상 중국과 중동 산유국들이 미국의 채권을 사 주지 않으면 한 달도 버틸 수 없는 '빚더미 제국'이다. 2009년 중국의 미국 국채 투자 잔액은 5850억 달러로 일본 5732억 달러을 제쳤으며 미국의 공공채무 10달러 가운데 1달러는 중국에 진 빚이다. 미국이 중국으로부터 수입하는 액수는 수출액의 다섯 배에 달한다. 중국이 미국을 상대로 얻은 무역 흑자의 상당액이 미국 국채 매입으로 미국으로 되돌아가는 형국이다. 이것이 마냥 지속되기는 어렵다. 미국이 중국의 빚에 계속 의존하는 것은 마약 중독과 같다고 《뉴욕 타임스》가 일침을 가하기도 했다.

미국이 세계 금융의 1번지라는 위상도 흔들리고 있다. 런던은 미국에 비해 상대적으로 정부의 규제가 덜 심하고 중동과 러시아에 가깝다는 지리적 이점 때문에 최근 10여 년간 급성장했다. 지금은 외환 거래와 국제 채권 발행, 해상 및 항공보험, 역외 은행 금융에서 미국을 앞서고 있다. 외자 유입과 첨단 금융 기법에 의존하며 남의 돈을 굴려 부富를 쌓는 금융 대국은 '부負의 제국'으로 귀결될 수밖에 없다. 미국의 간판 산업인 자동차 '빅3'의 몰락은 '개의 몸통' 금융 산업에 대한 맹신이 빚은 '기업 아메리카Corporate America'의 일대 비극이다.


## 대박과 쪽박


월 스트리트에서 중요한 것은 소속 금융 회사의 이익이 아니라 개인에 지급되는 보너스다. 보너스 대박에 관한 2008년 12월 18일자 《뉴욕 타임스》의 기사 한 부분이다.

메릴린치의 다우 킴에게 2006년은 대단히 운 좋은 해였다. 그의 연봉은 35만 달러였지만 전체 보상금은 그 백 배인 3500만 달러였다. 그 차액은 보너스였다. 메릴린치의 모기지 비즈니스 트레이더들을 관리 감독해 거금을 벌어들인 노고에 대한 후한 보상이었다. 그의 동료는 물론이고 한참 아래인 하급자들도 두둑한 보너스를 받았다. 그해 메릴린치가 지급한 보너스 총액은 50억에서 60억 달러에 달했다. 20대 애널리스트는 13만 달러 연봉에 25만 달러의 보너스를, 30대 트레이더는 연봉 18만 달러에 보너스 500만 달러를 받았다. 그러나 2006년 메릴린치의 기록적인 수익인 76억 달러는 신기루임이 드러났다. 그 후 회사는 그 금액의 세 배를 잃어버렸다. 기록적인 이윤을 창출해 주었던 모기지 투자자산의 가치가 폭락했기 때문이다. 그러나 회사의 수익과는 달리 지급된 보너스는 뒤집어지지 않았다.

지난 10여 년간 월 스트리트는 중세의 길드 조직 같은 현대판 동업자 조직을 방불케 했다. 그들의 연봉은 거액의 보너스를 타내기 위한 작은 판돈에 불과했다. 보너스는 단기 실적에 근거한다. 트레이더 등 종사원들은 자연히 카지노의 도박사들이 되고 룰렛 바퀴가 빙글빙글 도는 동안 최대한 끌어모아야 한다. 거액의 보너스를 지급받을 때까지 그들은 위험을 무시하거나 과소평가한다. 그들의 상사들도 자주 눈을 감아 준다. 보너스를 많이 받자는 데는 이해가 일치하기 때문이다.

특히 주식이나 채권, 외환 등 자산을 운용하며 회사에 큰 돈을 벌어 주고 거액의 보너스를 챙기는 트레이더는 '대박 신화'의 빛나는 주역들이다.

머리 좋은 것은 기본이고, 스트레스 대응 능력에다 숫자 감각과 집중력이 탁월해야 한다. 몇 초 사이에 천국과 지옥을 넘나드는 업무의 속성상 적절한 시점에서 리스크<sup>위험부담</sup>를 떠안을 수 있는 뱃심과 결단력도 요구된다. 30대 초반 나이에 한 해 500만 달러를 손에 쥐었다는 대박 스토리는 대학 기숙사에서 항상 회자되고 일류 대학의 고급 두뇌들을 의학이나 공학 교수 지망 대신 금융 분야로 몰아넣고 있다.

그러나 겉모양과는 달리 단 한 번의 순간적 실수가 자신의 모든 것은 물론, 몸담은 회사까지 날려 버릴 수도 있다. 대박 뒤에는 쪽박의 위험이 항상 따라다닌다. 특히 정직보다는 성과만을 강요하는 카지노의 조직 문화 속에서 이들은 성공에 혈안이 돼 있고 실패를 모면하는 길이라면 반칙과 탈선도 서슴지 않는다. 반칙과 탈선으로 문제를 일으키는 로그rogue 트레이더들의 로그 트레이딩은 일종의 구조적 리스크다.

2008년 1월 71억 달러의 선물 투자 실패라는 사상 최악의 금융 사고를 일으킨 프랑스 소시에테제네랄SG 사태는 트레이더와 트레이딩 문화 그리고 그 시스템 전반에 다시금 경종을 울렸다. 1995년 닉 리슨에 의한 영국계 베어링스 은행 파산 사태 이후 금융 기관들은 다투어 내부 통제 강화와 리스크 관리 시스템 확립에 막대한 투자를 해 왔다.

금융 사고는 간간이 있어 왔지만 손실 규모나 그 개인은 크게 주목을 받지 못해 시스템이 그런대로 굴러가는 듯이 보였었다. 그러나 투자은행들 가운데 가장 엄격하고 내부 통제가 잘돼 있다는 곳에서, 그것도 가장 투명하다는 주식 부문에서 사상 최대 규모의 거래 손실이 발생했다는 점에서 SG 사태는 뭔가 불길한 앞날을 예고한 것이었다.

로그 트레이더의 원조격인 닉 리슨은 영국 BBC와의 인터뷰에서 "로그 트레이딩은 손실의 크기와 정도만 다를 뿐 금융 시장에서 거의 매일 있는 일이다. SG 사태는 그 손실 규모만이 놀라울 뿐"이라고 태연히 말했다. 돈이 있는 곳에 언제나 로그 트레이딩이 있으며, 권한 밖의 부정행위나 가공 거래로 손실을 은폐해도 돈을 버는 한 누구도 로그 트레이더로 지탄받지는 않는다는 얘기는 충격을 더했다.

금융 회사들 또한 돈벌이가 최우선 목적이기 때문에 웬만한 탈선은 문제 삼지 않고, 빠져나갈 구멍도 슬며시 열어 두고 있다고 했다. 사고가 날 경우 금융 회사들 스스로가 대외 신인도를 우려해 이를 쉬쉬하고 손실액을 얼버

무리기 일쑤다. 서브프라임 모기지 부실로 인한 은행 및 금융 회사들의 손실 규모 역시 똑같은 과정을 되풀이했다.

SG 사태의 장본인 제롬 케르비엘에 대한 프랑스 내 여론의 꼬인 반응도 주목을 끌었다. 제롬은 희생양이며 회사 측이 자신들의 대규모 손실을 이 틈에 슬쩍 끼워 넣었거나 사고 수습 과정에서 발생한 손실까지 포함시키려 한다는 의심마저 받았기 때문이다.

정직과 신뢰, 신중함을 생명으로 하는 금융 산업이 병들고 있다는 신호다. 여기에는 거대 금융 자본들에 주도된 '미친 머니게임'이 '앵글로색슨들의 야만적 자유주의'의 산물이라는 프랑스인 특유의 반감도 가세했다.

글로벌 금융 위기의 와중에 터져 나온 500억 달러 다단계 사기 사건은 월 스트리트의 신뢰에 또 한 번 먹칠을 했다. 사기 사건의 주역이 버나드 매도프 전 나스닥 증권거래소 이사장이라는 사실, 피해 규모도 규모지만 피해자가 조직적으로 돈을 굴리는 세계의 금융 회사들을 망라하기 때문에 더욱 충격이었다.

나중에 투자하는 사람의 원금으로 앞 사람의 수익금을 지급하는 폰지 사기로 버텨 오다 금융 위기로 한꺼번에 70억 달러의 환매 요청이 들이닥치면서 바닥이 드러났다. 증권관리위원회 SEC의 감시 능력과 의지가 다시 도마에 오르면서 금융 시스템과 투자 매니저에 대한 신뢰가 회복 불능 상태로 타격을 입었다.

버락 오바마 대통령은 당선자 시절에 미국 금융 부문의 '탐욕과 사기 문화 culture of greed and scheming'를 맹렬히 질타하면서 보다 강력한 규제를 다짐했다.

금융 기법 혁신으로 복잡한 파생상품들이 2차, 3차로 새끼를 치는 글로벌 금융 시장은 대박과 쪽박이 교차하는 혼돈의 황야다. 열 사람이 도둑 한 사람을 당하지 못하듯 내부 통제를 위한 정교한 컴퓨터 시스템도 가공거래로 손실을 숨기려 드는 인간의 작위作爲 앞에서는 한계가 있기 마련이다.

연봉과 보너스는 이윤에 달려 있고, 이윤을 높이기 위해서는 싼 이자로 레버리지를 몇 십 배 높여 위험이 큰 모기지 증권 같은 곳에 집중 투자를 감행한다. 1975년 이후 금융 서비스 분야의 임금은 여섯 배로 뛰어 미국 전체 근로자의 평균 임금 상승율의 배에 육박했다. 오늘의 금융 위기의 배후에는 이 대박의 카지노 문화가 도사리고 있다. 월 스트리트가 스스로 주체할 수 없는 '괴물'을 키워 온 것이다.

# 2 첨단 병기 금융공학

현대의 금융 파생상품은 블랙숄스 이론에 기반하고 있다. 마이런 숄스와 로버트 머턴은 이 이론으로 노벨 경제학상까지 탔고, 이 수학 공식은 어렵지만 너무나 정교한 이론으로 통해서 이의를 제기하는 사람은 수학 못하는 무식꾼으로 몰리는 분위기였다. 하지만 이 비현실적인 단순 모델을 과신하여 너무 많은 위험을 무시하고 경쟁을 벌이다 블랙숄스 모델 아닌 블랙홀 속으로 월 스트리트가 빨려 들어간 것이다. 자기자본의 수십 배로 레버리지를 높이는 데는 또 하나의 노벨상 경제학자들의 기여가 있었다. 기업의 가치는 부채의 유무와 상관없다는 모딜리아니–밀러 정리가 그것이다. 증권화라는 금융 기법을 통해 실물자산이 금융자산으로 바뀌면서 금융 경제가 실물경제의 몇 배, 몇 십 배로 불어난다. 자산의 스톡보다 플로가 중시되면서 몸통과 꼬리가 뒤바뀐 것이 오늘의 글로벌 금융자본주의다.

## 블랙숄스 모델, 블랙홀에 빠지다

금융은 위험을 먹고 산다. 위험이 없으면 수익도 없기 때문이다. 거래 영업장들은 수수료를 받고 위험을 떠안음으로써 돈을 번다. 떠안고 있는 위험을 일관성 있고 체계적인 방법으로 측정해 그 적절 여부를 가리고 위험을 회피하거나 최소화할 수 있어야 한다.

일반 주식시장에서는 산수만 할 줄 알아도 거래가 가능하다. 그러나 채권은 아무리 간단한 것이라 해도 금리에 의해 가치가 결정되는 파생증권이다. 채권이 만료될 때까지 벌어들일 평균 수익률로 현재 가치를 측정해야 한다. 이 작업에는 대수학, 수열, 급수, 미적분까지 동원해야 한다.

주택 모기지도 번잡하지만 고등학교 수학 수준이면 20년에 걸쳐 완납할 경우의 매달 상환액을 계산해 낼 수 있다. 그러나 서브프라임 부실의 근원이었던 변동이율 모기지 묶음들은 수천 가지의 금리 시나리오를 평균하여 해당 묶음의 미래 현금 흐름을 이끌어 내는 고차원의 옵션 세계다. 위험을 회피 내지 대폭 경감시킬 수 있는 '마법의 상자'가 블랙숄스Black-Scholes 모델이다.

블랙숄스 모델은 현대 금융에 일대 혁명으로 불린다. 온갖 종류의 기초증권을 바탕으로 고객이 원하는 수준의 위험도에 정확하게 맞춰 옵션을 만들어 팔고 그 위험은 자신이 떠맡지 않도록 만든 것이다.

다른 사람으로부터 사들인 옵션을 해체해 일반 주식으로 환원시켜 시장에 내다 팔면서 위험을 떨쳐 낼 수도 있다. 산소와 수소가 가득한 목마른 세계에서 물을 합성하는 방법을 발견한 것으로 비유되기도 한다. 이 합성과 해체의 과정이 금융공학이다.

　1970년대 초까지 옵션은 누구도 그 가치 산정 방법을 알지 못한 채 장외 시장에서 거래됐다. 1973년 시카고 거래소가 개설되면서 장내 옵션 시장이 문을 열 즈음 피셔 블랙과 마이런 숄스가 자신의 이름을 딴 블랙숄스 공식을 발표했다. 같은 해 로버트 머턴은 두 사람이 발표한 공식을 다른 방법으로 여러 분야에 확대 적용해 일반화시켜 내놓았다. 머턴과 숄스는 1997년 노벨 경제학상을 수상했지만 피셔는 1995년 세상을 떠난 뒤였다.

　그 이전에는 주식 가격의 변동 위험은 과거 주가 변동의 확률로 추정을 시도했지만 그 정확성이 일기 예보 수준만도 못해 새로운 위험 관리 수단으로 옵션의 필요성이 절실하던 때였다.

　그 중요성을 맨 처음 제기한 사람은 폴 새뮤얼슨이었다. 새뮤얼슨의 관심은 1955년 파리 대학 도서관에서 루이 바슐리에라는 수학도가 1900년에 발표한 「투기 이론」이란 석사논문을 발견함으로써 시작됐다. 그는 복잡한 방정식을 통해 주식시장이 멋대로 걷고 있어 random walk 그 위험을 회피하는 방법으로 옵션이란 금융 계약을 제시하고 그 공식을 누군가가 발견한다면 주식 가격의 변동 위험을 완전히 제거할 수 있다고 주장했다.

　새뮤얼슨은 그 논문의 영어 번역을 주선했고 1998년 세계 바슐리에 협회가 발족돼 그 업적을 기릴 정도로 당시 학계에 큰 영향을 미쳤다.

　블랙숄스 공식의 탄생에는 일본 교토 대학 수학자 이토 기요시의 확률미분방정식이 이론적 기초를 제공했다. 미분론에 확률론을 접목시킨 '이토의 보제 lemma'는 공기 중에 피어오르는 연기, 액체 위를 떠다니는 꽃가루 등의 불규칙한 운동에 대한 수학적인 설명을 시도했다. 수학 이외에도 물리학, 생물학, 공학 등 다양한 분야에서 응용되고 특히 주가와 환율의 불규칙한 움직임을 설명하는 수학적 틀이 됐다.

블랙숄스 모델은 주가가 현재 가치로부터 미래로 가는 과정을 확률 구름으로 설명한다. 불붙은 담배 끝에서 연기가 구름처럼 방 안으로 퍼지는 모습을 상정한다. 이토의 '공기 중에 피어오르는 연기'를 연상시킨다.

블랙숄스를 발표한 논문에는 머턴의 공식 유도 과정까지 수록돼 있었는데 너무도 난해해 출판이 몇 번이나 거부당했었다. 그러나 그들 이론이 활자화되자 옵션 거래자들은 이를 '성경'처럼 받아들이고 수학 두뇌들을 다투어 유치해 그들만의 옵션을 만들어 팔기 시작했다. 블랙숄스 모델을 컴퓨터 프로그램으로 작성할 능력이 없으면 해고 사유가 될 정도였다.

그로부터 지난 30여 년간 월 스트리트의 역사는 이 모델을 정교하게 다듬고 확장시켜 온 역사와 다름이 없다. 주식옵션은 물론이고 채권옵션, 금리옵션, 통화옵션, 신용옵션, 에너지옵션, 심지어 변동성 자체에 대한 옵션까지 만들어 냈다.

블랙숄스의 원래 모델은 비현실적일 정도로 단순한 시장을 전제로 삼았다. 장차 주가가 불확실하게 움직일 여지는 허용했지만 급등락 등 좀 더 복잡한 조건은 무시했다. 이 블랙숄스 모델의 기본 골격을 바탕으로 제 나름으로 위험 관리 시스템을 자랑하는 블랙숄스 버전들이 속출했다. 그 수학은 더 정교하고 복잡해지고 난해해지면서 월 스트리트는 파생상품의 '블랙홀'로 변해 왔다.

블랙숄스 모델이 대폭락이나 패닉 같은 현실 상황에서 통하지 않는다는 것은 1987년 10월 19일 주가 대폭락 때 입증됐다. 그날 다우존스 지수는 구름이 퍼지는 모양새가 아니라 스카이콩콩을 타고 신나게 노는 꼬마들처럼 아래로 500포인트나 떨어졌다.

옵션가격결정이론은 거래자가 시장이 추락할 때 매도 포지션을 취하고 매도를 늘려 나감으로써 손실을 방지하고 시장의 위험을 흡수할 수 있다고 가정한다. 그러나 시장이 폭락할 때 아무도 사려고 하지 않는 것이 현실이다. 모두가 매도 포지션을 취할 경우 시장은 더 내려가고 팔려고 하는 욕망이 강할수록 시장은 바닥을 모르고 추락한다. 1987년 대폭락이 실제 그랬었다.

러시아에 대형 투자했다가 1998년에 파산한 헤지펀드 롱텀캐피털매니지먼트LTCM의 경우 역시 아무도 살 사람이 없는 극단적인 상황, 즉 시장이 붕괴될 수 있다는 위험을 과소평가했다. 러시아 채권을 금리 격차를 노리고 대거 매수했다가 러시아가 모라토리움<sup>채무 지불 유예</sup>을 선언하면서 채권이 휴지 조각이 됐다.

블랙숄스 모델 당사자인 노벨 경제학상 수상자 마이런 숄스와 로버트 머턴은 당시 LTCM의 영입 파트너였다. 이들에게 시장은 충분히 합리적이어서 모든 상품 가격은 최적 가격으로 수렴됐어야 했다.

그러나 러시아의 파산으로 시장이 붕괴해 채권이 휴지 조각이 되는 경우는 그들의 모델 어디에도 없었다. LTCM은 넉 달도 안 돼 46억 달러의 손실을 입었으며 FRB는 36억 달러의 구제금융으로 금융 공황을 서둘러 차단했다. 스웨덴 한림원 또한 불완전한 투자 이론에 노벨상을 줬다는 비난에 시달려야 했다.

모델은 모델일 뿐 그 자체가 현실은 아니다. 본질적으로 통계적 분포를 통해 미래 가치를 예측하지만 그 통계는 과거에 바탕을 두고 있다. 과거는 그대로 되풀이되지는 않는다. 과거의 실수를 피하려는 노력과 탐욕 사이에서 갈등하다 새로운 실수를 저지르게 된다.

로버트 머턴과 피셔 블랙에 이어 2000년 '올해의 금융공학상'을 수상한

마이런 숄스(아래)의 블랙숄스 모델은 현대 금융의 일대 혁명으로 불리며 금융공학의 새 시대를 열었다. 로버트 머턴(위)은 이 공식을 좀 더 정교하게 일반화시켰고, 두 사람은 1997년 노벨 경제학상을 수상했다. 그러나 이 이론은 대폭락이나 패닉 같은 현실 상황에서는 통하지 않았으며, 스웨덴 한림원은 불완전한 투자 이론에 노벨상을 줬다는 비난에 시달렸다.

이매뉴얼 더만은 『퀀트, 물리와 금융에 관한 회고 *My Life as a Quant*』에서 인간의 복잡한 심리를 잡아낼 수 있는 수학 모델은 없다며 모델의 형식성과 수학 능력을 과신하면 바위에 좌초하고 소용돌이에 휘말린다고 경고했다.

피셔 블랙 스스로 금융 이론이 일반에 받아들여지는 것은 경험적으로 입증됐기 때문이 아니라 옳고 적합하다고 서로 설득하기 때문이라고 여운을 남겼었다.

블랙숄스 모델은 수학적으로 너무 정교하고 훌륭해 이의를 제기하면 수학 못 하는 무식꾼으로 놀림 받는 분위기였다. 비현실적인 단순 모델을 과신하고 너무 많은 위험을 너무 쉽게 떠안는 경쟁을 벌이다 블랙숄스 모델 아닌 블랙홀 속으로 월 스트리트가 빨려 들어간 것이다.


## 노벨 경제학상이 만든 레버리지 신화


투자 위험을 옵션 등 분산투자의 수학적 구성으로 완전히 제거할 수 있다면 고위험 고수익의 공격적 경영을 주저할 이유가 없다. 월 스트리트라는 정글에서 짜릿한 묘기로 큰 돈도 벌고 관객들을 즐겁게 하려면 우선 몸이 높이 솟아야 한다. 남의 돈을 지렛대 삼아 수익률을 한껏 높이는 것을 의미한다.

레버리지는 작은 자기자본으로 큰 자본을 움직이는 것이다. 지렛대로 몇 배, 몇 십 배 더 큰 것을 움직이는 원리와 비슷하다. 자기자본의 규모에 비해 굴리는 자산의 규모가 얼마나 큰가를 나타내는 비율이 레버리지 비율이다. 이 비율이 높다는 것은 적은 자본으로 많은 부채를 끌어다 쓰고 있음을 뜻

한다.

자기자본 100원으로 10원의 영업 이익을 냈다면 이익률은 10퍼센트다. 남의 돈을 400원을 빌려와 500원으로 50원의 영업이익을 냈다고 하자. 빌린 돈 400원에 대한 이자를 5퍼센트로 치면 이자가 20원이다. 50원에서 이자 20원을 제하면 경상이익은 30원이 되고 이때 자기자본 100원에 대한 이익률은 30퍼센트로 높아진다.

2000년 IT 거품 붕괴 이후 지속적인 저금리로 자금 조달 비용이 낮아지자 대형 금융 기관들은 차입을 통한 레버리지를 활용해 투자 수익을 극대화하는 경쟁을 벌였다. 특히 투자은행들은 레버리지를 활용해 모기지 관련 구조화채권 및 파생금융상품 투자에 집중해 고수익을 올렸다.

월 스트리트의 보수적 구조에서 성과 상여금의 비중이 지나치게 커 임직원들이 단기 실적에 집착하지 않을 수 없었고 고수익은 곧 레버리지를 높이는 것으로 인식되었다. 유럽계 상업은행들도 월 스트리트의 미국 금융 기관과의 경쟁에 뛰어들었다. 레버리지 비율은 영국 바클레이즈 은행이 61, 도이체방크가 53, UBS가 47, BNP파리바가 36 등으로 파산 신청한 리먼브라더스의 31보다 훨씬 더 높았다.

이 과도한 레버리지 신화에는 또 하나의 노벨상 경제학자들의 기여가 있었다. 기업의 가치는 부채의 유무와 상관이 없다는 1958년 모딜리아니-밀러 정리 Modigliani-Miller theorem가 레버리지에 날개를 달아 준 것이다.

회사의 가치는 주식을 발행하든 빚을 얻든 간에 자본 조달 방법과는 아무 상관이 없다는 '자본 구조 무無 상관성 원리 capital structure irrelevance principle'가 그 핵심이다. 프랑코 모딜리아니는 1985년, 머턴 밀러는 해리 마코위치와 윌리엄 샤프와 함께 1990년 노벨 경제학상을 받았다.

월 스트리트는 차입을 통한 레버리지 활용으로 투자 수익을 극대화하는 경쟁을 벌였다. 금융 위기에 한 몫 한 이 과도한 레버리지 신화에는 또 하나의 노벨상 경제학자들의 기여가 있었다. 기업의 가치는 부채의 유무와 상관이 없다는 모딜리아니–밀러 정리가 레버리지에 날개를 달아 준 것이다. 회사의 가치는 주식을 발행하든 빚을 얻든간에 자본 조달 방법과는 아무 상관이 없다는 게 핵심이다. 프랑코 모딜리아니(아래)와 머턴 밀러(위)는 각각 1985년, 1990년에 노벨 경제학상을 받았다.

기업금융에 관한 이 'MM 정리'는 자기자본의 수십 배에 달하는 거의 무한대의 금융 레버리지를 정당화해 경제 및 금융 활동을 활성화하는 데는 크게 기여했다. 그러나 이 과정에서 복잡성과 불투명성, 고위험성과, 불확실성을 증폭시켜 왔다. (모딜리아니는 1963년 법인세를 추가한 수정 모델에서 최적 자본 구조가 존재하며 이 구조 아래에서 기업의 가치가 가장 크다는 주장을 제시했다. 그러나 밀러는 1977년 균형부채이론을 통해 개인 소득세를 고려할 경우 부채 사용 유인이 사라져 다시 최적 자본 구조는 존재하지 않는다고 주장했다.)

더구나 높은 레버리지로 쌓아 올린 자산들은 그 가치를 측정하기 어려운 위험 자산들이 대부분이었다. 미국 증권관리위원회가 지정한 기관인 금융계산표준원FASB은 가치 측정이 어려운 자산들을 세 단계로 분류한다. 가치측정이 비교적 쉽고 시장에서 인용되는 가격이 자산 및 부채와 대충 맞아떨어지는 자산이 '레벨 1', 또는 '뜨거운' 자산이다.

시장에서 인용되는 가격이 있긴 하지만 회계 전문가가 시장의 특성에 입각해 가격을 재조정할 필요성이 있는 자산이 '레벨 2' 또는 '극히 뜨거운extra hot' 자산이다.

문제는 '레벨 3' 자산이다. 시장에서 가치를 비교할 대상도 없고 가치를 측정하는 객관적 표준도 없는 자산이다. 거래가 되지 않는 파생상품 계약이나 복잡하게 얽힌 부채, 내용이 부실화된 모기지 채권들, 즉 '원자 자산atomic assets'이다.

이들 자산의 가치를 가늠하기 위해 은행들은 각기 내부적으로 정교한 모델을 돌리고 있지만 그 정확성은 창문을 열고 바깥을 내다보며 날씨를 예측하는 수준을 벗어나지 못한다. 레버리지를 올리는 데 동원된 자산이 어떤 것인지를 알지 못하도록 재무제표를 일부러 불투명하게 만들어 놓는다. 월 스트리트는 이 레벨3 자산에 경쟁적으로 매달렸다. 2008년 상반기에 베어스턴스는 대차대조표상에 180억 달러의 레벨3 자산을 올려놓았다. 전체 장부가의 135퍼센트였다. 리먼브라더스는 레벨3 자산이 104퍼센트, 골드만삭스는 141퍼센트였다.

모든 것이 순조로울 때 레벨3은 수익성이 매우 좋았다. 투자은행들이 특유의 전문성을 살릴 수 있는 분야이기도 했다. 그러나 무모한 레버리지의 모래성은 유수 독립 투자은행들의 몰락으로 그 허구가 드러났다. 산이 높으면 골이 깊은 법. 레버리지가 높을수록 레버리지 해소, 즉 디레버리지에 따른 추락의 골도 깊다. 특히 올라갈 때의 경이로움보다 떨어질 때의 충격이 더 혹독하다. 베어스턴스의 29.90달러짜리 주식을 단돈 1달러로 만든 것이 디레버리지의 파괴력이 아니던가.

레버리지와 디레버리지는 경기의 변동 주기처럼 확장과 축소를 반복한다. 일정 수준의 레버리지는 정상적인 경제 활동에 필수적이다. 예금을 받아 대출을 업으로 삼는 은행은 국제 결제 은행의 자기자본비율에 따라 열 배 정도의 레버리지를 허용받고 있다.

레버리지의 증가는 자산 가치의 상승과 맞물린다. 레버리지를 이용한 주택 매입 붐은 주택 가격 상승을 불러온다. 이에 따라 담보물 가치가 올라가면 기존 주택을 담보로 받을 수 있는 대출금이 늘어난다. 이러한 과정이 맞물리면서 자산 거품이 생긴다.

금융 거래에서는 이 레버리지가 훨씬 용이하다. 공매와 대차거래,[+] 선물, 옵션 등 차익 거래가 요구하는 종자돈이 매우 적기 때문이다. 금융자산의 가격 변동은 주택 가격보다 훨씬 더 빠르고 크게 발생한다. 저금리 정책이 레버리지 붐을 일으켰고 대형 금융 회사들은 저금리를 이용해 차입 매수와 파생상품 투자 경쟁을 벌이다 오늘의 위기를 맞았다.

디레버리지 국면은 레버리지 국면과 정반대로 진행된다. 채무 상환 압박에 몰린 담보대출자가 급매물을 내놓으면 주택 가격이 하락한다. 이에 따라 담보물의 가치가 떨어지고 은행의 대출 가능 금액이 축소된다. 채무자의 상환 능력이 악화되면서 거래 상대방에 대한 위험이 증대되고 서로 믿지 못해 돈을 빌려주지 않는 '돈맥경화'에 빠진다.

과도하고 무모한 레버리지가 글로벌 금융 위기를 불러왔다면 세계는 이제 디레버리지의 후폭풍에 시달려야 할 운명이다. 높은 레버리지에 붕 뜬 들뜸보다 디레버리지의 파괴적 고통이 얼마나 더 길고 가혹한가를 뼈저리게 체득할 시간이 다가오고 있다.


## 꼬리를 몸통으로 둔갑시킨 '증권화'


'미스터 엔'으로 유명한 일본 재무성의 국제금융통 사카키바라 에이스케[현 와세다 대학 교수]는 오늘날 글로벌 경제의 본질을 '제국화, 금융화, 양극화'라는 세 가지 키워드로 요약했다. 1998년 동아시아 위기, 그리고 서브프라임 부실에 따른 현 글로벌 금융 위기는 '금융화'로 불리는 세계 경제의 새로운 전개가 가져온 업보로 규정했다. 실물경제에 비해서 돈이 너무 팽창하고 이것이 자산 가격 상승을 부추기며 선진국 경제를 '자산 가격 의존 증후군'에 빠뜨리고 있다는 분석이다. 이 금융화의 기법이 바로 증권화securitisation다.

원래 금융 경제는 실물경제를 뒷바라지하는 역할이다. 실물경제가 몸통

---

+ 증권회사가 고객과의 신용 거래에 필요한 돈이나 주식을 증권 금융 회사로부터 빌리는 일.

이라면 금융 경제는 꼬리다. 그러나 증권화라는 금융 기법을 통해 실물자산이 금융자산으로 바뀌면서 금융 경제가 실물경제의 몇 배, 몇 십 배 규모로 불어난다. 자산의 스톡 stock 보다는 플로 flow 가 중시되면서 몸통과 꼬리가 서로 뒤바뀐 것이 오늘의 글로벌 금융자본주의다.

증권화는 대출이나 부동산 등 유동화되지 않는 자산을 주식이나 채권 등 유가증권으로 전환하여 유동화시키는 금융 기법이다. 주택담보대출의 경우 대출 은행은 주택 소유주가 만기가 돼 대출금을 갚을 때까지 이 채권을 자산으로 장부상에 붙들고 있어야 한다. 그러나 이 대출 자산을 증권화해 투자자에게 팔 수 있다면 은행은 당장 목돈 현금을 조달할 수 있고 이 돈으로 다른 사람에게 대출을 늘릴 수 있다. 대출 연체 등 위험을 제거하는 동시에 대출 자산 압축으로 자기자본비율도 높일 수 있다.

원리금이나 할부금 등 현금의 흐름이 보장된 모든 자산은 증권화가 가능하다. 다양한 금융자산을 한데 묶거나 현금 흐름 별로 재포장하는 구조화금융 structured finance 의 과정이 바로 증권화다. 증권화는 1970년 초 미국 주택도시개발부가 정부주택저당협회를 통해 주택저당증권 RMBS: Residential mortgage-backed securities 의 발행 및 유통을 허용함으로써 시작됐다. 모기지는 주택저당대출 자산이다. 대출받은 주택 소유주에게 만기 때까지 매달 원리금을 청구할 수 있는 권리다.

은행 등 금융계는 1980년대 초까지는 큰 열의를 보이지 않았고 '대출을 일으킨 자가 대출 자산을 만기 때까지 붙들고 있는 originate and hold' 영업 모델을 대체로 고수했다. 그러나 정부가 보증하는 패니메이와 프레디맥 등 두 모기지 거인이 주택 모기지의 증권화에 본격적으로 나서자 은행들도 영업 모델을 '대출을 일으키되 위험을 분산하는 originate and distribute' 쪽으로 바꾸면서 하나둘씩 뛰어들기 시작했다.

2000년 이후 민간 부문이 조성한 RMBS가 급증하고 월 스트리트가 금융 기법 혁신을 주도하면서 증권화는 도약을 거듭했다. 2006년 들어 미국 전체 주택 모기지의 56퍼센트, 서브프라임 모기지는 3분의 2가 증권화됐다. 증권화에 힘입어 글로벌 민간 부채 증권화 시장은 주식시장 규모를 훨씬 능가하게 되었다.

증권화는 담보자산의 유형에 따라 부동산담보부증권 MBS: Mortgage-backed securities과 자산담보부증권 ABS: Asset-backed securities의 둘로 나뉜다. MBS는 주택을 담보로 하는 RMBS와 사무실, 상점, 창고, 호텔 등 상업용 건물을 담보로 하는 CMBS 상업용부동산저당증권로 구분된다. ABS에는 부채담보부증권 CDO이 가장 큰 비중을 차지하고 일반대출채권이나 자동차 대출, 신용카드 대출 순서로 발행되고 있다.

2007년 말 현재 세계 증권화 총 발행액 3조 8260억 달러어치 가운데 미국이 2조 8920억 달러로 전체의 75.6퍼센트를 차지하고 유럽이 6810억 달러 17.8퍼센트로 한참 떨어진 2위다.

정크본드로 악명을 떨쳤던 마이클 밀켄은 증권화를 '자본의 민주화'로 찬양했다. 소비자와 기업들에 차입 코스트를 낮춰 주고, 대출 자산의 가치를 자본시장에서 가늠토록 해 자본의 효율적 사용을 촉진시키며, 신용 위험을 광범위하게 분산시켜 어느 특정 보유자가 혼자서 뒤집어쓰는 위험을 줄여 주기 때문이라고 주장했다. 실제 은행도 투자자도 규제 당국도 증권화가 투자자 간에 위험부담을 광범위하게 분산시키면서 금융 시스템 전체 안전에 기여하고 있고, 또 계속 기여해 줄 것으로 믿었다.

2007년 6월에 스페인에 바로셀로나에서 열린 유럽증권화포럼ESF에는

5000여 명의 금융인들이 입추의 여지도 없이 몰려들어 증권화의 혁신적 기법이 열어젖힌 비즈니스 신천지에 감탄하며 축배를 들었었다. 그러나 1년 후 2008년 6월 프랑스 칸의 ESF 연차총회 때 참석자는 3,000명으로 줄었다.

1년 사이에 누가 누가 실직했느냐는 뒷전이고, 앞으로 어떻게 될 것이냐는 걱정들이 회의장을 지배했다. 증권화 산업에 금융 시스템 전체의 운명이 달려 있고 증권화가 복원되지 않는 한 은행들과 금융 정상화도 요원하다는 위기의식이 팽배했다.

글로벌 금융 위기는 증권화가 약속한 선순환을 악의 소용돌이로 바꿔 놓았다. 위험 분산은 고사하고 미국발 서브프라임 모기지 부실이 전 세계로 확산됐다. 영국의 다섯 번째 모기지 대출회사 노던록은 증권화로 급성장해 오다 불과 두 달도 안 돼 그 증권화 때문에 도산했다. 영국 바깥의 해외 쪽과는 대출 실적이 전혀 없음에도 평소 의존해 오던 머니마켓 돈줄이 대서양 건너 미국발 쇼크로 졸지에 말라붙었기 때문이다.

신용의 거품이 걷히면서 증권화 모델 속에 감춰졌던 중요한 흠결들도 속속 드러났다. 증권화를 통한 위험 전가는커녕 은행들이 일으킨 대출 자산의 상당수가 그대로 은행 장부상에 되돌아오는 아이러니도 속출했다. 도대체 뭐가 잘못되었는가?

첫째는 복잡성이다. 투자자는 그들이 무엇을 거래하고 그것의 가치가 어느 정도인가를 알 수 있어야 한다. 신용 등급과 성격이 다른 기초 자산들을 복잡한 구조로 합성해 놓아 옥석을 가리기가 어렵다. 가장 단순화된 형태의 증권화는 위대한 금융 혁신으로 불리지만 문제는 재증권화 re-securitisation다. 자산담보부증권을 부채담보부증권 CDO으로 재증권화하는 과정에서 상품 구조가 복잡해지고, 신뢰성이 의심되고, 투자 인센티브가 왜

곡된다.

구르는 돌에 이끼가 끼지 않듯 구르는 빚은 리스크의 전가로 손실이 없다고 한다. 그러나 이 복잡성 때문에 투자자가 안게 될 리스크가 어떤 것인지를 전혀 가늠할 수가 없는 혼돈성이 둘째 문제다. 거래가 활발하게 이루어지는 시장도, 공정한 거래 가격도 존재하지 않기 때문이다. 은행이나 대형 금융 회사들은 헤지펀드 등 규제받지 않는 리스크 거래자들에게 리스크를 떠넘기지만 이들 거래자들은 시장이 조금만 이상해도 쉽게 팔아 치워 시장 자체의 붕괴 위험성을 높이고 있다.

은행과 연계된 헤지펀드들은 모기지 관련 부채를 사들일 때 연계된 은행들로부터 거액을 대출받는 경우가 많아 대출을 일으킨 은행이 그 부채를 스스로 사들이는 결과를 빚기도 한다. 앞문으로 리스크를 내보낸 은행이 관련 헤지펀드들을 통해 뒷문으로 그 리스크를 다시 들여오는 '리스크의 제자리 돌기 circularity of risk'다.

셋째는 느슨한 규제다. 규제 당국은 그 잣대를 신용 등급 평가에 전적으로 의존하고, 신용 평가 기관은 등급별로 잘 배합된 CDO에 대해 최고 등급 AAA를 남발한다. 객관적 기준도, 비교해 볼 만한 다른 상품도 없는 상황에서 리스크 분산의 이론적 장점이 돋보이기 마련이다.

게다가 평가 수수료는 증권을 파는 사람이 내게 되어 있다. 은행들 입장에서는 될수록 많은 채무들을 재포장해서 증권화하려 한다. 규제 당국은 증권화하고 난 뒤 시장에서 모니터를 해볼 법도 하지만 증권화 수수료의 수입이 몇 푼 되지 않아 사후 모니터를 해보아야겠다는 인센티브를 느끼지 않는다. 증권화는 결과적으로 리스크는 낮고 수익률이 높은 상품으로 합법적인 탈바꿈을 시키는 금융 기법이자 과정이라고 해도 과언은 아니다.

　이런 문제점과 폐단 때문에 '증권화 모델은 실패했으며 이제 땅에 묻어야 한다.'는 과격한 주장들도 거세다. 그러나 총으로 사람을 죽였다고 총기 자체를 없앨 수는 없다. 금융공학을 비난하기보다는 그 기법을 잘못 사용한 것을 비난하는 것이 순서다.

　2000년 이후 미국 은행들의 증권화 투자는 전통적인 은행 대출의 일곱 배에 달했다. 2005년에서 2007년 사이만 해도 대출 잔고 4310억 달러에 비해 증권화는 2조 7000억 달러에 달했다.

　증권화는 금융 경제의 몸통을 떠받치는 핵심 기능을 이미 도맡고 있다. 글로벌 금융 위기를 계기로 사라지는 것이 아니라 어떻게 거듭나야 하느냐가 중요하다. 상품 구조의 단순화, 표준화, 거래의 투명화, 책임 소재의 명확화, 규제의 효율화 등 방향은 이미 정해져 있다.

　증권화는 1990년대 투자 실패와 스캔들로 모기지 담보채권CMO 시장이 빈사 상태에 빠졌을 때 죽지 않고 지금의 형태로 새롭게 되살아났다. 이제 증권화의 기본으로 돌아가 '보다 청결하고, 보다 레버리지가 낮고, 리스크 부담이 정상화된 투자자산 만들기'를 지향한다고 한다. 지난 몇 년과 같은 한탕주의 시절은 뒤로하고, 좀 더 옛날 스타일로 위험을 낮게 가지고 이윤을 적게 먹는 증권화로 거듭날 수밖에 없다.

# 3 월 스트리트를 삼킨 괴물

부채담보부증권(CDO)은 2000년 이후 폭발한 증권화의 용감하고 새로운 세계의 상징이었다. 그 구조와 근거하는 자산은 다양하지만 기본 원리는 똑같다. 자산을 담보로 매달 원리금 납부라는 현금 흐름의 묶음들을 투자자들에게 파는 것이다. 모든 고정자산은 유동화가 가능하며 다양한 재구성으로 위험을 분산시킬 수 있다는 자신감의 발로였다. 글로벌 금융가에서 보험은 금융 회사를 보호해 주기는커녕 조그만 악재를 대재앙으로 이끌고 있다. 신용 시장에서 어느 회사가 위태하다는 풍문이 나돌면 이 회사의 채무를 보증하는 보증 코스트는 갑자기 치솟는다. 주식과 회사채가 폭락하고 대차대조표상의 손실이 커지면서 긴급 자본 수혈이 없으면 회사는 무너진다. 이들을 죽음으로 내몰고 있는 배후에는 신용부도스와프(CDS)가 있다. 죽음의 늪에 빗대어 신용 부도의 늪(swamp)으로 불린다.

## CDO 혁신은 부실의 블랙박스

증권화 시장은 1980년대와 1990년대 정부보증회사 GSE가 주도했다. 그러나 2000년에 이르러 민간 금융 기관들이 서브프라임 모기지를 속속 증권화하면서 GSE는 시장의 주도권을 잃었다. 민간이 주도하면서 증권화 과정은 보다 복잡해지고 그 내막은 암흑 상자가 되어 갔다.

시장은 갈수록 위험해지고 투명성이 흐려졌고 규제받지 않고 일반에 잘 이해도 되지 않는 미궁의 금융 세계로 빠져 들었다. 은행과 브로커, 헤지펀드, 여타 금융 기관들은 이들 증권화 금융상품에 그들의 노출을 극대화하는 데 금융 혁신 기법을 총동원했고 이는 위험한 모기지 수요에 불을 붙여 2007년 8월 붕괴 때까지 거품을 한껏 부풀렸다.

부채담보부증권 CDO: Collateralized Debt Obligations은 2000년 이후 폭발한 증권화의 '용감하고 새로운 세계'의 진일보한 상징이었다. CDO는 그 구조와 자산은 다양하지만 기본 원리는 똑같다. 자산을 담보로 매달 원리금 분할 납부라는 현금 흐름의 묶음들을 투자자들에게 파는 것이다.

현금 흐름이 보장되는 고정수익자산 fixed-income assets들로 구성되고 각기 다른 신용 등급 tranches으로 발행된다. 최상급 AAA, 중급 AA에서 BB, 무등급 junior tranches으로 나뉘고 손실이 발생할 경우 책임지는 순서는 거꾸로다.

CDO 1호는 1987년 지금은 망하고 없는 드렉셀버넘 램버트가 만들었다. 고정 수익 자산을 유동화하는 중요한 자금 동원 수단으로 본격화한 것은 캐나다의 임페리얼뱅크오브커머스가 가우스의 코풀라 공식 Gaussian copula formula을 개발한 2001년 이후부터였다. 여러 대출 묶음이 가져올 상호 연관적 손실의 확률을 계산해 내는 공식이었다. 이 공식에 따라 발행하는 CDO

의 가격 산정이 가능하게 됐기 때문이다.

기존의 증권들을 다시 증권화하는 재증권화re-securitized의 길이 열린 것이다. 주로 주택저당증권MBS들을 한데 섞어 재증권화해 투자자들에게 다양한 투자 기회를 제공하고 모기지 대출의 위험도 분산시키자는 목적에서 출발했지만 신용카드 대출, 자동차 대출, 학자금 대출, 사업자 대출 등 여타 자산담보부증권ABS들도 함께 섞어 만들었다. 모든 고정자산은 유동화가 가능하며 다양한 재구성으로 위험을 분산시킬 수 있다는 자신감의 발로였다. 1995년 제로였던 CDO 발행액은 2004년에 1570억 달러, 2005년에 2720억 달러, 2006년과 2007년에는 각기 5000억 달러를 넘어섰다. 전 세계적으로 CDO의 발행 규모는 2조 달러에 육박하며 증권 명가 메릴린치의 몰락과 씨티은행의 거액 부실도 바로 모기지 CDO의 손실 때문이었다.

모기지 CDO는 여섯 가지 과정을 거쳐 만들어진다. 우선 전국 각 지역에서 여러 모기지 대출회사로부터 모기지 대출을 사들인다. 이 작업은 은행이나 금융 회사들의 연계 조직인 구조화투자회사SIV들이 맡는다. 은행이나 금융 회사들은 자기자본 충족 요건의 제약을 우회하기 위해 대차대조표에 기재되지 않는 SIV를 단기 자금 융통 수단으로 이용한다. 이들은 단기로 돈을 빌려 비유동화 자산에 장기로 투자하는 비금융 기관, 속칭 그림자 은행shadow bank들이다.

이들은 수천 개의 대출을 하나의 주택저당증권으로 묶는다. 개개의 대출들이 하나의 거대한 풀pool을 형성하기 때문에 투자자들은 전체로 어느 특정 차입자의 잠재적 위험에 덜 노출된다. 이 주택저당증권을 AAA, AA, A, BBB 등 신용 등급에 따라 재포장하여 재분배한다. 신용 등급이 가장 높은 것은 수입은 제일 먼저, 손실은 제일 나중에 책임을 지지만 수익률은 가장 낮다. 신용 등급이 가장 낮은 것은 모기지 연체 등으로 부실이 발생하면 맨 먼저 손실을 입지만 대신 수익률은 가장 높게 설계된다.

다음 단계로 150개 정도의 모기지 대출이나 채권을 하나의 CDO로 묶는다. 중급mezzanine CDO의 경우 주로 정크 바로 윗 단계인 BBB급 MBS 조각들과 연결된다. 이것은 높은 수익률을 약속하는 대신 손실이 발생할 경우 투자자는 그만큼 위험에 쉽게 노출된다. 묶여진 CDO는 그 자체가 CDO 자산이다.

이 CDO 자산을 근거로 위험 정도와 수익률에 따라 CDO를 발행한다. 가장 인기가 높은 것은 중급이다. 같은 신용 등급의 회사채보다도 수익률이 높기 때문이다.

신용 등급이 가장 낮은 CDO 투자자들은 손실은 제일 먼저, 지급은 맨 나중 차례가 된다. 이것은 모든 CDO 투자가 동시에 부실화하지 않는 한 최상급 신용 등급 투자자를 보호해 준다. 그만큼 중급 BBB급 투자자들이 고통 받을 가능성도 높인다.

마지막으로 신용 평가 회사들이 신용 등급을 매긴다. 이 중급 CDO의 75퍼센트에 최상급 AAA 등급을 부여했다. 주택 가격이 급락하고 연체 사태가 나면서 BBB급 투자의 손실 우려가 증폭되고 투자 가치가 급락하자 신용 평가 기관들은 부랴부랴 정크 수준으로 신용 등급을 강등시켰다.

CDO가 '빈 깡통'이 되는 과정은 집집마다 모기지 할부금 납부를 물의 흐름과 비유해 설명할 수가 있다. 이 할부금들이 모여 큰 송수관을 타고 아래로 내려간다. 은행이 모기지 대출을 모아 주택저당채권을 발행한 것은 이 송수관에 양동이를 매달아 물을 받는 데 해당한다. 송수관에 바짝 붙은 첫 번째 줄 양동이는 AAA 등급으로 투자자에게 쉽게 팔린다. 물 내려오는 양이 많아지면 첫 번째 줄 양동이에 물을 다 담을 수는 없다. 은행은 2차, 3차, 4차 양동이를 내려 가며 연결한다. 신용 등급 AA, A, BBB, BB의 양동이들이다. 아래 등급의 양동이들은 흐르는 물의 양이 줄어들면 물이 채워지지 않을 위험도 상당하다.

CDO는 이 모든 양동이들로 만들어진다. 게다가 다른 자산담보부증권의 양동이들도 추가한다. 주택 경기가 한창 좋을 때는 모기지 할부금 납부도 순조로워 모든 양동이에 물이 잘 채워진다. 그러나 할부금 연체가 나기 시작하면 물의 양이 적어져 아래쪽 양동이까지 내려오지 않는다.

CDO는 설사 아래쪽 양동이 물이 채워지지 않는다 해도 가장 최상급, 즉 맨 위의 양동이들에는 항상 물이 채워지도록 설계해 놓았었다. 모기지 대량 연체 사태로 아래쪽 모든 양동이에 물이 말라 버리자 주택담보부증권 양동이에서 CDO 풀<sup>저수조</sup>에 공급되는 물도 졸지에 말라 버린 것이다.

은행들이 무슨 실수를 한 것인가? CDO를 다양화하면 위험이 최소화될 것으로 그들은 생각했다. 플로리다 쪽에서 연체가 발생해도 캘리포니아 쪽에서는 지불이 이루어질 것으로 계산했다. 그러나 다양한 모기지들이 거의 동시에 지급불능 상태에 빠지면서 가장 안전하다고 믿었던 AAA 등급으로조차 갈 돈이 없는 사태가 벌어진 것이다.


## 시한폭탄 CDS는 신용 부도의 늪

보험은 본래 재앙으로부터 인명이나 재산을 보호하기 위해 만든 상품이다. 그러나 글로벌 금융가에서 보험은 금융 회사들을 보호해 주기는커녕 조

그만 악재를 대재앙이나 파멸로 이끌고 있다. 아무리 집값 급락에 따른 주택 모기지 부실이 문제의 진원이라지만 그 잘나가던 금융 거인들이 줄줄이 돌연사하는 사태는 보험 상식으로는 도무지 이해가 가지 않는다.

신용 시장에서 어느 한 회사가 위태하다는 풍문이 나돌면 이 회사의 채무를 보증하는 보증 코스트<sub>신용 스프레드</sub>는 갑자기 치솟는다. 주식 값과 회사채가 폭락하고 대차대조표상의 손실이 눈덩이처럼 커져 자본금의 긴급 수혈이 없으면 회사는 무너진다. 베어스턴스, 리먼브라더스, AIG, 메릴린치 등 금융 거인들이 똑같은 패턴으로 무너졌다. 장치해 놓은 폭탄의 단추를 누르듯 신용 시장의 경고음 하나로 잠재적 부실이 폭발해 버린 것이다.

이들을 죽음으로 내몰고 있는 배후에는 CDS <sub>Credit Default Swap</sub>라는 '괴물'이 있다. 보험이 아닌 '죽음의 늪'이란 뜻으로 '신용 부도의 늪<sub>Credit Default Swamp</sub>'으로 불린다.

신용파생상품의 하나인 CDS는 신용 불이행의 위험을 회피하기 위한 일종의 신용 부도 보험이다. 빌려준 돈을 혹 받지 못할 경우를 대비해 정기적으로 보험료를 내고 대출 부실이 발생하면 보험금으로 메우는 손실 방지 장치다.

1994년 JP모건의 수학, 과학 두뇌들이 대출금 상환 불이행에 대한 보호 장치로 개발해 상품화했다. 중남미와 러시아 등에서 채무 불이행 사태가 속출하고 엔론과 월드콤 등 거대 기업의 갑작스러운 도산으로 위험을 회피할 필요성과 맞물리면서 CDS 시장 규모는 2000년에 1000억 달러에서 2004년 6조 4000달러로 기하급수적으로 커져 왔다.

여기에 미국 주택 붐이 불을 붙였다. 우후죽순처럼 쏟아지는 모기지 증권의 채무 불이행 위험에 대한 회피 수단으로 CDS 시장은 2007년 62조 달러 규모의 거대 공룡으로 변했고 위험을 얼굴 없는 다수에게 이전시키는 블랙박스의 복마전으로 바뀌었다.

투자의 귀재 워렌 버핏은 5년 전 이 CDS를 가리켜 '시한폭탄'이자 '금융 대량 살상 무기'라며 이 업무에 손대지 말라고 자기 회사 보험 부서에 지시까지 내렸다. CDS 시장의 채무보증약정고는 세계 전체 실제 채무의 세 배가 넘는다. 각 회사가 상호 채무보증을 해 실타래처럼 얽혀 있고 한 회사가 채무를 불이행하면 연쇄 파급되어 그 손실액은 특정 기관이나 개별 국가 정부 또는 기업의 힘으로 구제가 불가능한 수준으로 불어난다.

미국의 부시 대통령은 '리스크의 내부 연결 고리'라고 혀를 찼다. 미국 정부가 리먼브라더스를 망하게 내버려 두고 AIG를 구제한 이유도 바로 이 CDS 공포 때문이었다.

AIG의 CDS 약정고는 4410억 달러였다. JP모건의 권유로 런던의 독립 사업부가 적극 투자해 연 2억 5000만 달러의 프리미엄 수입으로 재미를 누리다 2007년 10월 이후 신용경색으로 250억 달러의 손실을 입으면서 모회사가 말려든 것이다.

세계 130개국에 7400만 건의 보험 약정을 가진 AIG가 파산한다면 그 파장은 상상하기 어렵지 않다. 베어스턴스 구제도 CDS를 많이 보유한 때문으로 알려져 "CDS를 많이 보유하는 것이 최고다."라는 도덕적 해이를 낳을 정도였다.

CDS는 규제받지 않는 신용보험 시장이다. 등록된 계약서도 없고 사사로이 장외에서 거래되며 당국에 보고 의무도 없다. 정기적 프리미엄<sup>보험료</sup>은 JP모건 모델에 따라 금융공학적 기법으로 계산되고 있지만 헤지펀드를 비롯한 자산 관리자들이 시장에 대거 뛰어들면서 리스크에 무리하게 베팅하고,

은행들은 자기자본비율을 높이는 대책의 일환으로 이를 이용해 약정고를 불려 왔다.

최근 당국의 규제가 시작되면서 이 CDS의 거래 규모가 갈수록 줄여 발표되고 있다. 62조 달러(2007년 6월 말 현재)에서 55조(2007년말 현재) 달러, 그리고 국제 스와프 및 파생상품협회 ISDA는 2008년 6월 말 현재 계약고가 47조 달러라고 발표했다. CDS가 투명성 결여로 금융 시장의 혼란을 증폭시킨다는 비난과 함께 당국의 규제 움직임이 본격화하자 뉴욕의 증권예탁결제원 DTCC은 오랜 침묵을 깨고 거래량 내역을 매주 공개하기로 결정하면서 첫 작품으로 11월 4일 CDS 계약고는 지난 10월 말 현재 250만 건에 33조 6000억 달러라고 밝혔다. 47조에서 넉 달 만에 33조 달러로 줄어든 것이다. 미국의 채권 잔고 30조 8000억 달러를 약간 웃도는 수준이다.

이 CDS를 포함해 전체 금융 파생상품의 시장 규모는 대충 600조 달러로 추정되고 있다. 전체 세계 경제 규모의 열두 배에 달한다. 파생상품 derivatives 은 글자 그대로 뭔가에서 파생되어 derived 나온 것이다. 그 원본 가치인 '배' 보다 '배꼽'이 어떻게 몇 십 배 더 클 수가 있는가.

CDS로 예를 들어 보자. 한 헤지펀드가 어느 항공사에 1000만 달러를 빌려주었다. 항공사가 부도나 빌려준 1000만 달러를 못 받을 경우에 대비해 투자은행과 CDS 계약을 체결한다. 연간 1퍼센트의 보험료 spread를 지불하고 항공사가 부도 나서 못 받게 될 경우 투자은행으로부터 보험금 1000만 달러를 받는 계약이다. 이 거래에서 실제 오가는 돈은 보험료로 지불되는 10만 달러다. 그러나 계약고는 1000만 달러로 잡힌다. 600조 달러는 이 약정고의 명목 금액을 모두 합친 액수다. 2007년 말 600조 달러에서 2008년에 668조 달러로 불어났다.

당첨금 1억 달러짜리 복권을 200만 장 판매했을 때 이 복권 시장 규모를 1억에 200만을 곱해 200조 달러라고 한다면 누가 보아도 난센스다. 《저널 오브 디리버티브스》의 창간 편집인 뉴욕대 경영대학원의 스티븐 피글스키 금융학 교수는 《타임》과의 한 인터뷰에서 "뉴욕 증시의 상장주식 가액 같은 것과 비교할 수 있는 성질의 것은 아니지만 여하튼 틀린 숫자는 아니다."라고 주장했다. 668조 달러의 대부분이 실제 돈 real money이 아니라는 것은 분명하다.

CDS 계약고 33조 달러는 많은 계약들이 서로 간에 얽혀 있어 중복된 부분을 떨어낸 결과라고 한다. 리먼브라더스 파산 당시 CDS로 물린 돈은 4000억 달러로 추정됐었지만 실제 물린 돈은 720억 달러였고 그것도 중복 거래를 떨어내고 나니 52억 달러에 불과했다고 한다. CDS 거래의 큰손은 GE나 모건스탠리, 골드만삭스 등 기업과 금융 회사들만이 아니고 터키와 이탈리아, 러시아, 브라질 등 국가 정부들이 톱10의 상위에 올라 있으며 헤지펀드의 역할은 미미하다는 사실도 공개됐다. 파생상품, 특히 문제의 CDS에 대한 그릇된 선입견과 잘못된 정보가 너무 많아 DTCC는 매주 전주의 거래량과 함께 명목거래고와 순거래고를 동시에 공개하며 악의성 정보 차단에 나선다고 한다.

47조에서 33조 6000억 달러도 그렇고, 심지어 전체 파생상품의 시장 규모는 실제 돈이 오가는 기준으로 대충 15조 달러라는 추정까지 나온다. 금융위기가 실제 이상으로 과장됐다는 얘기인가. 거래고가 부풀린 측면도 있지만 앞으로 규제를 의식한 관련 업계의 몸 낮추기 인상도 짙다. 이런 고무줄 셈법과는 상관없이 파생상품은 매 2년마다 거의 배로 증가하고 있다.

어떤 회사에 신용 위험 조짐이 있으면 상대방은 그 회사의 채무를 보증하는 CDS를 다투어 구입한다. 보증 코스트가 오르면 주가가 하락하고 공매도로 패닉까지 가세하면 주가 폭락→자본금 부족→구제금융의 파국으로 이어진다. CDS 시장의 위험 신호는 과장되기 일쑤고 CDS를 누가 어떤 목적으로 구입했는지도 전혀 알 수 없다.

본시 CDS는 유용하고 효율적인 금융상품이지만 총기처럼 이용자가 잘못 쓰면 해악 또한 크다. 그렇다고 총기 자체를 없앨 수는 없다. 위험이 있는 곳에 프리미엄을 주고 보호받으려는 수요는 항상 있게 마련이다. 컴퓨터 모델로 상품 개발도, 복잡한 가격 산정도 자유자재다. 경영대학원들은 이에 필요한 수학 두뇌들을 다투어 배출하고 있다. 장외에서 사사로이 거래하며 600조에서 15조 달러로 몸집을 키웠다 줄였다 하는 이 '괴물'을 어떻게 순치시켜 투명성의 우리에 가둘 수 있을 것인가?


## 헤지펀드, 악마냐 희생양이냐


헤지펀드는 모든 악의 근원이냐 금융 위기의 희생양이냐? 연간 10억 달러 이상의 소득을 올린 헤지펀드 매니저 다섯 명이 2008년 12월 미국 의회 청문회에 출석했다. 헤지펀드 산업이 글로벌 금융 위기에서 어떤 역할을 했고, 앞으로 어떻게 규제해야 좋은지를 따지는 자리였다.

매니저 다섯 명 중 네 명은 헤지펀드가 글로벌 금융 시장에 체계적 리스크를 가져다 안긴 것으로 생각한다고 원론적으로 말했다. 어떤 금융 회사 할 것 없이 자본을 대규모로 긁어모아 레버리지를 한껏 높여 운용하면 시장에 체계적 리스크를 안길 잠재성이 충분하다는 얘기였다.

많은 애널리스트들은 헤지펀드가 글로벌 금융 위기를 일으키지는 않았
다고 말한다. 다만 금융 시장 거품을 조성했던 리스크 높은 주택담보부증
권MBS들을 대량으로 매입해 위기를 증폭시키는 데 일조를 한 것으로 보고
있다.

그럼에도 금융 위기 때마다 헤지펀드가 위기의 주범, 또는 위기를 이용해
폭리를 챙기는 파렴치범으로 손가락질 받는 것은 무슨 까닭인가? 1998년에
는 아시아 외환 위기의 주범으로 몰렸고, 2008년 상반기에는 원유 투기, 심
지어 2008 글로벌 금융 위기의 촉발 역시 이들과 무관치 않다는 주장도 끈
질기다. 투자은행 베어스턴스의 몰락 때 월 스트리트의 헤지펀드 수장들이
조찬 모임에서 쾌재를 불렀고, 리먼브라더스 죽이기에 가담했다는 음모론
도 나돌았다.

그러나 이 모두는 '금융 위기 속죄양 만들기' 시리즈의 최신판에 불과하
다고 헤지펀드 업계는 반박한다. 1929년 대공황은 은행가들을 속죄양으로
삼았다. 1987년 주식시장 붕괴 때는 내부자거래에, 1990년대 초 경기 침체는
차입 자본으로 큰 기업을 매수하는 '레버지리 바이아웃차입 매수 도당들에, 그
리고 2001년 IT 거품 붕괴는 증권 애널리스트들에게 각각 그 책임을 돌렸다
는 얘기다.

10년 전 외환 위기는 기업들의 과다 차입과 무분별한 투자가 원인이었고
지금의 금융 위기는 금융 회사들의 과도한 레버리지 사용과 도덕적 해이,
감독 소홀 때문으로 지적되고 있다. 원유 상품 투기의 경우 헤지펀드들은 실
제 소극적이었던 것으로 후일 밝혀졌다.

그러나 '대안 투자'로서 헤지펀드가 갖는 순기능에도 불구하고 높은 레버
리지에 튀는 거래 스타일, 공격적이고 투기적인 투자 전략은 시장에서 오해

를 사기에 충분했다.

헤지펀드 산업은 전설적인 트레이더들이 모여 만들었다. 투자자가 맡긴 원금을 한 푼도 축내지 않고 절대 수익 absolute returns 을 보장한다며 투자 자산의 2퍼센트에 투자 수익의 20퍼센트라는 파격적인 수수료를 내걸자 여기 저기서 돈들이 다투어 굴러 들어왔다.

대부분 당국의 규제를 받지 않기 때문에 어느 특정 분야에 투자를 한정 시킬 필요가 없었다. 주식은 물론 상품, 통화, 파생상품을 가리지 않았고 텅 스텐과 티타늄, 아이슬란드 얼음과 일기 파생상품 등 손대지 않는 곳이 없 을 정도였다.

1990년대 초 수백 개에 불과했던 헤지펀드는 부유한 개인과 기관투자가 들이 몰려들면서 비약적으로 증가해 2008년 말 현재 1만 개 이상으로 불어 났다. 1949년 첫 선을 보인 이후 지난 60년 동안 최악의 위기 상황에서도 빛을 발해 투자 산업의 '높이 나르는 귀공자 highflying darlings' 대접을 받아 왔다.

1998년 롱텀캐피탈매니지먼트 LTCM 가 파산해 월 스트리트가 휘청했을 때도 소폭이나마 수익을 냈다. 2001-2002년 버블 붕괴로 미국 주가가 3분의 1이나 폭락했지만 역시 손실을 보지 않았다. 투자자뿐만이 아니라 수많은 펀드매니저를 돈방석에 올려놓으면서 미국 금융자본주의의 전위대 역할을 해 왔다.

이들의 가장 기본적인 투자 전략이 롱/숏 long/short 이다. 가격 상승이 기 대되는 저평가 주식을 매수하고 하락이 예상되는 주식은 매도하는 것이다. 특정 국가의 정책 변화나 인플레이션, 이자율, 환율 같은 여러 거시경제 지 표에 대한 전망을 바탕으로 투자하는 글로벌 매크로 투자 전략, 매수보다 집 중적으로 매도 포지션만을 취하는 적극 매도, 위험차익거래 등 투자 전략은 수십 종에 달한다. 1990년 이후 2002년 한 해(마이너스 1.5퍼센트)만 빼고 연평균 11.4퍼센트의 수익률을 기록해 왔다.

이 잘나가던 헤지펀드들이 글로벌 금융 위기를 맞아 줄도산에 직면해 있다. 2007년 말 현재 글로벌 헤지펀드의 수는 1만 1000여 개, 맡아서 굴리는 총자산은 2조 2000억 달러로 추산됐다. 2008년 들어 총자산이 1조 5000억 달러로 줄었다. 연말부터 2009년 3월까지 헤지펀드 2000개, 잘나가는 헤지펀드들에 투자하는 '헤지펀드 투자 펀드 fund of hedge funds' 500개 등 2,500여 개가 청산돼 문을 닫을 것으로 예측되고 있다.

보통 분기 단위로 환매 신청이 가능한데 2009년 1월 들어 총자산은 다시 1조 달러로 줄어들었다. 반 토막 나는 자산 중 수백억 달러는 투자자들이 거둬 간 돈들이고 나머지는 모두가 손실이다.

헤지펀드 업계의 '대부' 조지 소로스는 2008년 가을 미 의회청문회에 나와 "헤지펀드는 글로벌 자산 거품의 긴요한 일부분이다. 거품이 터지기 시작했으니 헤지펀드도 대량 도산될 것"으로 내다보았다. 헤지펀드를 통해 가장 성공적으로 돈을 굴리던 하버드 대학마저 2008년 7월 이후 넉 달 사이에 370억 달러 기부 자산 가운데 80억 달러를 날렸다.

2008년 11월 말 현재 수익률은 마이너스 18.5퍼센트였다. S&P 500주가지수가 2008년 38퍼센트 폭락한 것에 비하면 그래도 나은 수준이지만 헤지펀드 수익률로는 사상 최악이다.

금융 위기가 심화되면서 투자은행을 비롯한 금융 기관들이 디레버리지<sup>차입 투자 축소</sup>에 나서 헤지펀드에 대한 대출을 회수하기 시작한 것이 치명타였다. 돈을 갚기 위해 투자자산을 헐값에 처분해야 했고 이는 자산 가격을 떨어뜨리고 헤지펀드의 수익률을 악화시켰다.

수익률이 떨어지자 투자자들로부터 대규모 환매 요청이 잇따르고 이는 다시 투자자산의 헐값 매각과 수익률 악화의 악순환으로 이어졌다. 자산 가격이 떨어질 때 헤지펀드들은 하락 쪽에 베팅하는 공매도를 통해 높은 수익률을 올려 왔는데 주요국 정부들이 일제히 공매도를 금지시킨 것도 헤지펀드들에게는 큰 타격이었다.

이들은 이제 비명 소리 한 번 제대로 못 내고 '의연한' 죽음을 기다리는 처지가 됐다. 그들의 줄도산을 슬퍼하거나 걱정하는 여론은 찾아볼 수 없고, 당국의 구제금융 같은 것은 그들 스스로 바라지도 않는다. 헤지펀드 총자산의 67퍼센트를 점하는 미국에서 유동자산을 최소한 500만 달러 이상 가진 개인이나 2500만 달러 이상 가진 기관이라야 헤지펀드에 돈을 맡길 수 있다. 저마다 위험부담을 감내하면서 투자할 용의를 가진 사람들이다.

시장 원리에 따른 조용한 퇴출은 '존엄사'에 비유되기도 한다. 헤지펀드가 시장 불안을 야기한다는 비판은 끊이지 않는다. 반면 시장이 과열됐을 때 주식을 매도하기도 하고, 패닉에 빠져 거래가 급감할 때 환매수를 통해 거래량을 증가시키는 순기능도 무시하지 못한다. 공매도 또한 시장에 유동성을 공급하는 순기능이 있고, 주식을 포함한 유가증권이 균형점으로 복귀하도록 헤지펀드가 촉매 역할을 하기도 한다. 조지 소로스는 "투자와 투기는 거의 차이가 없다. 굳이 차이가 있다면 성공적 투기가 곧 투자"라며 자신이 '성공적 투기자'임을 대단히 자랑스럽게 여긴다고 말했다.

헤지펀드 업계는 이미 상위 3퍼센트 회사가 총자산 80퍼센트를 점할 정도로 대형화로 치닫고 있다. 소로스의 퀀텀펀드, 타이거펀드 등 1990년대 스타 펀드들은 이제 톱 10에 끼지도 못한다. 헤지펀드의 줄도산은 최상급 펀드와 특화된 펀드, 특히 '성공적인 투기자'만이 살아남는 산업 재편에 들어갔다.

# 4 세계 금융의 지각변동

세계 경제의 구조 다극화와 함께 미국 중심의 금융 시스템은 붕괴 과정에 들어선 지 오래다. 거의 10년마다 반복 확산되어 온 세계 금융 위기는 금융에 과다 의존하고 있는 미국의 근본적 불균형이 화근이다. 미국의 적자로 세계가 먹고살고 흑자국들이 그 골을 메워 주는 현 시스템은 더 이상 연명이 어렵다. 흑자국들의 여유 달러가 고수익 투자와 소비로 그 나라로 환원되면서 세계 경제가 보다 균형 잡힌 시스템을 구축할 때다. 시장의 구성과 주역들, 그리고 그 파워와 돈줄이 다양화하는 상황에서 글로벌 금융시장도 게임의 규칙을 재정립할 필요가 있다. 합리적이고 신뢰성 있는 글로벌 룰을 확립하여 자유 시장 시스템이 다자주의 틀 속에서 잘 작동되도록 새로운 장치를 마련하는 일이 중요하다. 세계 금융시장의 구도 개편은 금융 선진화를 통해 금융 강국으로 발돋움하려는 국가들에게 좌절이 아닌, 일대 기회다.

## '다이하드' 달러 제국의 위기

월 스트리트의 균열과 그 파열음은 세계 금융의 지각변동tectonic shift의 불길한 전조였다. 쇠퇴하는 아메리칸 파워와 그 월 스트리트는 로마제국과 그 콜로세움을 방불케 한다. 탐욕과 물질적 부富에 대한 지나친 집착이 빼닮았기 때문이다. 로마제국은 전성기에서 멸망까지 300년이 걸렸다. 오늘의 '달러 제국'은 몇 십 년밖에 되지 않아 아직 갈 길이 멀어 보이지만 재정 적자에다 무역 적자, 분에 넘치는 소비는 중장기적으로 지속될 수가 없다.

쌍둥이 적자에도 불구하고 미국이 그동안 버틸 수 있었던 이유는 두 가지다. 세계 경제의 금융화가 진전되면서 달러 기축통화를 통한 금융 헤게모니를 미국이 견지할 수 있었던 것이 하나다. 독일과 일본, 사우디아라비아, 쿠웨이트 등 맹방들이 미국의 글로벌 리더십을 금융적으로 뒷받침해 왔다는 것이 그 다른 하나다. 근년 들어서는 중국이 막대한 대미무역 흑자에 대한 보은으로 미국 국채 매입 등 적자를 메워 주는 미-중 짝짜꿍chimerica도 큰 몫을 해 왔다. 미국발 글로벌 금융 위기를 계기로 이들 전제들이 무너져 내리면서 달러 체제가 붕괴되기 시작한 것이다.

우선 유로화가 탄생 10주년을 맞으면서 제2의 기축통화로 발판을 착실히 굳히고 있다. 게다가 미국 외교의 이데올로기화 및 경직화로 많은 아랍 국가들과 아시아 일부 국가들이 외화준비자산을 달러에서 속속 유로로 바꾸고 민간 자산들도 같은 움직임을 보여 달러 쇠퇴를 재촉하는 분위기다.

유로화가 과연 달러화를 제치고 세계 제일의 준비통화가 될 수 있을 것인가? 된다면 그 시기는 언제쯤일까?

유로화는 1999년 달러화와 거의 일대일로 대등하게 출범했다. 한동안 1

유로에 1.5달러까지 육박했으나 달러 강세로 2009년 들어 1.3달러 선에서 오르내리고 있다. 세계 각국의 중앙은행들이 보유하고 있는 공식 외화준비자산의 구성을 보면 2007년 말 현재 달러화가 64.6퍼센트, 유로화는 25.8퍼센트에 불과하다. 아직 갈 길이 멀지만 유로화의 유통량은 가액으로 따져 달러화를 이미 넘어섰다.

《파이낸셜 타임스》의 계산에 따르면 유로화 유통량은 지난 2006년 10월 말 6100억 유로 당시 환율로 8100억 달러 상당로 미국 달러화의 유통량 7590억 달러를 넘어섰다고 한다. 범죄 영화에서 범인들이 노리는 돈다발도 왕년의 100달러 지폐에서 500유로 지폐 다발로 바뀔 정도다.

그러나 영국 파운드가 미국 달러에 밀려나는 과정이 그랬듯이 세계 기축통화의 자리바꿈에는 시간이 걸리기 마련이다. 미국이 영국을 경제 규모에서 능가한 것은 1872년, 수출 규모는 1915년, 순 채권국이 된 것은 1917년이었지만 달러화가 파운드화를 제친 것은 그로부터 수십 년이 지난 1945년 이후였다. 저명한 국제경제학자 제프리 프랭클은 이런 시간 지연 때문에 유로화가 2022년까지는 달러화를 능가하지 못할 것이라고 3년 전에 예측했었다.

그러나 달러 가치의 지속적 하락으로 빠르면 2015년에 유로화가 달러화를 능가할 것이라고 최근 예측을 수정했다. 영국이 비록 유로화 사용국은 아니지만 런던이 유로화의 금융 수도로 프랑크푸르트의 역할을 대신하며 유로 금융 시장의 깊이를 더할 것으로 내다보았다. 유로화는 현재 EU 15개국과 EU 바깥 5개국 및 지역의 공식 통화인 데다 23개국 및 지역통화들이 유로화에 가치가 고정돼 있다.

왕년에 기세 좋던 독일 마르크와 일본의 엔화가 달러화를 제치지 못한 것은 경제 규모에서 미국에 적수가 못 된 데다 무엇보다 금융 시장이 덜 발달했기 때문이었다.

'유로랜드'는 이제 경제 규모에서 미국과 대등하고 가치 저장 수단으로 유로화가 달러화에 전혀 손색이 없다는 평가를 이미 받고 있다. OPEC 석유수출국기구 사무총장은 10년 내 원유 대금의 유로화 결제 가능성도 언급했다.

'달러 제국'은 이제 끝장이 날 것인가? 황혼 길에 접어든 것은 분명하지만 세계 제1기축통화의 왕좌를 내주기까지에는 그 저력이 아직은 만만치가 않다. 미국이 세계 GDP의 27퍼센트를 점하는 데다 글로벌 금융 시장에 대한 지배력이 워낙 강해 경제가 회복되고 금융 불안이 가라앉으면 예전의 위용을 되찾게 될 것이라는 견해도 설득력이 있다. 존 스노 전 미국 재무장관은 "달러 시장의 저변이 너무 넓고 깊어 유동성이 넘치는 데다 미국 경제가 근본적으로 대단히 선진화되어 있다."는 점을 상기시킨다.

글로벌 금융 위기의 와중에 달러가 폭락하기는커녕 달러 구하기가 더욱 힘들어지고 주요국들 통화에 비해 일제히 가치가 치솟는 기현상이 이를 반증한다. '달러 스마일 dollar smile' 현상이 바로 그것이다. 달러화는 미국 경제가 아주 잘나갈 때, 그리고 세계 경제가 아주 나쁠 때 미소를 짓고, 경제 상황이 그저 그럴 때는 죽을 쑨다는 이론이다.

미국 경제가 탄탄할 때 달러의 상대적 가치가 올라가는 것은 당연하다. 경제가 그저 그럴 때 미국이 고질적인 적자 속에 허덕이고 새 성장 국가들의 활약이 돋보이면서 달러의 가치가 상대적으로 떨어지는 것도 당연하다. 중요한 것은 세계가 다 같이 어려워질 때다.

금융 위기까지 일으킨 나라의 통화이기 때문에 달러는 천덕꾸러기가 되어 마땅하다. 그럼에도 현실적으로 유일한 세계의 준비통화이고, 안전 자산은 그래도 달러밖에 없다며 너도나도 찾는다. 이 달러 '미워도 다시 한 번'에는 몇몇 요인이 얽혀 있다. 가장 큰 것은 유로화가 아직 대안이 되지 못하는 현실이다. 세계 경제가 아주 나빠져 미국이 가난해지면 대다수 다른 나라들은 미국보다 더 가난해져 미국은 여전히 선두에 선다. 장님들 세상에서는 애꾸가 왕이 되는 이치다. 미국의 펀드매니저들은 헤지펀드들을 통해 글로벌 금융 시장에 18조 달러에 달하는 달러 자산을 보유해 왔다. 높은 레버리지에 따른 이들 차입 자산은 아시아 외환 보유 대국들의 보유 달러 자산을 압도하며 주식과 채권, 파생상품 시장에서 자산 거품을 조성해 왔다.

유사시 이들 달러 자산은 일제히 미국으로 귀환되면서 자산 가격 급락과 달러 기근을 몰고 온다. 글로벌 금융 시장을 쥐고 흔들 힘을 미국이 아직 갖고 있다는 증거다. 여기에 미국 연방준비은행이 보란 듯이 통화스와프의 한도를 무제한으로 늘려 가면서 달러의 신인과 가치를 은연중 떠받치고 있다.

투자 대상이 마땅치 않은 상황에서 외국 정부와 투자가들이 미국 재무부 채권을 다투어 구입하면 천문학적인 구제금융 자금도 조달이 쉬워진다. 달러의 가치가 반등하면 물가와 수출에는 악영향을 미치지만 미국 경제에 대한 대외 신인, 특히 미국 주도의 세계 금융 시스템에 대한 신뢰 회복에도 도움이 된다. 좀처럼 죽지 않는 달러 제국의 '다이하드 die hard'라고나 할까?

유럽의 화폐 통합 이론가 폴 드 그라위<sup>벨기에 루뱅 대학 교수</sup>는 유로와 런민삐<sup>중국 위안화</sup> 등으로 다극 통화 체제 시대가 열리겠지만 유로화가 달러화를 대체할 수 있을 것으로는 보지 않는다. 기축통화가 되려면 글로벌 리더십과 정치력의 뒷받침이 필수적인데 '유로 정부' 없는 전문 관료 집단<sup>Eurocrats</sup>에 주도되는 EU에게서 미국의 대타 역할을 기대할 수 있겠느냐는 반문이다.

그러나 세계 경제 구조의 다극화와 함께 미국 중심의 금융 시스템은 붕괴 과정에 들어선 지 오래다. 1998년에 이어 2007년 등 거의 10년마다 확산

되풀이되는 세계 금융 위기는 금융에 과다하게 의존하는 미국의 기본적 불균형이 그 화근으로 지목되고 있다. 미국의 적자로 세계가 먹고 살고 흑자국들이 그 골을 메워 주는 현 시스템은 더 이상 연명이 어렵다. 세계 흑자국들의 여유 달러가 고수익 투자와 소비로 그 나라로 환원되면서 세계 경제가 보다 균형 잡힌 새 시스템을 구축해야 할 때다. 달러는 위기의 급한 불을 끌 때까지 선호되고 '반짝'할 것이다. 그러나 미국의 적자와 부채 누적이 지속되는 한 또다시 내리막길을 걸을 수밖에 없고, 그런 의미에서 글로벌 금융 위기는 달러에 일시적 강장제라는 비유도 나돈다.

1971년 닉슨 쇼크, 1985년 플라자 합의, 1986년 루블 합의, 그리고 1999년 유로의 등장과 그 지위의 공고화는 세계 경제의 중심이 달러로부터 이탈하고 있음을 반증한다. 서브프라임 부실에서 촉발된 세계 금융 시장의 대혼란과 불안정성은 이 변화의 일단이라는 것은 누가 부인할 수 있으랴?


## 폴 크루그먼, 워싱턴 컨센서스의 관에 못질하다

글로벌 금융 위기가 한창이던 2008년 10월 10일 미국 《뉴욕 타임스》는 세계은행 한 관계자의 말을 인용해 이렇게 뜬금없이 보도했다.

"워싱턴 컨센서스Washington Consensus의 죽음은 의문의 여지가 없다. 미국 정부가 7000억 달러의 긴급 구제금융을 발표하던 날 워싱턴 컨센서스는 죽었고, 폴 크루그먼의 노벨경제학상 수상은 그 관에 못질을 했다."

미국 정부의 천문학적 구제금융과 워싱턴 컨센서스는 무슨 관계가 있으며 더구나 폴 크루그먼의 노벨상 수상과는 어떤 관계가 있는가?

긴급 구제금융 하면 금융·외환 위기에 혼이 난 신흥 개발도상국들은
IMF 구제금융부터 떠올린다. 돈을 융통해 주는 대가로 온갖 가혹한 조건
을 붙여 'IMF 극약 처방'으로 불릴 정도였다. '100년 만의 금융 위기'에 대한
미국 정부의 대응은 10년 전 동아시아 위기 때와는 너무도 대조적이다. 당시
IMF와 미 재무부는 동아시아 국가들에게 금리 인상을 요구해 나라에 따라
금리는 25퍼센트, 40퍼센트까지 치솟았고 지급불능 사태가 속출했었다.

그러나 미국과 유럽 중앙은행들은 다투어 금리를 내리고 있다. 당시 동아
시아 국가들에게는 투명성과 규제 및 감시 강화를 거듭 촉구했었다. 그러나
IMF는 투명성 강화와 규제 도입 요구에는 입을 다문 것은 물론 서방 은행
들을 긴급 구제하는 도덕적 해이도 묵인하고 있다. 미국발 금융 위기에 IMF
가 할 말을 잃었다고나 할까.

폴 크루그먼은 국제무역에서 '전략적 무역 정책'의 가능성을 이론화한 공
로로 노벨경제학상을 받았다. 비교우위를 중시하는 자유무역 이론대로라
면 브라질 같은 나라는 농업에만 전적으로 매달려야 하고 항공산업 같은
제조업은 엄두도 내지 말아야 한다.

그러나 초기 단계에 보호관세와 정부 보조금 등을 통해 전략 산업으로
육성하면 훌륭한 항공기 생산국까지는 못 가도 틈새시장은 공략할 수 있으
며 오늘의 무역 현실이 이를 입증하고 있다는 것이다. 한국의 자동차 산업이
그렇다. 자유무역과 비교우위를 강조하는 워싱턴 컨센서스에 정면으로 이
론적 반기를 든 셈이다.

'워싱턴 컨센서스'라는 말은 1989년 미국 워싱턴의 국제경제연구소IIE의
존 윌리엄슨 박사가 만들어 낸 말이다. IMF와 세계은행IBRD, 미국 재무부
등 미국 행정수도 워싱턴에 본부를 둔 세 기관이 경제 위기에 빠진 국가들

의 구제책으로 합의한 정책 개혁 표준 권고안을 의미한다. 1980년대 말 중남미의 금융 위기에 대한 해결 방안으로 만들어졌지만 이후 각종 경제 위기를 겪는 개발도상국들에 대한 IMF의 정책 권고 표준으로 자리 잡았다.

개발도상국 성공의 열쇠로 거시경제의 안정 macro-stability, 자유화 liberalization, 민간화 privatization 세 가지를 내걸었다. 당초 열 개 권고사항은 재정 집행의 규율, 공공지출 재조정, 세제 개혁, 금융자유화, 통일된 경쟁적 환율, 무역자유화, 외국인 직접투자 개방, 민영화, 규제 철폐, 재산권 보장이었다. 후일 여기에 기업 지배 구조의 투명화, 부패 방지, 노동시장 유연화, WTO 합의 준수, 금융의 코드화 표준화, '신중한' 자본 계정 공개, 개입 없는 외환시장, 독립적인 중앙은행과 물가 안정 목표, 사회 안전망, 빈곤 퇴치 계획 수립 등 열 개 항이 추가돼 워싱턴 컨센서스는 스무 개 항으로 늘어났다.

그러나 이 권고안이 가진 신자유주의적, 시장 근본주의적 정책 성향 때문에 워싱턴 컨센서스는 어느새 세계화를 반대하는 국가나 세력들에게 타도 대상의 표적이 되고 말았다. 지금까지 23개국이 '처방'을 받았지만 성공 사례는 칠레와 한국 정도다. 아르헨티나는 '부에노스 아이레스 컨센서스'를 내걸며 반발했고, 브라질, 인도, 중국, 러시아, 이란 등도 "고맙지만 사양하겠다. 우리 방식대로 간다."며 공개적으로 반대했다.

세계은행 수석이코노미스트 재직 당시부터 워싱턴 컨센서스를 비판했던 조지프 스티글리츠 컬럼비아 대학 교수는 개발도상국의 성공적인 발전에 필요하지도 충분하지도 않은 권고들이라며 워싱턴의 '금융적 위선'으로 매도했다.

경제적으로 성공하는 나라들은 공통적인 특장들을 갖게 마련이다. 그러나 이들을 실현시키는 방법은 나라마다 같을 수가 없다. 개발경제학의 신세대 기수 대니 로드릭 하버드 케네디 행정대학원 교수는 저서『하나의 경제학, 다양한 조리법 *One Economics, Many Recipes*』을 통해 세계시장과의 통합의 경우 한국은 수출보조금으로, 말레이시아는 수출가공지역으로, 싱가포르는 다국적기업 유인책으로, 중국은 경제특구로, 멕시코는 지역자유무역협정으로, 칠레는 수입자유화로 각기 달성이 가능했다고 한다. 그 나라의 실정에 맞는 적절한 정책 설계가 기존의 이점을 최대한 살리면서 대내적 제약도 쉽게 극복할 수 있다는 얘기다.

그럼에도 IMF가 권고안을 조건으로 내거는 이유는 어디에 있는가? IMF는 달러 제국을 떠받치는 결정적인 기둥이다. 세계은행 총재는 관행적으로 미국인이, IMF 총재는 유럽인이 맡는다. 그러나 겉모양새가 그러할 뿐 IMF의 실질 파워는 배후에 감추어져 있다.

1944년 브레튼우즈에서 IMF 정관을 만들 때 IMF의 모든 주요 결정은 이사회의 85퍼센트 이상 지지를 받도록 하면서 미국은 사실상 거부권에 해당하는 17퍼센트의 투표권을 확보했다. IMF는 2차 세계대전 후 유럽 동맹국들의 통화 안정과 무역 활성화를 지원하기 위한 기금으로 창설됐다. 회원국들이 돈을 출자해 기금을 조성하고 개별 국가들이 어려울 때 융통해 통화 가치를 안정시키자는 목적이었다.

그러나 주요 선진국들은 자금이 필요할 때 IMF에서 빌리기보다는 민간은행을 이용하거나 국채 발행으로 조달했다. IMF의 까다로운 조건을 의식했기 때문이다. IMF로부터의 융자는 선진국들 가운데 1977년 이탈리아가 마지막이었다.

중남미 외채 위기가 발발한 1980년대부터 IMF는 사실상 개발도상국의 경제 정책을 통제하는 기구로 역할이 바뀌었고 그 기능의 집행 수단인 IMF

의 요구 조건이 곧 워싱턴 컨센서스로부터 온 것이다. 구제금융을 받기 위해 당사국 정부가 IMF와 체결하는 양해각서 Memorandum of Understanding 는 이 조건들의 차림표다.

글로벌 시대를 맞아 자본시장이 자유화되어 있다고는 하지만 어떤 은행도 IMF의 명시적, 묵시적 승인 없이는 어떤 나라에 투자를 할 수가 없다. IMF의 역할은 긴급 융자 지원의 범위를 훨씬 넘어 어느 나라가 국제금융 기관으로부터 자금을 융통할 수 있느냐의 여부를 결정 짓는 힘을 갖고 있다. 글로벌 경제에 대한 미국 달러 지배 체제의 집행관이 바로 IMF라는 지적도 여기서 근거한다. 이제 달러 제국의 붕괴와 함께 브레튼우즈 체제와 그 워싱턴 컨센서스에도 황혼이 찾아온 것이다.


## 굿바이 G7, 헬로 G20


달러 제국이 붕괴한다면 앞으로 글로벌 경제는 누가 주도할 것인가? 일본 홋카이도 도야코의 G8 정상회담이 또 한 번의 겉치레와 말잔치로 끝나면서 글로벌 리더십과 그 거버넌스 협치(協治)에 대한 개혁 논의가 새삼 주목을 받고 있다.

현재 글로벌 경제 리더십은 두 개의 궤도로 운용 중이다. G8 연례정상회담 궤도가 첫째다. 선진 7개 부국 클럽인 G7에 러시아가 1998년 초청받으면서 8개국 리더십 포럼으로 발전했다. 8개국만의 배타적 모임이라는 인상을 지우기 위해 2005년부터 그때그때 토의 의제와 관련이 깊은 신흥 경제권의 주요 국가들을 선별적으로 초청하고 있다.

또 하나의 궤도는 G20 금융 포럼이다. 선진 7개국, 즉 G7 재무장관 및 중앙은행 총재들의 모임이 그 효시다. 러시아가 G8의 멤버가 된 후에도 이 금융포럼에는 초청받지 못했다.

1997-1998년 세계 금융 위기를 겪으면서 1999년 G20이 탄생했다. G8에 EU 대표와 호주가 추가되고, 신흥 경제권에서 아르헨티나, 브라질, 중국, 인도, 인도네시아, 한국, 멕시코, 사우디아라비아, 남아프리카, 터키의 10개국이 참여하는 거대 포럼이 만들어진 것이다.

투 트랙 체제는 외견상 훌륭해 보이지만 문제는 '기능'이다. 글로벌 경제의 변화와 새로운 도전에 대한 대응에서 갈수록 무력하고 비효율적이다. 글로벌 경제와 세계 금융 시스템은 이미 G7의 통제를 넘어서고 있는데도 G8 리더십 포럼이나 G20 금융 포럼은 핵심 G7 위주로 운영되고 있기 때문이다. 인구와 경제력 면에서 G7의 글로벌 대표성은 가파른 내리막길이다.

2050년 예상 세계 인구 90억 가운데 80억 명은 '비서방非西方' 인구로 분류돼 오늘의 서방 선진국들은 '글로벌 소수'로 전락할 전망이다. 경제력은 현 추세가 계속될 경우 2025-2030년 사이 경제 4대국 가운데 3개국中國·印度·日本이 아시아에서 나올 판이다.

옛 소련의 붕괴 이후 한때 미국 주도의 단극화 세계 질서는 신생 글로벌 플레이어의 대거 등장으로 다극화로 치닫다가 이제는 국경을 넘는 NGO에 힘이 실리면서 '무극화non-polar'로 향하는 추세다.

더구나 당장의 금융 및 무역 불균형과 에너지, 기후 변화, 핵 확산 방지, 전염병 및 테러 방지 등 주요 글로벌 이슈들은 이해 관계자들의 폭넓은 참여와 대표성이 전제되지 않고서는 효율적인 대처와 해결이 사실상 불가능하다.

산유국과 신흥 수출 대국들의 보유 외환과 국부펀드[+]의 달러 홍수가 미국 주도의 IMF나 세계은행의 감질나는 돈줄을 압도하는 세상이다.

현행 G8 체제를 확대하는 가장 손쉬운 방안의 하나로 'G8+5'가 거론되고 있다. 중국과 인도, 브라질, 멕시코, 남아프리카 5개국을 참여시켜 'G13'이 되면 세계 경제력의 80-90퍼센트, 인구의 대부분이 망라된다는 계산이다. 2005년 영국의 토니 블레어 총리가 제의했고, 2006년 'G8+5 기후 변화 협의체'가 발족되기도 했다.

2007년부터 프랑스의 니콜라스 사르코지 대통령이 여론몰이에 나섰지만 2008년 G8의 토야코 회의 발표문에는 이에 관한 어떤 언급도 없었다. 2009년 이탈리아 G8 정상회의에도 5개국이 계속 초청을 받았지만 'G13'의 사실상 공식화로 보기에는 너무 이르다.

미국은 G8 말고도 유용한 포럼이 많이 있다며 G8의 확대를 장기적 과제로 돌리고 있고, 영국은 'G8+알파' 식 초청의 제도화로 충분하다며 확대를 꺼려한다. 중국을 견제하는 일본은 G8 이 기본가치를 공유하는 국가그룹이라며 참여 확대는 대화의 질을 떨어뜨린다고 노골적으로 반대한다. '플러스 5'에 한국이 빠져 있는 것이 서운하다.

G20의 금융 포럼을 G20의 정상 포럼으로 그대로 격상시키는 것이 논리적인 다음 단계라는 주장도 설득력이 없지 않다. 회의의 효율성이 우려되지만 EU의 정책 수립 및 조정 능력을 보면 G20이라 해서 못 할 것도 없다는 얘기다. 글로벌 금융 위기의 원인을 분석하고 공동 대응책을 마련하기 위해 11월 15일 워싱턴에서 열린 G20 정상회담은 불행하게도 이런 우려를 현실

[+] 통화 당국의 외환 보유고와는 별개로 국가가 여유 외환을 주식과 채권 등에 투자 운용하는 국가 소유 펀드를 말한다.

로 뒷받침해 주었다.

위기의 원인 진단과 재발 방지 대책의 큰 틀에는 합의했으나 구체적인 대책 마련에는 실패했다. 20개국으로 확대되면서 이견 조율이 난항를 겪었고 미국의 오바마 대통령 당선자가 참석치 않아 모멘텀도 떨어졌다. 특히 금융 시장에 대한 규제 강화를 요구하는 유럽 국가들과 규제의 최소화를 주장하는 미국의 입장이 팽팽히 맞섰다.

5쪽에 걸친 공동성명은 앞으로 12개월 동안 G20 국가들은 무역 및 투자에서 새로운 장벽을 쌓지 않겠다고 엄숙히 선언했다. 그러나 러시아 정부는 이틀 후 수입 자동차에 대한 관세를 올린다고 발표했고 그 사흘 후 인도 정부는 철강 및 강철 제품에 5퍼센트 관세를 갑작스레 매겼다. '굿바이 G7, 헬로 G20'의 구호가 무색할 지경이었다.

다만 2009년 4월 30일의 차기 회의 토대를 마련하고 IMF 등 국제 금융 기구 내에 개발도상국가들의 발언권을 확대하고 선진국들 위주의 금융 안정 포럼에 개도국들이 참여토록 문호 확대를 관철시킨 것은 큰 진전으로 평가된다.

무엇보다 주목을 끄는 것은 IMF와 세계은행이 '폭넓게 comprehensively' 개혁되어야 한다는 데 인식을 같이한 점이다. IMF의 개혁은 지난 수년 동안 내부적으로 숱한 논의를 거듭해 왔지만 실천으로 이어지지는 않았다. 신흥 경제국들이 파워 그룹으로 전면에 부상한 오늘의 글로벌 경제 현실에서 이제 전면적 개혁은 피할 수 없어 보인다.

미국 대통령 선거운동 과정에서 공화당의 메케인 후보는 다소 시대 역행적인 '민주 국가 대연맹'을 제창해 실망감을 안겼었다. 또 G8을 G14 또는 G16으로 확대하는 한편에서 미국이 중국과 비공식적인 G2 채널을 별도로 만드는 방안도 거론되고 있다. 미국-유럽, 미국-일본 간 전략적 파트너십 관계에 버금가는 또 하나의 그들끼리의 'G2' 조합이다. 정례적으로 두 정상이 비공식적으로 만나 양국 관계뿐만 아니라 세계 문제 전반에 관해 협의하며 영향력을 계속 견지해 보겠다는 의도다.

중요한 것은 다양성과 차이를 인정하고 존중하는 서방 세계의 열린 리더십이다. 대서양주의에서 글로벌리즘으로, 일방주의에서 다자주의로, 힘보다는 설득과 포용에 의한 리더십이야말로 오늘의 세계가 갈구하는 글로벌 리더십이다.

이를 위해서는 미국이 살신성인의 경지에서 이니시어티브를 취해야 하고 그 과업의 수행은 오바마 새 행정부에 맡겨졌다. 새로운 브레튼우즈 체제의 탄생까지는 가지 못한다 해도 적어도 구질서의 획기적 전환이 될 것임은 분명하다.


## 새로운 게임의 규칙


금융 규제 장치는 역사적으로 위기의 산물이다. 1907년 뉴욕 굴지의 은행들이 파산 위기에 몰린 금융 공황은 '최후의 대부자'로 연방준비은행 Fed 의 창설을 이끌었다. 1929년 대공황과 그에 따른 은행 파산 사태는 증권관리위원회 SEC와 연방예금보험공사 FDIC를 탄생시켰고, 1933년 법 클래스-스티걸 법 으로 은행을 월 스트리트와 분리시켰다.

서브프라임 모기지 부실로 촉발된 이번 금융 위기는 대공황 이후 최대, 최악의 것으로 꼽힌다. 소 잃고 외양간 고치는 식의 규제 강화 방안들이 난

무함은 너무도 당연하다.

은행들의 결손상각이 끝이 보이지 않는 상황에서 규제 강화는 문제를 더 악화시킬 것이라는 우려도 적지는 않다. 하지만 시장과 금융 기관에 대한 감시와 감독을 강화하고 소액 투자자와 고객 등 금융 소비자를 보호하는 장치를 마련해야 한다는 데는 공감대가 형성되고 있다.

문제는 그 방법이다. 시장과 금융 기관에 대한 규제를 강화할 경우 금융 공학을 통한 금융 기법과 제품의 혁신을 위축시키고 이것이 미국의 경쟁력을 떨어뜨려 금융의 중심이 뉴욕에서 런던으로 옮아갈 위험도 다분하다고 미국인들은 우려한다. 혁신을 해치지 않으면서 리스크를 관리하는 묘수를 찾아야 하는데 이것이 말처럼 쉬운 일인가.

시장에서 혁신은 항상 규제를 앞선다. 이번 위기 역시 주택담보대출채권의 증권화와 파생상품의 다양화 등 금융 기법 혁신에서 촉발됐다. 증권화는 두 가지 결정적인 폐단을 낳았다. 부실 채권을 우량 채권과 한데 섞어 위험 부담을 위장시켰고 이것이 투자자들도 모르게 전가되면서 방만한 대출을 부추겼다. 은행들은 이 증권화 덕분에 자기자본 충족 요건을 빗겨 가면서 장부 바깥의 거래를 몇 십 배 규모로 키울 수가 있었다.

폐단 때문에 혁신을 제약한다면 이는 비미국적이다. 그렇다고 규제가 혁신을 따라잡지 못하는 현실을 언제까지 방치할 수도 없다. 미국 정부가 개혁의 청사진으로 내건 '합리적 규제 구조'의 키워드는 단순성과 투명성이 핵심이다.

금융상품 및 거래의 복잡성과 비공개성의 베일을 걷어내 투자자들은 자신이 정확히 무엇을 사는지를, 감독 당국은 정확히 무엇을 규제하는지를 알게 하자는 것이다. 기존의 규칙들은 은행이나 금융 회사들만 관리할 뿐 고객에 대한 배려는 거의 없다. 일반 소비재의 경우 소비제품안전위원회가 있듯이 금융상품안전위원회를 설치 운용해 불량품을 퇴출시키자는 주장도 갈수록 힘을 얻고 있다.

금융 기관에 대한 감독 및 규제 권한을 SEC에서 Fed로 넘기려는 구상 역시 주목할 만한 변화다. SEC는 금융 기관의 유동성이나 지불 능력을 감시 규제할 능력이 없고, 개별 투자자 보호를 넘어 시장 전체의 광범위한 이해를 지켜 내는 데는 한계가 있다. '마지막 돈줄'을 쥔 Fed에게 규제의 권한을 강화해 주는 것이 논리적이고 효율적이라는 얘기다.

투자은행들의 거래 내역 공개 범위를 확대하고 위험부담이 높은 거래 행위에 자기자본 요건 강화와 함께 높은 수수료를 물리는 방안도 추진되고 있다. 이와 함께 인수합병을 통한 금융 회사의 대형화, 공룡화가 내일의 비즈니스 모델로 계속 유효할지에 관한 문제 제기도 고개를 든다.

미국발 금융 위기는 세계 금융 시장의 구도를 근저에서 흔들어 놓고 있다. 세계 제1의 경제 대국, 최대의 금융 시장, 각종 이노베이션<sup>기술혁신</sup> 1번지로서의 미국의 위상은 변함이 없겠지만 새로운 시장의 주역들, 새 금융 파워들의 영향력이 커지면서 금융 시장 또한 다원화, 다자간 구도로 재편이 불가피해졌기 때문이다.

금융 시장의 구조 개편 조짐은 오래전부터 있어 왔다. 세계 금융자산은 1980년에 12조 달러로 그해 세계 전체 명목 국내총생산<sup>GDP</sup>과 엇비슷했다. 2007년 세계 금융자산은 195조 달러로 추정됐다. 2007년 세계 GDP 55조 달러의 3.5배다. 글로벌 자본시장이 그만큼 급성장, 심화됐음을 의미한다.

금융자산의 구성도 크게 달라졌다. 1980년 금융자산의 80퍼센트 이상은 금융 기관의 예금이었다. 지금은 예금은 30퍼센트 미만이고, 주식과 민간 및 정부 채무증권이 주류를 이루고 있다. 게다가 이들은 국경을 넘어 서로 얽혀 있다. 국채는 3분의 1이, 주식 지분은 4분의 1이, 민간 채무증권은 5분의 1이 발행된 나라의 바깥 외국인들이 소유하고 있다.

시장의 주역들도 연기금 보험은 물론이고 헤지펀드, 사모펀드, 각국 중앙은행의 국부펀드, 정부 투자 공사, 정부 관리 기업 등 민관 또는 그 혼합형으로 다양화되고 있다.

여기에 유럽과 중국, 오일 달러의 중동과 러시아, 아시아 무역 흑자국들이 새로운 금융 파워로 부상하면서 구조 재편은 더욱 탄력을 받고 있다. 시장의 구성과 주역들, 그리고 그 파워와 돈줄이 다변화하는 상황에서 글로벌 금융 시장의 게임의 규칙 또한 재정립이 불가피하다.

지금까지 가장 큰 돈줄은 중동, 특히 걸프만 연안 석유 부국GCC 6개국이었다. 고유가에 따른 막대한 오일 머니는 미국과 유럽에 대한 투자로 곧 환류되었고 한때 미국 경상적자의 25퍼센트를 이들 오일 머니가 메워 주었다.

지금은 사정이 달라졌다. 오일 머니를 그들 자신의 국내 개발과 중국, 인도, 아프리카 등에 대한 전략적 투자로 방향을 돌렸다. 세계 수준의 첨단 도시 건설과 초일류 인재 유치는 물론이고 16억 무슬림을 위한 '이슬람 금융' 규모를 2010년까지 1조 달러로 키워 세계 금융 시스템의 한 허브를 노리고 있다.

제2의 경제 대국 일본의 금융 그룹들이 공격적으로 미국 투자은행 인수에 뛰어든 것도 예사롭지가 않다. 풍부한 유동성과 자금력으로 선진 금융의 노하우와 인력과 고객 네트워크를 물려받아 금융 강국으로 부상하겠다는 의지가 읽히기 때문이다. 막강한 제조업에 강한 금융 산업이 날개를 단다면 일본의 태양은 또다시 떠오를 수밖에 없다.

중국의 경우 돈은 있지만 아직 경험과 실력이 모자라고 '잠재적 적대국'으로 미국의 견제가 심해 속을 끓고 있는 실정이다. 그러잖아도 미국의 사모 펀드인 블랙스톤 투자로 중국 국부펀드의 손실이 눈덩이처럼 불어나고 있기 때문이다.

글로벌 금융 시스템은 국경을 넘어 자본을 조달하고, 위험을 분산시키고, 그를 통해 경제 성장을 촉진시키는 순기능이 훨씬 더 크다. 시장이 심화될수록 예측 불가능성이 높고 투명성이 흐려지는 폐단이 있고, 이를 남용 또는 오용하고 감독을 소홀히 한 데서 글로벌 금융 위기가 빚어졌다. 그렇다고 이제 와서 '금융 규제 대국'이나 경제 민족주의로 복귀한다면 이야말로 시대의 난센스다. 합리적이고 신뢰성 있는 글로벌 룰을 확립해 자유시장 시스템이 다자주의 틀 속에서 잘 작동되도록 새로운 장치를 마련하는 일이 중요하다. 리스크 관리를 효율화하고 규제의 틀과 규제 기관의 업그레이드도 물론 포함된다.

이번 기회에 IMF의 목적도 지금의 통화 관리 위주에서 금융 거래의 투명성 강화와 신용 평가 기관의 활동 감시, 글로벌 금융 기관의 건전성 관리 쪽으로 재정립해야 한다는 주장도 설득력 있게 들린다. 독립적 투자은행은 간판을 내려도 투자은행업은 없어지지 않고 새로운 형태로 계속 업그레이드되기 마련이다. 세계 금융 시장의 구도 개편은 금융 선진화를 통해 금융 강국으로 발돋움하려는 국가들에게는 좌절이 아닌 일대 기회인 셈이다.

# 3부
# 요동 치는 한국

한국은 대단한 역동성과 강력한 기술과 세계적인 산업 경쟁력을
갖고 있습니다. 이 위기가 한국에는 좋은 기회가 될 것입니다.
힘내십시오. 나는 한국 경제의 팬이자 찬양자입니다.

—제프리 삭스

# 1 너무 출렁인다

높은 대외 개방도와 수출 위주의 성장 전략 때문에 바깥의 경제 불안은 고스란히 우리에게 밀려오기 마련이다. 문제는 이러한 대외 불안이 국내의 잠재적 불안 요인과 맞물리면서 이런저런 위기설로 증폭되고 그 중심에는 항상 정부 당국에 대한 시장의 불신이 도사려 있다는 점이다. 정부의 오판과 졸속 대응이 위기를 키우고 해외 언론들의 한국 불신을 불러 시장의 신뢰를 떨어뜨리는 과정이 반복된다. 게다가 한국의 외환시장은 수출 의존 경제를 뒷받침하기에는 규모가 너무 작아 외국인들이 우르르 주식 매각 자금을 바꿔 나가도, 수출 업체들이 수출 달러를 즉각 내다 팔지 않아도 금세 출렁인다. 여기에 기업과 개인들의 가수요와 달러 사재기 등 한국적 패닉과 쏠림 현상이 한몫한다. 더구나 원화가 국제화되어 있지 않아 국제적 신용경색 때마다 외화 유동성 위기는 숙명처럼 따라다닌다.

## 다섯 가지 미스터리

글로벌 금융 폭풍의 회오리 속에 한국 경제라는 배가 유독 심하게 출렁이고 있다. 한국은 국내총생산 규모가 세계 13위, 외환보유액은 세계 6위의 거선巨船이다. 그럼에도 여타 신흥국보다 신용도가 낮고, 주가와 원화 가치가 냉탕과 온탕을 오가며 널뛰기를 일삼다니 이게 어찌 된 일인가?

주가 폭락은 세계적인 현상이라 해도 환율, 특히 원-달러 환율변동성은 51개국 가운데 아이슬란드의 크로나화에 이어 두 번째로 컸던 것으로 조사됐다. 2008년 중 원-달러 환율은 최고 38.9퍼센트가 올라 IMF에 구제금융을 신청한 헝가리보다도 더 높았다.

1997년 외환 위기를 겪고 난 후 한국 금융 시장의 변동성은 날로 확대돼 왔다. 미국 주식시장의 변동성이 우리 시장에 미치는 영향력은 1997년에 비해 다섯 배나 커졌다.

IMF가 조사한 상관관계지수는 1990-1996년에 0.12에서 2000-2007년에 0.59로 높아져 호주와 홍콩, 싱가포르에 이어 네 번째다. 호주가 영어권 선진국이고, 홍콩과 싱가포르가 도시국가임을 감안하면 변동성의 영향은 사실상 한국이 최고다. 금융 개방과 글로벌화로 방파제가 없어지면서 외국 자본의 들락거림이 가장 자유로운 나라 가운데 하나가 됐기 때문이다.

출렁거림이 불가피하다면 외국 자본의 밀물과 썰물이 불러오는 파고와 격랑 속에 능숙한 파도타기의 힘과 기술을 갖추는 것이 우리의 살 길이다. 폭풍과 거센 파고를 이겨 나가려면 배가 튼튼해야 하고, 선원과 승객들의 체질이 단련되어야 하고, 선장의 판단력과 리더십이 필수적이다. 아무리 배가 튼실해도 선장이 우왕좌왕해 패닉으로 쏠림 현상이 일면 배는 기울어져 난

파 또는 좌초되거나 침몰될 수도 있다.

우선 배의 구조에 관한 문제다. 금융의 흐름이 갑자기 끊길 경우 한국은 아시아에서 가장 타격이 큰 국가로 지목되어 왔다. 해외 차입 의존도가 너무 높고, 금융 기관의 예금에 대한 대출 비율은 130퍼센트로 아시아 최고 수준이다. 게다가 2008년 들어 경상수지 적자가 100억 달러 이상 누적되고 있는 데다 자산 시장 침체와 집값 하락 우려까지 겹치고 있기 때문이다.

외환보유고 대비 외부 유동성 공급 및 유동자산 비율도 아시아 10개국 중에서 1, 2위로 외부의 달러 경색에 가장 취약한 구조다. 한국의 은행들이 단기 외채를 끌어다 부동산담보대출로 덩치 키우기 경쟁을 벌이고, 예대업무보다는 펀드, 보험, 파생상품 판매로 수익 올리기에 열중해 온 결과다. 외환보유고 또한 90퍼센트를 해외 증권으로 갖고 있어 필요할 때 이를 제 값 받고 매각하는 것도 쉽지는 않다.

게다가 한국의 외환시장은 수출 의존 경제를 뒷받침하기에는 규모가 너무 작고 발달이 덜 된 상태다. 은행과 자산 운용사들이 기본적 무역 금융 뒷바라지에만 1400-1500억 달러는 항상 갖고 있어야 한다. 외국인들이 우르르 주식 매각 자금을 바꿔 나가도, 수출 업체들이 수출 달러를 즉각 내다 팔지 않아도 외환시장은 금방 출렁인다.

여기에 기업과 개인들의 가수요와 달러 사재기 등 한국적 패닉과 쏠림 현상이 한몫 한다. 더구나 원화가 국제화되어 있지 못해서 국제적 신용경색 때마다 외화 유동성 위기는 숙명처럼 따라다닌다. 미국과의 통화스와프로 2009년 10월 말까지 한국은행의 시장 개입 능력은 300억 달러 숨 돌릴 틈이 생겼지만 이는 근본적인 문제 해결과는 거리가 멀다.

국제 금융 시장은 루머와 불길한 예언이 난무하고 조금의 빈틈만 보여도 투기 세력이 이를 위기로 부추긴다. '개방 소국'의 비애다. 이럴 때일수록 선장의 리더십이 중요하다. "IMF 때와 다르다."라고 했다가 "IMF 때보다 더 어려울 수도 있다."는 식의 우왕좌왕은 패닉과 투기 세력의 준동을 부를 뿐이다. 대통령도, 경제 사령탑도 10년 전 경제 패러다임에 젖은 인사들이 주류다. 아날로그적 감각과 발상으로 오늘의 글로벌 금융 시장의 생리와 역동성에 대처하기는 어렵다. 브라질, 멕시코, 싱가포르와 함께 얻어낸 통화스와프 한도를 마치 한국이 미국 당국과 외교를 잘해서, 한미 동맹 덕택에 혼자서 따낸 것처럼 생색을 내는 우리 당국자의 의식 수준도 한심스럽다.

아무리 세계 금융 위기의 여파라고는 하지만 출렁대는 한국 경제의 배를 탄 선원들 눈에도 이해할 수 없는 일들이 많이 벌어진다. 한국 경제의 다섯 가지 미스터리로 불리기도 한다.

첫째, 시중 통화량은 많은데 돈은 없다고 도처에서 아우성이다. 2008년 8월까지만 해도 한국은행은 추가 물가 상승을 우려해 금리를 올려 유동성을 흡수해야 할 정도였다. 그런데도 국내 은행들은 유동성이 부족하다며 한은에 손을 벌렸다. 기업들의 자금 사정도 좋지 않기는 마찬가지였다. 이런 '풍요 속 빈곤' 현상은 돈이 돌지 않고 있기 때문이다. 예금은행의 요구불예금 회전율도, 통화 유통 속도도 크게 낮아졌다. 글로벌 금융 위기의 여파로 금융 기관들끼리 서로 믿지 못해 돈을 빌려주지 않는 데다 채권 발행도 여의치 않아졌기 때문이다.

둘째, 외환보유액은 든든한데도 유독 원화만 약세다. 이는 한국에서 빠져나가는 외화 규모가 상대적으로 많아 달러가 부족하기 때문이다. 외국인의 주식 투자 자금이 빠져나가는 데다 무역수지마저 적자로 돌아섰기 때문이다. 나중에 받을 달러를 미리 당겨 파는 수출 기업의 선물환 순매도 규모를 감안하면 실제 달러 부족 규모는 상당할 것으로 추정된다.

실제 현물환 거래량은 700-800억 달러 수준인데 2000억 달러가 넘는 외환보유고로 환율 급등을 왜 막지 못하는가? 대규모 달러 매도 개입에 나선다면 환율을 떨어뜨릴 수는 있다. 그러나 이는 자칫 '밑 빠진 독에 물 붓기' 식이 되고 이 과정에서 환투기 세력을 불러들일 위험도 있다. 만약 당국의 방어선이 뚫렸다는 인식이 형성되면 시장은 패닉 상태에 빠질 위험도 크다. 한은이 적극 개입하는 데 필요한 '실탄'을 어느 정도 확보하고 있는가도 미스터리에 속한다.

셋째, 한국의 신용도는 타이나 말레이시아보다 못한 것으로 평가되고 있다. 국제 금융 시장에서 한 국가의 대외 신인도는 신용부도스와프CDS 프리미엄으로 비교가 된다. CDS는 채권이 부도가 났을 때 손실을 보상해 주는 계약으로 프리미엄이 높을수록 부도 위험이 높은 것으로 간주된다. 정부가 발행하는 5년 만기 국채의 CDS 프리미엄과 외국환평형채권의 가산금리가 그 척도가 되는데 이 프리미엄이나 가산금리가 타이나 말레이시아보다 1퍼센트 포인트 이상 높게 형성되고 있기 때문이다. 대외의존도가 높아 그만큼 외풍에 잘 흔들리고 타격도 많이 받을 것이라는 바깥의 우려가 근저에 깔려 있다.

특히 CDS는 장외거래여서 거래량을 정확히 파악하기 힘들고, 실제 채권을 갖지 않고서도 부도 위험만큼 사고 팔기 때문에 적은 금액으로 큰 베팅도 가능하다. 어느 기업, 어느 나라의 부도 가능성을 놓고 투기 수단으로 활용되면서 해당 기업, 해당 국가에 대한 불안을 증폭시키고 주가 및 채권의 폭락도 불러온다. 이처럼 한국이 실제보다 훨씬 더 불안하고 위험한 나라로 비치고 있다는 점이 또 하나의 미스터리다.

넷째, 한국은행이 기준금리를 내려도 시중금리는 거꾸로 오른다. 한은이 기준금리를 내리면 양도성예금증서CD 금리도 내려가고 CD와 연동한 주택담보대출 금리도 내려가게 돼 있다. 그러나 CD와 은행채 금리는 도리어 치솟거나 거듭된 기준금리 인하 폭만큼 좀체 내려가지 않고 있다. CD와 은행채를 사려는 매수세가 실종됐기 때문이다. 은행에 대한 신용 위험이 커진 데다 증권사 등 기관 투자가들의 자금 사정이 나빠지면서 매수는커녕 보유하고 있는 은행채마저 내다 파는 상황이다. 사려는 세력이 없어 채권 값은 내려가고 금리는 높아진다.

은행채 금리가 오르면 같은 신용도와 만기를 가진 CD 금리도 덩달아 오른다. 한은의 기준금리 인하에도 불구하고 은행들은 가산금리를 속속 올려 주택담보대출에 따른 가계의 이자 부담은 좀처럼 경감되지 않고 있다.

다섯째, 외국인들의 주식시장 이탈이 가장 심한 곳이 하필이면 한국이냐는 것도 큰 미스터리다. 유동성을 확보하기 위한 차원도 있지만 한국에 대한 투자 위험을 의식해 원화 자산을 팔아 치우는 인상도 짙다.

키코KIKO 등 파생상품 투자 손실로 인한 중소 수출 기업과 은행의 동반 부실 우려, 또 복잡한 파생상품의 속성상 부실 규모가 얼마인지 알 수 없는 점 등 시장 심리를 위축시키는 요소들이 있긴 하지만 이것은 한국만의 현상은 아니다. 그럼에도 유독 한국을 위험하다고 보는 까닭은 무엇인가?


## 쓰나미의 파급 경로


글로벌 금융 위기는 자금시장과 외환시장, 주식시장 그리고 대외 거래 등 네 가지 경로를 통해 국내 실물경제로 파급된다.

우선 자금시장에서 금융 기관의 외화 유동성이 급속하게 나빠진다. 국내 은행이 외국으로부터 빌려 온 외화 자금은 2006년 이후 급격히 늘어 2008년 6월 말 현재 누계가 1274억 달러에 달했다. 이 가운데 만기 1년 이내의 단기 차입금이 660억 달러로 2005년 말에 비해 두 배로 증가했다. 9월 15일 리먼 파산 보호 신청 이후 외화 자금 시장이 급속도로 얼어붙으면서 차입금의 만기 연장이 어려워진 것이다.

만기 연장 비율은 8월 말까지만 해도 거의 100퍼센트였으나 9월 중순 이후 50퍼센트 이하로 크게 줄었다. 국내 은행의 외화 유동성이 갑자기 나빠지면서 국내 기업에 대한 수출 금융 지원 등 일상적 금융 지원마저 제약을 받게 됐다.

더구나 국제 신용 평가 회사인 S&P와 무디스 등은 외화 차입금 만기 연장의 어려움 등을 이유로 국내 은행의 신용 등급 전망을 하향 조정했다. 이 때문에 국내 은행의 외화 차입금 만기 연장은 더욱 어려워졌다. 정부가 10월 19일 은행의 대외 채무를 전액 지급 보장하겠다고 나선 것은 이런 배경 때문이다.

해외 유력 언론들이 한국의 단기 부채와 은행의 외화 차입 관련 외화 유동성 문제를 제기하고 국제 금융 시장이 이를 확대 재생산한 것이 결과적으로 차입 여건을 더욱 악화시켰다. 2006년 이후 조선사 및 해외 펀드의 환위험 헤지 수요에 대응하는 과정에서 단기 외화 차입을 크게 늘렸던 국내 은행들이 만기 연장 및 차환借換이 되지 않을 것에 대비해 달러 확보에 나선 것이 유동성 부족설로 확산됐다. 이 때문에 국내 은행의 CDS 프리미엄이 올라가고 이것이 다시 외화 유동성을 악화시키는 악순환을 빚었다.

은행들의 외화 유동성 악화는 곧 원화 유동성 경색으로 이어지고, 이는 기업 자금난으로 바로 전이된다. 국내 은행들의 원화 예금은 주식형펀드의 열풍으로 증가세가 크게 둔화된 반면 원화 대출금은 2006년 이후 계속 늘어나면서 대출이 예금을 크게 웃돌았다.

은행들은 대출 재원을 마련하기 위해 CD<sup>양도성예금증서</sup>나 은행채 발행을 늘려 왔는데 2007년에만 은행채 45조 원, CD 32조 8000억 원을 순발행했다. 최근 은행들의 외화 유동성과 수익성 악화를 우려한 투자자들이 신규 매수를 주저하면서 만기 연장에 대한 불확실성도 높아지고 있다. 또 시중 유동성이 은행으로 회귀하면서 증권사, 자산운용사 등의 유동성이 나빠지고 카드 채권, 할부금융 채권 등의 발행도 어려워져 제2 금융권 전반의 유동성 위험도 높아지고 있다. 은행 및 제2 금융권의 유동성 위험 확대는 기업으로 바로 전이돼 대출 심사 강화 등으로 특히 중소기업 대출이 위축되고 회사채 및 CP<sup>기업어음</sup> 발행도 어렵게 만든다.

두 번째 경로는 외환시장에서 원화 가치가 급락하고 그 변동성이 널을 뛴다. 원화 가치는 글로벌 금융 태풍의 직접 영향권에 있던 유로화와 파운드화 등 주요국 통화보다 하락폭과 변동성이 두 배 가까이 높았다. 외국인 투자자들이 유동성 확보 차원에서 주식을 순매도하고 한국 시장에서 대거 이탈했다. 경상수지 적자가 지속되는 가운데 해외 차입이 어려워지자 달러 부족 현상이 심화되고, 달러 위주의 국내 외환시장의 특성 때문에 달러가 조금만 부족해도 원/달러 환율이 급등하는 상황이 빚어진다. 환율 급등, 즉 원화 가치의 급락은 수입 물가 상승과 내수 기업의 채산성 악화 그리고 기업의 외채 원리금 상환 부담의 증가로 이어진다.

환율 상승 국면에서 투기 세력이 끼어들기도 한다. 투기 세력이 대량으로 원화를 조달해 달러를 사들이고, 국내 경제 주체들도 덩달아 달러 사들이기에 나서거나 수출 업체들이 달러를 쥐고 내놓지 않으면 달러는 급속히 부족해진다. 그러나 외국인의 원화 자금 조달이 현재 엄격히 제한돼 있어 본격적인 투기 공격은 쉽지가 않다. 수출 기업이 환율이 더 오르기를 기대하며 달러를 움켜쥐고 팔지 않고 버티는 것을 투기로 몰아세우는 것은 무리다.

세 번째 경로는 주식시장에서 주가 급락 및 변동성 확대다. 주식시장이 개방된 1992년 이후 외국인들은 국내 주식을 순매수하면서 국내 상장주식의 외국인 보유 비중은 2004년 말 최고 42퍼센트를 기록했다. 2005년 이후 이익 실현을 위해 국내 주식을 매도하면서 보유 비중이 점차 낮아지던 중 서브프라임 사태가 터졌다. 이들이 국내 증시를 빠져나가면서 외국인 보유 비중은 27퍼센트 수준까지 급락했다.

외국인의 대규모 매도에도 불구하고 2008년 상반기까지는 국내 투자자의 주식 투자가 활발해 이를 메워 주었다. 또 외국인 투자자들이 국내 주식을 매도하면서 상장채권을 다투어 사들였기 때문에 주식 순매도에 따른 미 달러화 유출을 상쇄할 수가 있었다.

그러나 금융 위기가 확산된 2008년 하반기부터 상황이 급변했다. 주식 순매도와 함께 채권 투자 자금도 이탈하기 시작한 것이다. 2008년 7월부터 10월까지 넉 달 동안 주식 순매도가 19조 2000억 원, 채권 투자액은 11조 4000억 원이 줄었다. 특히 헤지펀드를 포함한 외국인 투자자의 공매도 급증이 국내 증시의 변동성을 확대시켰다. 공매도를 위한 주식 대차거래의 93.3퍼센트를 외국인 투자자가 차지할 정도다.

2006년 이후 주식 투자 인구가 늘어나고, 개인 금융자산 중 주식 및 채권 비중도 높아져 주가 하락이 소비 및 기업 심리 위축 등 실물경제에 미치는 파급 효과도 날로 커지고 있다.

2008년 한국 증시의 연간 하락폭은 마이너스 40.73퍼센트로 러시아[-72.7퍼센트], 중국[-65.39퍼센트], 인도[-52.45퍼센트], 대만[-46.03퍼센트]보다는 잘 버틴 것으로 나타났다. 연기금과 보험사 등 장기 투자 기관들이 외국인의 매도 물량을 받아내며 증시의 안전판 역할을 한 결과다.

넷째, 글로벌 금융 위기로 세계 경기가 둔화되면서 수출 증가세가 둔화되고 수출의 경제 성장 기여도가 하락한다. 국내 은행의 외화 유동성 악화로 수출환어음 인수 위축 등 수출 금융이 어려워지면서 수출 경기가 나빠진다. 외화 유동성 관리를 위해 은행들이 중견 기업에 대한 무역 금융을 거부하는 사례가 빈발한다. 정부가 수출입은행을 통해 외화를 공급하는 조치를 취했지만 그 규모는 턱없이 부족하다. 세계 경기에 대한 한국의 수출 탄력성[6.29]은 원/달러 환율에 대한 탄력성[0.55]을 크게 능가한다. 세계 경기가 나빠지면 한국의 수출은 그만큼 크게 타격을 받는다는 의미다.

자금시장 경색과 금리 상승은 가계 및 부동산 금융의 부실화를 낳고 원화 가치 급락은 물가 상승과 내수 기업의 채산성 악화로 이어진다. 주가 하락은 소비 및 기업 심리를 위축시키고 세계 경기 침체는 수출의 경제 성장 기여도를 떨어뜨린다. 이들이 복합적으로 얽혀 소비와 투자 수출을 둔화시키며 고용과 성장 침체로 다가오고 있다.

2008년 9월 이후에는 신용 위기가 '신뢰 위기'로 전이되면서 가산금리가 사상 최고치로 오르는 등 국제 금융 시장에서 한국의 신용 위험도가 더욱 높아졌다. '채권시장발 9월 위기설', '제2 외환 위기설' 등 위기설이 그치지 않는 가운데 한국 경제를 바라보는 해외의 시각도 부정적으로 바뀌어 간 것이다.

## 관재(官災)가 키운 '신뢰 적자'

바깥의 경제 불안은 한국 경제의 높은 대외 개방도와 수출 위주의 성장 전략 때문에 고스란히 우리에게 밀려오기 마련이다. 문제는 이러한 대외 불안이 국내의 잠재적 불안 요인과 맞물리면서 온갖 위기설로 증폭되고, 그 중심에는 항상 정부 당국에 대한 시장의 불신이 도사려 있다는 점이다. 정부의 오판과 졸속 대응이 위기를 키우고, 해외 언론들의 한국 불신을 불러 시장의 신뢰를 떨어뜨리는 과정이 반복된다.

1997년 IMF 외환 위기 때가 그랬다. 당시 정부 고위 당국자들은 한국 경제의 "펀더멘털은 튼튼하다."라고 공언하면서도 비밀리에 캉드쉬 IMF 총재와 접촉했다. 11월 5일 블룸버그 통신이 "한국의 외환보유고는 150억 달러밖에 안 되고 외채 1100억 달러 중 800억 달러가 연내로 만기가 된다."고 보도했지만 정부는 외신의 악의적인 보도라고 몰아붙였다. 그러나 국제 금융 시장은 한국 정부의 말보다는 블룸버그를 더 신뢰했다. 11월 말 가용 외환보유고는 72억 달러에 불과했던 것으로 나중에 확인됐다.

이명박 정부는 2009년 2월 출범 직후 위험 관리보다는 '747'로 상징되는 성장 위주의 공격적 정책들을 쏟아내기 시작했다. 환율과 주가 전망에 대한 정책 당국자의 부적절한 언급들이 시장을 실망시키고 일관성 없는 정책의 좌충우돌이 시장의 불신을 불러왔다.

기획재정부의 장차관이 "수출을 늘리고 경상수지 적자를 줄이려면 환율이 올라야 한다."며 공공연히 상승을 부추겼다. "일자리를 잃는 게 좋으냐, 물가가 약간 더 오르는 게 좋으냐는 선택의 문제"라며 국민을 압박하는 듯한 모습도 보였다.

환율이 줄기차게 오르면서 정부가 원하던 효과보다 부작용이 더 크게 나타나자 원자재 값 급등에 따른 서민 생활의 어려움 해소가 먼저라며 고환율 정책의 수정을 내비쳤다. 환율 상승을 유도하다 태도를 180도 바꿔 하락을 유도하고, 다시 환율 상승을 용인하는 듯한 근시안적 환율 정책은 합리적인 예측을 어렵게 해 시장과 경제에 혼란을 가중시킨 것이다.

정부의 환율 관리가 시장에 믿음을 주지 못하고 쏠림 현상과 불안 심리를 부채질하면서 패닉을 자초한 측면이 적지 않았다. 긴 안목 없이 수출 촉진이나 물가 관리 등 그때그때의 필요에 따라 환율 정책이 냉온탕을 오간다면 이야말로 정부가 만든 재앙, 곧 관재官災가 아닐 수 없다.

위기 상황에 관한 잦은 말 바꾸기도 시장에 혼란을 가중시켰다. 대통령이 "단언컨대 지금 한국에 외환 위기는 없다."라고 말했다가 며칠 후 "현재는 IMF 때보다 더 어려운 시기" 운운하기도 했다. 또 기획재정부 장관은 "외환보유고와 금융 회사들의 건전성을 고려하면 헤쳐 나갈 수 있을 것"이라고 말했다가 며칠 후 "경우에 따라서는 (외환 위기 때보다) 더 어려울 수도 있다."라고 말을 바꾸었다. 금융위원장은 블룸버그와의 인터뷰에서 "10년 전 외환 위기 당시보다 훨씬 준비가 잘돼 있다."라고 했다가 "현재의 금융 위기가 10년 전에 비해 파급 효과가 상당히 클 수도 있다."라고 말을 바꾸었다. 어느 쪽을 믿어야 할지 분간이 가지 않을 정도로 책임 당국자들이 오락가락 했다.

뿐만 아니라 타이밍을 놓친 정부의 늑장 대응이 금융 위기를 키웠다는 지적도 적잖게 제기됐다. 단기 외채 급증을 걱정해 달러 유입을 막아 보려던 정부가 갑자기 시장에 달러가 부족하다고 인식한 것은 2008년 7월부터였다. '달러 퍼내기'에서 '달러 끌어안기'로 외환 정책이 급반전한 것이다. 8월부터 달러 부족에 대한 우려들이 간간이 제기되면서 8월 13일자 《파이낸셜 타임스》의 한 칼럼은 「한국, 1997년으로 회귀」라는 제목 아래 한국 외채가 4000억 달러가 넘는 등 1997년 외환 위기 당시와 유사한 상황이라고 전했다. 이는 곧 금융 시장을 뒤흔들었던 '9월 위기설'로 비화됐다. 「한국에 검은 9월이 닥치고 있다」라는 9월 1일자 영국의 《타임스》가 불을 붙였다. 한국 경제가 문제가 없다는 것을 보여 주겠다.'며 뉴욕에서 외국환평형채권 10억 달러어치 발행 로드쇼에 나섰다가 포기하고 빈손으로 돌아오기도 했다. 호언장담만 안 했어도 실패의 충격은 훨씬 덜했으리라는 아쉬움도 남겼다. 《파이낸셜 타임스》의 10월 6일자 한 칼럼은 "잠자는 숲 속의 미녀가 오늘 서울에서 깨어난다면 자신이 11년 만에 잠에서 깨어났다는 사실을 알기나 할까?"라고 반문했다. 《이코노미스트》는 "외환 위기 제2 라운드"라는 표현을 썼다.

위기를 실제 이상으로 키우는 데는 정부와 중앙은행이 서로 다른 신호를 보내는 식의 정부 간 엇박자, 그리고 경제 정책의 컨트롤타워 부재도 큰 몫을 했다. 인터넷 등에서 떠도는 '괴담성 위기설'들이 정부 관계자의 입들을 통해 실체가 있는 위기처럼 현실화되기도 한다.

2009년 '3월 위기설'이 대표적이다. 일본계 자금이 3월에 일시에 빠져나가 외화 유동성 위기를 겪을 것이라는 3월 위기설은 한 인터넷 논객의 주장으로 무게가 실리지 않았다. 그러나 청와대 대통령실장이 "2월이 되면 대졸 실업자들이 쏟아지고 삼사 월이 되면 중소기업들이 부도 나 현 정부나 체제에 위협 세력이 될 수 있다."라고 말한 것으로 보도되면서 '심상치 않은 3월'이 부각됐다.

한 라디오 방송이 대통령실장의 위기설에 대해 한 경제 전문가에 질문하여 "3월 말은 일본 은행들이 결산하는 시점이기 때문에 위기 가능성이 높다."라는 답변을 얻어냈다. 다음 날 라디오 방송에 출연한 기획재정부차관이 "내년 3월 위기설은 걱정하지 않아도 된다."라며 '3월 위기설'이라는 말을 공식화했다. 정체 불명의 위기설이 정부 관계자-전문가-다시 정부 관계자로 핑퐁처럼 오가며 실체를 키워 가는 것이다.

시장의 불안 심리, 무책임한 언론, 위기설을 오히려 키우는 정부의 아마추어적 대응이 해소되고 시정되지 않는 한 위기설은 없어지지 않는다. 시장이 불안해하는 요인에 대해 신속하고 정확한 정보 제공이 이루어지고 부실 정리 등 불안 요소들을 해소해 위기설의 온상을 없애는 일이 중요하다.

해외 언론의 '부정적' 보도에 대한 정부 당국의 과민 반응은 자칫 부메랑을 불러오기 쉽다. 잘못된 정보나 데이터를 가지고 결과적으로 오보를 하거나 사실을 왜곡하는 경우에 대해서는 분명한 대응이 필요하다. 그러나 크고 작은 위기설과 위기 조짐을 모두 해외 언론 탓으로 돌리는 것은 '외국 언론 때리기'로 비칠 우려도 다분하다.

우리가 보는 우리 얼굴과 바깥에 비친 우리 얼굴은 다를 수도 있다. 한국 경제에 관한 요긴한 정보는 서울보다도 뉴욕이나 런던 등 국제 금융 시장에서 더 잘 알 수도 있다. 우리 자신은 밥 잘 먹고 잠 잘 자고 왕성하게 활동해 건강에 아무 이상 없다고 느끼지만 외국 투자가들과 분석가들은 우리의 혈압, 당, 심전도, 콜레스트롤 지수 등 좋지 않은 수치에 주목하게 된다.

글로벌 금융 시장은 위기를 먹고 살고, 누군가가 끊임없이 '불이야!'를 외쳐 대는 곳이다. 그중에는 잘못된 거짓 phony 경보도 적지 않다. 외국 언론과의 볼썽사나운 실랑이보다는 왜 이 시점에서 부정적 보도들이 꼬리를 무는지 우리 스스로를 되돌아보는 성숙함이 아쉽다. 금융 시장은 신뢰가 생명이다. 우리 경제의 실상과 정책 의도를 정확하게 알리고 이해시켜 시장의 신뢰를 쌓는 일은 우리의 책임이다.

평소 국가 홍보에는 소홀하다 외국 언론의 잘못된 보도에 발끈해 반박문을 내보내는 식의 대결적 자세로는 신뢰가 쌓일 수 없다. 대외 경제 관계에서 무역 적자나 자본수지 적자보다 몇 배 더 무서운 것이 '신뢰 적자trust deficit'라고 하지 않던가.

# 2 10년 전 악몽이 다시?

IMF 외환 위기로 거듭났다고는 하지만 한국의 은행들은 크게 달라진 것이 없고 외환 위기 직전 종금사들의 경영 난맥상을 다시 본다는 지적도 적지 않다. 은행들의 외화 채무에 대한 정부의 보증 조치에도 불구하고 외화 자금 사정은 본질적으로 나아진 것이 없고 건전성을 강화하느라 시중에 돈을 돌게 하기는 커녕 돈을 빨아들여 금융시장을 더욱 어렵게 만들고 있다. 외환보유고 규모만 따진다면 한국과 러시아, 브라질, 인도는 독일과 프랑스보다 안전해야 한다. 그러나 외환보유고는 양보다 질이 더 중요하다. 글로벌 단기 자본에 대한 의존도가 높고, 외국인 투자가 빠져나가기 쉬운 주식 부문에 편중된 구도 아래서 외환보유고를 많이 쌓아도 외환 위기설은 좀체 그치지 않는다. 시장이 정부를 신뢰하지 않는 데서 모든 문제가 빚어지고, 그런 점에서 한국에 외환 위기가 있다면 그것은 곧 대외 신뢰의 위기다.

## 은행들, 정말 괜찮을까?

"모 은행이 망한다는데 진짜인가요? 10년 전 외환 위기 때도 은행이 망해 피 같은 돈을 날렸는데 미리 빼내야 하는 것 아닌가요?" 국제 신용 평가 기관 무디스가 국내 4대 시중 은행의 재무 건전성을 부정적으로 하향 조정한 후 프라이빗뱅커[+] 들은 고객들로부터 이런 전화를 많이 받았다고 한다. 펀드 수익률이 곤두박질 친 데다 안전 자산이라고 믿었던 예·적금까지 날릴지도 모른다는 두려움이 짙게 깔려 있다.

1997년 외환 위기는 바로 은행의 위기였다. 마구잡이 기업 대출이 부실로 이어지면서 80조 원 넘는 공적자금을 수혈받아야 했다. 서울, 제일, 상업, 한일, 조흥 등 당시 5대 시중은행은 모두 간판을 잃었고 은행원들은 가혹한 구조조정의 대상이 되었다.

뼈를 깎는 시련을 견뎌 내고 탄탄해진 줄 알았던 은행들이 또다시 문제라니 신용 평가 기관들이 한국의 금융 산업을 얕잡아 보고 있는 것인가? 아니면 은행들이 정말로 위태롭다는 것인가? 2008년 9월 14일 리먼브라더스가 파산 신청을 한 이후 글로벌 금융 위기가 확산되면서 한국의 금융 시장은 외국인 투자자의 주식 투매 및 자금 유출 등으로 패닉에 빠졌다. 외화 및 원화 유동성이 급격히 경색되면서 제2의 외환 위기설이 제기되는 등 '공포의 10월'을 경험했다.[4]

이 금융 불안의 중심에는 은행들이 있었다. 특히 해외 유력 언론들이 한국의 단기 부채와 은행들의 외화 유동성 문제를 제기하고 이 유동성 부족에 대한 우려가 국내 은행의 차입 코스트인 CDS 프리미엄을 올리고, 이것

+ PB: 은행이 부유층을 대상으로 자산을 특별 관리해 주는 고객 서비스를 말한다.

이 다시 외화 유동성을 악화시키는 상황이 전개됐다.

무디스에 이어 10월 15일 S&P는 국민, 우리, 신한, 하나 등 네 개 시중은행에 외환은행, 우리금융지주, 신한카드 등 3개사를 추가한 일곱 개 금융사를 '부정적 관찰 대상'으로 지정했다.

재무 건전성 BFSR: Bank Financial Strength Ratings은 은행 자체의 내재적 안전 및 건전성 intrinsic safety and soundness을 따진다. 무디스는 한국의 은행들이 외화 자금을 단기 위주로 조달하는 점에 주목하고 글로벌 위기로 자금 조달 리스크가 높아지는 데다 국내외 경기침체로 자산 건전성도 악화될 수 있다는 점을 경고한 것이다.

이에 대해 우리 정부 당국은 "지나친 우려"라고 일관되게 강조했다. 사실 겉모양만 보면 별 문제가 없는 듯 보였다. 국내 은행의 BIS 국제 결제 은행 자기자본비율은 2008년 9월 말 현재 10.63퍼센트로 미국 대형 상업은행12.17퍼센트과 비교해 크게 뒤지지 않았다. 수익이 없는 여신 비율은 최근 3년간 1퍼센트 미만으로 미국 대형 상업은행이나 세계 30대 은행2퍼센트 내외에 비해 크게 낮은 수준이었다. 수익성 측면에서도 국내 일반 은행의 ROA 총자산에 대한 순이익률는 9월 말 기준 0.76퍼센트로 미국 대형 상업은행과 세계 30대 은행을 압도할 정도였다. 다만 저축은행들은 부동산 경기 침체로 PF 프로젝트 파이낸싱 대출 연체율이 높아지면서 건전성이 크게 악화되고 일부는 부실화도 우려되는 상황이었다.

건전성 및 수익성의 이런 겉모양과는 달리 실제 은행들은 자금 조달과 운용 면에서 몸살을 앓았다. 외화 자금 조달의 경우 일주일 이상의 중장기 채권은 거래가 끊기고 하루짜리 초단기 차입은 달러 1일짜리 콜금리가 11퍼센트까지 급등하기도 했다. 외화 조달의 어려움으로 외화 자금 운용의 미스

매칭 만기 구조의 불일치은 매우 심각한 상황이었다. 은행들의 외화 채무에 대한 정부의 보증 조치에도 불구하고 외화 자금 사정은 본질적으로 나아진 것이 없다.

게다가 원화 대출금 증가율이 예수금 증가율을 크게 웃돌면서 CD 양도성정기예금 및 은행채 비중이 높아지고 자금 부족에 쫓겨 10퍼센트 가까운 고금리로 은행채를 발행하는 사례도 나왔다. 무디스의 지적대로 시장은 은행들을 불안하게 보고 있는 것이다.

더구나 글로벌 금융 위기가 실물경제의 침체로 파급되면서 기업과 가계가 어려워지고 이는 은행의 3분기 수익성을 최악의 상태로 몰고 가면서 은행 건전성에 곧바로 영향을 주기 시작했다. 국민은행의 BIS 자기자본비율은 2분기에 12.45퍼센트에서 3분기에 9.76퍼센트로 주저앉았다. 신한은행은 12.5퍼센트에서 11.9퍼센트로, 외환은행은 11.56퍼센트에서 10.64퍼센트로, 기업은행은 10.49퍼센트에서 10/15퍼센트로 각각 떨어졌다. 고정 이하 여신 비율과 연체율도 최고 0.17퍼센트 포인트 상승했다. 은행 순익은 줄어든 반면 경기 둔화 여파로 중소기업 대출, 신용카드 대출, 부동산 PF 등에서 부실이 늘어났기 때문이다.

이런 상황들을 반영해 무디스는 10월 29일 SC제일은행의 재무 건전성 등급 전망을 '긍정적'에서 '안정적'으로 변경했고 11월 7일에는 외환은행에 대한 신용 등급 전망을 '안정적'에서 '부정적'으로 내렸다.

달러와 원화 부족으로 금융 시장에 패닉을 몰아왔던 은행권이 이제는 건전성 악화 우려로 자금 경색 해소에 발목을 잡는 상황이 빚어진 것이다. 건전성 악화를 막으려면 중소기업과 가계에 대한 대출을 억제하고 회수해야 하지만 이는 기업 부도와 가계 파산을 촉진시켜 다시 금융 기관 부실로 이어지는 악순환을 불러올 우려가 다분하다.

얼마 전까지만 해도 다투어 '글로벌 리딩 뱅크'가 되겠다고 자신하던 은행들이 어쩌다 이 지경이 됐는가? 단기적인 이익에 집착하여 예금 유치를 게을리 했고, 몸집 불리기에 집착한 나머지 빚을 내어 대출 확대 경쟁을 벌였기 때문이다. 2004년 이후 은행들은 본업인 예대업무보다는 펀드 판매에 열을 올렸고 쉽고 안전하게 이자를 받는 주택담보대출 경쟁을 벌였다. 2004년 말 169조 원이던 주택담보 대출은 232조 원으로 불어났다. 은행권의 예금 대비 대출 비율도 2006년 109퍼센트에서 2008년 9월 124.2퍼센트로 높아졌다.

2006년 이후 증시 활황으로 예금에서 펀드로 돈이 빠져나가자 예금 유출을 막기보다 수수료 수입을 챙기느라 펀드 판매에 주력했고 부족해진 자금을 은행채 발행으로 메웠다. 금융 허브가 되겠다면서 한가하게 수수료와 이자 따먹기에 매달렸던 것이다.

빚을 내 규모를 키운 대출이 외화와 원화 양쪽에서 이중의 자금난을 초래하자 은행들은 자금을 거두어들이느라 안간힘이다. 채권시장에서 은행채를 팔기가 힘들어지고 금리까지 연 8퍼센트 대로 치솟자 은행들은 만기가 돌아오는 은행채를 상환할 자금을 구하지 못해 한국은행에 은행채를 사달라고 지원을 요청했다. 동시에 연 7퍼센트 대의 고금리 예금 상품을 경쟁적으로 내놓으며 시중의 자금을 빨아들이고 있다. BIS 비율을 맞추기 위해 연체율이 높은 중소기업 대출을 대폭 줄이고 있는 것도 같은 맥락이다.

은행들이 시중에 돈이 돌게 하기는커녕 오히려 돈을 빨아들여 금융 시장을 어렵게 하는 블랙홀 노릇을 한다는 비난도 이 때문이다. 자금 유입이 없는데도 대출 성장률이 높았다는 것은 그만큼 리스크 관리에 소홀했다는 의

미다. 주택담보대출의 경우 90퍼센트 이상이 변동금리형이다. 당장은 고정금리형이 싸지만 시중금리가 오르면 고객들은 이자 부담을 고스란히 떠안아야 한다. 고객의 위험을 관리해 주기는커녕 고객과 시장에 이 부담을 떠넘기는 처사다. 싼 고정금리 대출 상품을 은행들이 만들 능력이 아직 부족하다는 전문가들의 지적도 있다. 외환 위기로 거듭났다고는 하지만 아직도 달라진 것이 없고 외환 위기 직전 종금사들에서 볼 수 있었던 경영 난맥상을 보고 있다는 지적도 적지 않다.

과감한 구조조정으로 부실의 요인을 제거하고 충분한 자본의 확충을 통해 은행 본래의 자금 중개 기능을 복원하는 일이 시급하다. 정부가 조성한 20조 원의 자본 확충 펀드는 은행 입장에서는 양날의 칼이다. 정부의 도움은 곧 경영권 간섭을 의미하기 때문이다. 그러나 자력에 의한 자본 확충은 신용 공급을 위축시켜 기업의 자금난을 더욱 가중시키고 있다. 은행 구조조정은 IMF 외환 위기 직후의 부실 금융 기관 정리가 처음이었다. 그 후 외환 위기에서 살아남은 한일, 상업, 신한, 조흥은행 간의 짝짓기 합병이 2차에 해당한다면 금융 지주사를 통한 대형화 및 겸업화가 이뤄지는 앞으로가 3차에 해당한다고 볼 수 있다.

외환은행의 재매각과 우리, 산업, 기업은행 등 정부 지분 소유 은행의 민영화 과정에서 자연스러운 구조조정이 가능할 것으로 예상된다. 그러나 금융 지주 차원의 M&A 가능성은 유보적이다. 주택 가격이 폭락하면서 현재보다 더 위험한 상황이 올 경우 은행권은 구조조정의 태풍에 휘말릴 수밖에 없다. 현재 시중 은행들의 주택담보대출 총 잔액은 229조 원, 평균 담보인정 비율LTV은 48.8퍼센트로 '안정적인 수준'이며 집값이 지금 가격에서 30퍼센트 이상 빠지지 않는 한 부실 가능성은 낮다는 평가도 있다. 집값이 30퍼센트 이상 떨어지지 않으면 무너질 은행이 없다는 얘기가 된다. 이걸 누가 보장할 수 있겠는가?

## 외환보유고의 진실

외환보유고는 얼마가 되어야 안전한가? 많을수록 좋다면 1000억 달러도 안 되는 주요 선진국들은 안전하지 않다는 얘기인가? 중국과 일본은 왜 '미련할 정도'로 조兆 달러 규모의 보유고를 쌓아 두고 있는가? 한국은 세계 7위의 외환 보유 대국(2012억 달러)이면서도 어찌하여 외환 위기설에 끊임없이 시달려야 하는가?

외환보유고의 적정 규모에 정설定說은 없다. 전통적으로 한 나라의 석 달 치 수입 대금이 IMF가 인정한 가이드라인으로 통용돼 왔다. 이 주먹구구식 기준은 대외 거래를 주로 무역 거래에 의존하던 시절에는 의미가 있었다. 국제 자본의 이동이 활발해지고, 핫머니로 불리는 국제 단기 자본들이 들어왔다가 갑자기 빠져나가는 사태가 잦아지면서 몇 달 치 수입 대금 결제 자금만으로는 완충 역할이 불가능해졌다. 1980년대 중남미, 1997-1998년 동아시아 외환 위기가 산 증거였다.

아르헨티나 재무차관을 지낸 파블로 기도티는 1999년 개발도상국들 G33 세미나에서 1년 내 만기가 돌아오는 대외채무 상환 수준의 보유고가 필요하다고 주장했다. '기도티 룰'로 불린다. 같은 해 앨런 그린스펀 전 연 FRB 의장은 기도티의 주장에 리스크 관리 개념을 연결시켜 단기 자본 유출 예상액에 버금가는 보유고를 확보함이 바람직하다고 주장했다. 둘을 합

192

쳐서 '기도티-그린스펀 룰'로 통한다.

지난 10여 년 동안 세계 전체의 외환보유고는 네 배로 격증했다. 중국과 사하라 남쪽 아프리카는 열 배 규모로 늘렸다. 외환 위기로 혼이 난 러시아와 아시아 국가들은 보유고 축적을 국가 지상 명제로 내걸었다. 선진국과 그저 그런 개발도상국들만이 예외였다.

선진국들의 보유고는 전통적으로 시장 개입용이다. 선진국의 주요 통화들은 국제적으로 널리 통용되고 시장에 개입할 일도 적어 사실 많은 보유고가 필요없다. 통화가치는 보유고의 많고 적음보다는 그 나라의 경제력과 대외 신인도에 더 많이 좌우되기 때문이다.

보유액 규모만 따진다면 러시아와 인도, 브라질, 한국이 캐나다, 독일, 프랑스보다 더 안전해야 한다. 러시아는 막대한 보유 외환에도 불구하고 은행들은 극심한 외화 기근에 시달리고 있다. 외환보유고는 양보다 질이 중요하다는 얘기다.

외환보유고 축적 동기가 보험용이나 무기용이냐는 논란도 새롭게 일고 있다. 중국이나 일본의 보유고는 보험의 용도를 훨씬 넘어선다. 위안화나 엔화의 절상을 막기 위한 무기용으로 의심도 받는다. 미국의 쌍둥이 적자를 중국과 일본의 흑자가 메워 주는 현실에서 미국에 대한 협상카드, 미·일 동맹의 전략 비용으로 간주되기도 한다. 유사시에 대비한 방어용 무기가 수출 가격 경쟁력을 위한 은밀한 공격 무기로 돌변하는 경우도 잦다.

외환보유고 증가가 그 나라 저축의 증가는 아니다. 시장의 개입으로 외화 매입 때 시장에 방출하는 자국 통화는 국가 채무다. 외환보유액이 늘어날수록 국가 채무도 늘어난다.

한국은 2000억 달러 넘는 외환보유고를 갖고서도 전전긍긍하고 있다. 많을수록 좋다는 미신에다 10년 전 외환 위기가 남긴 상흔 때문이다. '기도티-그린스펀 룰'에 견주면 2000억 달러는 단기 대외채무 상환용으로도 넉넉지 않다. 그러나 모든 단기 채무가 한꺼번에 빠져나가는 일은 가상이지 현실은 아니다. IMF 외환 위기 때도 만기 연장 비율은 32퍼센트였다.

2000억 달러 가운데 당장 현금화가 가능한 돈이 300-500억 달러밖에 안 된다는 이유로 '3월 위기설'도 돌아다닌다. 즉시 현금화할 수 있는 외환보유고를 가용 외환보유액으로 부른다. 이 금액을 두고 정부와 시장의 견해는 크게 엇갈린다. 정부는 2000억 달러 안팎이라고 주장하는 반면 시장에서는 300-500억 달러, 심지어 300억 달러 미만이라는 얘기도 들린다. 3월 결산기에 내수 부실로 외채를 갚지 못해 외환 위기가 닥친다는 불길한 전망이다. 2008년 '9월 위기설'이 해프닝으로 끝난 정황으로 미루어 큰 무게는 두지 않는다 해도 쓸 수 있는 외환보유고를 놓고 1500억 달러나 차이가 난다는 것은 예사로운 문제가 아니다.

영국계 신용 평가 기관인 피치Fitch는 2008년 11월 10일 한국의 신용 등급 전망을 '안정적'에서 '부정적'으로 낮추었다. 그 이유는 외환보유액과 관련된 두 가지 문제점 때문이다. 한국의 은행들이 해외 차입을 많이 했기 때문에 국제 금융 시장 사정이 나빠져 제대로 갚지 못하면 외환보유액과 재정에 큰 부담이 된다는 것이 하나였다. 한국 정부가 은행들의 외채 상환을 지원하고 외환시장에 개입하면서 외환보유액이 줄어들고 있다는 점이 다른 하나였다. 그러면서 앞으로 한국의 국가 신용 등급을 하향 조정할 가능성이 50퍼센트 이상이라는 말도 덧붙였다. 한마디로 한국의 외환보유고에 불안을 나타낸 것이다.

이에 대해 우리 정부는 피치의 은행 외채 우려는 지나치다고 유감을 표명

했다. 한국이 충분한 외환보유액을 갖고 있으며 정부가 은행의 해외 차입을 보증해 주었기 때문에 은행들이 외채를 갚지 못하는 사태는 오지 않을 것이라고 주장했다. 특히 한·미 통화스와프로 한국의 외화 유동성이 확충됐는데도 피치가 이를 문제 삼은 것은 근거가 빈약하다고 반박했다. 어느 쪽 말을 믿어야 할까?

외환보유액의 구성 내용은 국제 관례상 대외비로 어느 나라도 밝히지 않는다. 따라서 한은이 미국 국채를 정확히 얼마나 갖고 있느냐는 알 길이 없지만 외환보유액의 상당량이 미국 국채인 것으로 알려져 있다. 시장에서는 1800억 달러로 추산하기도 한다.

정부와 한은은 미국 국채는 즉시 현금화할 수 있기 때문에 유동자산이나 다름없다고 주장하는 반면 시장 관계자들은 생각처럼 쉽게 팔 수 있는 자산이 아니라고 본다. 미국 국채를 내다 팔면 채권 금리가 올라가고 미국의 부채 부담이 가중된다. 다른 나라들도 나서서 너도나도 팔기 시작하면 '빚더미 제국' 미국은 버틸 수가 없게 된다. 팔고 싶어도 함부로 팔지 못하는 현실을 강조한다. 그러나 한은은 미국 국채를 못 판다는 것은 말이 안 된다고 펄쩍 뛴다.

미국 국채 가운데 모기지 두 거인 페니메이와 프레디맥 보유 채권도 논란이 그치지 않고 있다. 한때 370억 달러어치로 알려졌으나 500억 달러 또는 그 이상이라는 얘기도 있다.

이 두 부실 업체는 현재 미국 정부가 잠정 관리 중이다. 한국은행 측은 정부 관리 아래 있는 만큼 안정적인 채권이라고 강조하지만 시장 관계자들은 매각해도 제 값을 받을 보장이 없다고 주장한다. 따라서 한은이 보유한 가용 외환을 300-400억 달러로 보고 여기에 한·미, 한·일 통화스와프로 확보한 600억 달러를 합치면 1000억 달러에 불과하다는 계산이다.

반면 시중 은행들의 유동 외채, 즉 단기 외채와 1년 안에 갚아야 할 장기 외채는 2271억 달러이며 이중 단기 외채는 1757억 달러라고 한다.

전광우 금융위원장은 2008년 9월 국회정무위원회에서 "외환보유액이 여유 있다고 말할 상황은 아니다."라고 말했었다. 그러나 한은은 2009년 들어 외환보유고가 2012억 달러라고 발표하고 전부가 가용외환으로 보면 된다고 거듭 강조했다. 미국 국채는 현재 제로 금리인데도 안전 자산으로 인식돼 사려는 사람이 많으며, 페니메이와 프레디맥 채권도 선순위채권이어서 언제든지 현금화가 가능하다고 강조했다.

전 세계적으로 금융자산 가격은 크게 하락했다. 이런 상황 속에서 한은의 보유 자산만 영향을 받지 않고 장부 가격을 그대로 유지하고 있다고 믿기는 어렵다. 유로화가 달러에 대해 가치가 떨어지면서 보유액 중 유로화 표시 자산도 얼마간 평가손이 불가피해 보인다.

한은의 해외 자산 구성은 외국 금융 시장이 더 잘 알고 있을 수도 있다. 외국 투자은행이나 기관투자가들 중에는 한은의 해외 투자 자문에 임했거나 중개 또는 위탁 운용을 위임받았을 수도 있기 때문이다. 서울보다 뉴욕과 런던의 금융 시장에서 한국을 어떻게 평가하느냐가 더 중요할 때가 자주 있다. 피치의 한국 신용 등급 전망 하향 조정도 이런 맥락에서 되씹어 볼 필요가 있다.

엄청난 폭의 환율 등락을 다시 겪다 보니 외환 위기 당시를 절로 떠올리게 되지만 한국의 외채 위기가 과장됐다는 반론도 설득력 있게 들린다.

첫째, 가용외환보유액의 개념이다. 1997년 외환 위기 때 총외환보유액은 204억 달러였다. 그러나 즉시 현금화가 가능한 가용외환보유액은 89억 달러에 불과했다. 당시에는 총외환보유액을 '가용외환보유액+해외 점포 예치금'으로 계산했는데 블룸버그가 이를 문제 삼아 한국의 외환보유고 통계가 잘못됐다고 뉴스를 내보내 일본 자금이 대거 회수되는 고통을 겪었다.

해외 점포 예치금은 비록 한국은행의 자산이기는 하지만 회수에 시간이 걸리기 때문에 당장 현금화가 곤란한 자산이다. 우리 정부는 1999년 8월 이후 총외환보유고 개념을 없애고 가용외환보유액 개념으로 일원화했고, 그 한 예로 외평채 기금에서 조달한 자금으로 한국투자공사를 통해 메릴린치에 투자한 20억 달러의 경우는 처음부터 외환보유액 산정에서 제외돼 있다는 것이다.

둘째, 단기 외채 규모와 외환보유고 간의 문제다. 총대외채무가 4198억 달러<sup>2008년 6월 말 현재</sup> 중 단기 외채가 1757억 달러, 장기가 2441억 달러다. 총대외채권이 4225억 달러여서 순채권이 거의 제로 상태에서 단기 채무가 부담스럽다는 지적이 제기된다. 처음에는 장기 외채였지만 시간이 지나서 만기가 1년 이하가 되어 버린 외채를 더하면 유동 외채가 되는데 이 유동 외채 규모가 2223억 달러여서 외환보유액이 모자란다는 얘기가 나오게 된다.

그러나 여기에는 채무로 분류되기는 하나 상환 부담이 없는 선박 수출 선수금이 509억 달러나 잡혀 있다. 배를 만들어 주기로 하고 먼저 받은 돈이다. 만들어 인도할 때까지는 부채로 분류되지만 이자도 내지 않고 운용도 마음대로 가능한 자산이나 다름없다.

또 하나 조선사들의 선물환계약에 따라 앞으로 받을 달러에 맞추어 미리 일으킨 상환 부담 없는 부채가 940억 달러에 달한다. 조선사들이 환헤지를 하면서 앞으로 들어올 달러를 미리 선물환매도 계약을 통해 은행에 매도한다. 은행은 만기 시점에 가서 조선사들이 넘기는 달러를 받고 원화를 지급하게 된다. 은행들은 미래에 받을 달러만큼 미리 부채로 당겨서 외환시장에 달러를 팔아 원화로 바꿔 놓는다. 따라서 달러 부채가 생기기는 하지만 이 부채는 조선사들로부터 받을 달러만큼으로 한정되기 때문에 큰 문제가 되지 않는다. 전체 대외 채무 가운데 이런저런 것을 제하면 외환보유고로 충분히 감당할 수 있는 수준이라는 것이다. 유동 외채를 외환보유액으로 나눈 '유동 외채 비율'은 2008년 말 현재 96.4퍼센트로 1999년의 89.3퍼센트 이후 가장 높은 수준이다. 이 비율이 100퍼센트를 넘으면 유동 외채가 외환보유액보다 많다는 뜻으로 그만큼 외채에 대한 지급 능력이 떨어짐을 나타낸다.

한은이 보유한 미국 국채는 쉽게 내다 팔기 어렵다. 미국이 통화스와프로 숨통을 터 준 것도 사실 이 때문이다. 또 글로벌 경기 불황의 여파로 선박 주문의 취소 사태도 전혀 배제할 수 없는 상황이다. 글로벌 단기 자본에 대한 높은 의존도, 그리고 빠져나가기 쉬운 주식 부문에 외국인 투자가 편중된 구도 아래서 보유고를 많이 쌓아도 외환 위기설은 숙명처럼 따라다닌다. 그럼에도 10년 전이나 지금이나 정부의 인식과 대응은 달라진 것이 없고 시장이 정부를 신뢰하지 않는 데서 모든 문제가 빚어진다. 한국 경제의 안전은 외환보유고의 규모보다 뉴욕과 런던의 금융 시장에서 한국이 어떻게 평가되느냐에 더 많이 좌우된다. 그런 점에서 한국에 외환 위기가 있다면 그것은 곧 대외 신뢰의 위기다.


## 은행도 정부도 몰랐던 KIKO 폭탄

파생상품은 양날의 칼이다. 적은 헤지 비용으로 위험을 제거할 수도 있지만 예상과는 반대로 가격이 크게 이탈하거나 레버리지가 높을 때에는 오히려 위험을 가중시킨다. 약이 될 수 있지만 독이 될 수도 있다.

중소 수출 업체들이 환율 변동에 따른 위험부담을 줄이기 위해 환헤지 통화옵션 상품 키코KIKO에 다투어 가입했다가 '날벼락'을 맞았다. 487개 수출 업체의 손실 추정액은 무려 4조 5000억 원, 정부가 4조 원의 신용보증 대책을 내놓을 정도로 피해는 엄청났다.

키코는 월 스트리트의 금융공학이 개발한 복잡한 구조의 투기성 파생상품이다. 그 위험성을 깨닫지 못하고 적은 비용으로 환헤지를 해 주는 고마운 상품처럼 인기리에 유통된 것이다. 키코를 판 시중 은행 직원들도, 키코에 가입한 기업들도 한결같이 '이럴 줄 몰랐다.'고 뒤늦게 가슴을 쳤다. 은행을 감독하는 금융 당국조차 키코는 당국의 사전 승인을 받고 허용되는 금융상품이 아니어서 그 위험성을 잘 몰랐다는 입장이다.

기업에 키코를 판 은행들을 두고 기획재정부장관이 나서서 "투기 세력보다 더 나쁜 세력은 지식을 악용해서 선량한 시장 참가자들을 오도하고 그것을 통해 돈을 버는 'S기꾼이다.'라고 말해 논란을 빚기도 했다. 한마디로 파생상품에 대한 무지가 빚은 어처구니없는 비극이다.

통화옵션의 변종인 키코는 '녹인 Knock In'과 '녹아웃 Knock Out'의 머리글자 네 개를 붙여 쓴 이름이다. '녹인'은 덫에 걸려드는 것, '녹아웃'은 게임의 끝, 즉 계약 관계 종료를 의미한다. 옵션의 매도와 매수가 결합한 복합 상품으로 이름부터가 투기성 게임을 암시한다.

환율이 떨어지면 보상받는 대신 환율이 오르면 보상해 주겠다는 약속을 한다. 이익의 가능성과 손실의 가능성을 동시에 열어 둔 계약이다. 이런 계약을 맺은 이유는 환율이 떨어질 것으로 보았기 때문이다. 떨어지면 보상을 받는 보험에 가입하면서, 보험료를 내지 않기 위해 오르면 손해를 보면서 보상해 주겠다는 조항을 넣은 것이다. 환율이 이렇게까지 오르리라고는 꿈에도 생각지 못했기에 가능했다.

어느 수출 업체가 수출 대금 1억 달러를 1년 뒤에 받는다고 가정해 보자. 1년 뒤 1억 달러를 받아 달러당 1,000원에 은행에 팔기로 약정을 맺으면 이것이 바로 선물환 매도다. 키코는 이보다 훨씬 더 복잡하다. 환율 변동의 범위를 상한선knock in barrier과 하한선knock out barrier으로 정해 놓고 환율이 계약 기간에 하한선 밑으로 내려가지 않는 한 상한선에 해당하는 환율로 달러화를 계약 금액만큼 팔 수 있게 하는 약정이다.

환율 상·하한을 900원에서 1,000원, 약정 환율 1,000원으로 1억 달러 키코 계약을 체결했다고 치자. 환율이 900원 아래원화 가치 상승로 내려가면 녹아웃돼 계약은 자동 종료된다.

이 경우 수출 업체는 원화 상승에 따른 환차손만 보게 된다. 반대로 환율이 상한보다 높은 1,100원이 됐을 경우 덫녹인에 걸려들어 달러당 100원씩 손해를 보게 된다.

이때 레버리지풋옵션 대 콜옵션 비율 때문에 보통 계약 금액의 두 배를 팔아야 한다는 단서 조항이 붙기 때문에 손해는 배로 불어난다. 이 경우 환율 상승원화 가치 하락으로 수출 대금에서 생기는 환차익 때문에 환 손실이 상쇄될 수도 있지만 일부 수출 업체들은 수출 금액을 초과해 계약을 체결하는 이른바 '오버 헤지'를 하는 사례가 적지 않아 큰 곤경에 빠지게 된다.

반면 환율이 범위 내인 950원이라면 달러당 50원씩 환차익을 누리게 된다. 키코에서는 양 당사자 모두 매도·매입 포지션을 동시에 취한다. 계약 시 은행은 '콜옵션 매입＋풋옵션 매도' 포지션을, 수출 업체는 그 반대인 '콜옵션 매도+풋옵션 매입' 포지션을 취한다. 환율이 하한선 아래로 내려가면 계약은 무효가 되고, 상하한 범위 내에 있을 때는 이익이 증가한다. 수출 업체의 풋옵션 매입 포지션 때문이다. 반면 환율이 상한선 이상으로 치솟을 경우 콜옵션 매도 포지션 때문에 비싼 달러를 시장가격보다 더 낮은 가격으로 팔아야 하므로 손실이 발생한다. 이때 은행은 콜옵션 매입 포지션이기 때문에 이익을 본다.

한국의 키코 사태에서 가장 문제가 된 부분은 덫에 걸린 상태에서 콜옵션 매도가 계약 금액의 배가 된다는 점이다. 계약 기간은 보통 1년, 환율이 상한선을 초과할 때마다 계약 금액의 두 배에 해당하는 달러를 팔도록 약정돼 있기 때문이다. 수출로 어렵게 번 영업 이익을 콜옵션에 의한 환차손으로 고스란히 은행에 갖다 바치는 것도 모자라 자본금까지 잠식당하는 기업들도 속출했다.

헤지 hedge는 원래 손실이나 위험에 대한 회피다. 그 개념 자체는 이익을 얻는 것이 아니라, 예상치 못한 손실을 피하기 위해 얻을 수도 있는 이익을 포기하는 것이다. 키코는 큰 위험성을 수반한다는 점에서 환헤지가 아닌 환베팅 betting에 가깝다. 그럼에도 파생상품에 문외한들인 중소 수출 업체들이 어쩌다 여기에 무더기로 걸려들었는가?

수출 중소 업체들은 그동안 환율이 줄곧 하락세를 견지하다 급등세를 보이자 환율이 이제 하락할 것으로 전망하고 신종 환헤지 상품에 눈을 돌렸다. 은행들 역시 환율 하락을 전망하면서 경쟁적 마케팅에 나섰다. 우선 수수료가 없다는 점을 앞세웠다. 수수료를 내고 환헤지를 하는 선물환 대신 수수료가 없는 키코에 수출 업체들이 솔깃했다. 앞으로 환율이 오르면 어떡하느냐는 업체들의 걱정에 올라도 금방 내릴 것이라는 안이한 판단을 했고,

신용 대출을 받은 쪽이 약자인지라 대출금 만기 연장을 조건으로 키코 가입을 종용한 것으로 드러났다.

보통 예금이나 펀드 등 불특정 다수인에게 판매되는 금융상품은 금융위원회의 승인을 받아야 한다. 은행 창구에서 일반 상품처럼 판매되고 은행 직원들의 권유까지 곁들이자, 많은 중소 업체들은 키코가 안전한 환헤지 상품으로 알고 가입했던 것으로 전해졌다. 키코는 금융위원회의 승인 없이 은행들이 외국 모델을 들여와 복사해 판매한 것으로 드러났다. 은행과 기업들이 일대일로 계약을 맺는 사적私的 거래 상품이고 장외 파생상품이어서 사전 승인 혹은 사후 보고 대상도 아니다. "키코는 숨겨진 문제였고 누구도 몰랐다."는 기획재정부장관의 국회 답변이 그저 놀라울 뿐이다.

키코 같은 파생상품은 전형적인 제로섬 게임이다. 한쪽에서 손실을 보면 상대 쪽은 이익을 보기 마련이다. 그러나 중소기업에 키코를 팔았던 은행들은 1퍼센트 미만의 마진 이외에 챙긴 이득이 거의 없다고 금융 감독 당국은 밝혔다. 중소 수출 업체들의 막대한 환차손은 누가 가져갔는가? 외국계 은행들과 헤지펀드들이 이익을 모두 가져간 것으로 파악되고 있다.

키코 계약을 맺은 국내 은행들이 외국 은행이나 헤지펀드들과 바로 환헤지 계약을 맺어 키코 리스크를 모두 이들에 넘겼기 때문이다. 환율 변동에 따른 위험을 최소화해야 하는 국내 은행들은 일정 수수료만 챙기고 높은 수익 기회와 손실 위험 양쪽 모두를 포기하고 이를 외국 은행이나 헤지펀드에 떠넘긴 것이다. 누구도 잘 알지도 못하는 파생상품을 들여와 외국 금융 회사들만 돈을 벌게 해 준 결과가 됐다.

키코 사태로 매출 6000억 원 대의 건실한 중소기업인 태산LCD는 수백억 원의 손실을 보고 부도 위기에 몰렸고, 하나은행은 태산LCD와 맺은

2500억 원 대의 키코 평가손을 모두 인정하고 회계에 반영하자 2008년 3분기에 700억 원 대의 적자를 기록했다. 8년 만에 첫 분기 적자였다.

파생상품은 선물옵션 등 거래소에서 거래되는 장내 파생상품과, 금융 기관과 투자자 간에 거래가 이뤄지는 장외 파생상품으로 나뉜다. 장외 파생상품은 키코 외에 주가연계펀드ELF, 주가연계증권ELS 등이 있다. 2000년대 초반 본격적인 증시 확장기를 맞아 이들 파생상품은 그 위험성이 투자자들에게 제대로 알려지지 않은 채 공룡처럼 불어났다. 시스템이 제대로 갖춰지지도 않고 작동도 하지 않으면서 몸집만 불어난 것이다. 2003년 3조 5000억 원이었던 ELS 시장은 26조 원 규모로 커졌고 ELF 설정액은 20조 원이 넘는다. 그러나 기업의 투자 담당자도 금융권 종사자들도 리스크 관리와 그 기법은 아직도 초보 상태다. 키코 사태를 투자자와 판매자 모두 파생상품 투자 문화를 재점검하는 계기로 삼아야 한다는 지적들이다.

키코 계약의 위험을 충분히 설명하지 않은 은행의 불완전 판매 행위에 금융 감독 당국과 법원이 사후에나마 제동을 건 것은 당연한 일이다. 하지만 환율 급등도 계약 해지 사유로 인정한 서울중앙지방법원의 2008년 12월 30일자 결정은 국내 파생상품 시장의 불안한 앞날을 예고했다.

파생상품은 현재 가격에 기초해 계약을 맺는 것인데 나중에 사정이 바뀌었다고 계약을 무효화하면 변동성을 먹고 사는 파생상품은 판매 자체가 어려워지기 때문이다. 판매한 국내 은행들이 외국계 은행들과 반대 계약을 맺은 상태여서 기업들의 손실을 대신 떠안을 가능성도 크다. 개발해서 시판한 신약이 부작용이 나왔다고 판매를 금지시킬 수는 없다. 은행과 키코 계약을 할 때 수출 업체들이 환위험을 알고 있었다면 단순한 헤지 목적이라고 보기도 어렵다. 수수료 때문에 선물환 대신 키코를 택했다면 이야말로 무모한 선택이다.

파생상품에 대한 무지 때문에 모두가 엄청난 수업료를 지불하고 있는 셈이다. 한국 등 아시아 국가들이 미국발 금융 위기에 따른 피해가 상대적으로 적은 것은 금융 파생상품 시장이 덜 발달돼 있기 때문이라는 분석도 나라 바깥에서 고개를 든다. 이를 다행으로 여겨야 할지, 불행으로 여겨야 할지 키코 사태를 보면 잘 판단이 가지 않는다.

## 한국 판 서브프라임 비상

미국발 금융 위기는 부동산발 금융 위기다. 한국 부동산 거품도 미국 못지않아 위기가 오지 않겠느냐는 항간의 우려에 대해 정부는 "우리는 미국과 다르다."라고 줄곧 강조해 왔다. 2006년 말부터 대출 규제를 강화해 온 덕분에 주택담보대출의 주택담보인정비율 LTV이 48.8퍼센트로 선진국들의 70-80퍼센트에 비하면 아주 양호하고, 총부채상환비율 DTI도 40퍼센트로 제한해 주택 관련 대출로 인한 부실화 가능성은 매우 낮다는 설명이었다.

그러나 서브프라임 부실 사태가 장기화하면서 불확실성이 증폭되자 금융 시장의 자금 조달 여건이 나빠지고 국내 부동산 투자 심리도 급격히 위축됐다. 미분양 물량이 급증하면서 중소 건설 업체들의 자금난이 가중되고 부도 업체의 수도 계속 늘어났다. 주택 가격 상승세도 2007년 1분기를 정점으로 내리막길로 접어들고 지방의 경우 지난 수년간 정체 상태를 보여 왔다. 극심한 거래 부진 속에 가격 폭락 조짐이 보이고 건설 회사들의 줄도산 우려가 현실화되면서 한국 판 서브프라임 비상이 걸리기 시작했다.

2006년 가을 '로또'로 불리며 청약 광풍이 일었던 판교 신도시는 한때 삼사억 원씩 웃돈이 붙기도 했지만 정작 입주가 임박하면서 분양가에도 살 사람이 없는 '애물단지'로 변했다. 2006년 집값 폭등을 주도했던 서울 잠실 지역 아파트 값은 최고가에 비해 40퍼센트 이상 폭락했다. 또 경매시장에서는 낙찰 금액이 대출 금액에도 미치지 못하는 '깡통' 아파트가 속출하면서 대출 은행들의 부실로 이어졌다. 미분양 아파트는 16만 가구를 넘어섰고 준공 후 미분양 아파트는 3만 5000호로 모두 사상 최고치를 기록했다. 대출 만기가 돌아와도 분양 대금이 들어오지 않고, 금융 경색으로 대출 연장이나 신규 대출이 거의 중단돼 건설 업계가 줄도산 위기에 몰린 것이다.

거래가 급감하자 가격이 폭락하고, 주택 건설 업체의 부도가 속출하면서 금융 회사와 가계가 동반 부실에 빠진다면 이는 미국 서브프라임 모기지 부실 사태와 너무도 흡사하다. 부동산 시장 대출 규모는 개인들이 집을 사면서 받은 주택담보대출 312조 원과 건설 사업장에 투입된 프로젝트 파이낸싱PF 100조 원, 그리고 건설 회사들의 일반 대출 100조 원이다.

이 부동산 금융 부실화의 핵심은 저축 은행의 PF 대출 수익성 및 건전성 악화에 있다. PF 대출은 앞으로 경기를 위협할 '뇌관'으로 지목되고 있다. 2007년 이후 미분양 주택이 늘고 신규 주택 건설이 위축되면서 부동산 PF 대출의 연체율은 2007년 말 11.6퍼센트에서 14.3퍼센트<sup>2008년 6월 말 현재</sup>로 크게 늘었고 일부 저축 은행들은 BIS 비율 등 건전성 지표가 크게 악화되면서 영업 정지 처분을 당했다.

PF는 부동산 개발 사업에서 분양 수익금 등 미래 수익을 기초로 자금을 조달하는 금융 기법이다. 부동산 등 담보가 필요 없고 은행은 사업의 수익성을 보고 돈을 빌려준다. 자기자본이 없는 영세 부동산 개발 업체들은 적은 돈과 낮은 신용으로 대출을 받아 대규모 사업을 추진할 수 있다. 대부분의 시행사들은 헤지펀드처럼 자기자본의 20-30배의 레버리지를 활용한다. 이때 시행사의 낮은 신용을 보강하기 위해 시공사인 건설 회사가 금융 기관에 지급보증과 채무 인수, 책임 분양 등 다양한 형태로 리스크를 떠안아 준다. 이런 채무는 시공사의 재무제표에 부채로 기록되지 않는다. 건설 회사는 일감을 따내서 좋고, 은행은 시공사의 보증을 받아 놓기 때문에 불안을 덜 수 있다.

부동산 PF 대출이 황금알을 낳는 거위로 인식되면서 증권사도 뛰어들었다. 부동산 개발 사업의 현금 흐름을 담보로 유동화증권인 PF 자산담보부증권ABS과 PF 자산담보부기업어음ABCP을 발행하는 방식으로 자금을 제공했다. 증권사는 스스로 이 증권들을 인수하기도 하고, 기관 투자가와 개인에 팔았다. 이렇게 조달한 자금을 부동산 개발 업체에 융통해 주고 이자와 수수료를 챙겼다. PF 방식의 유동화증권 발행 잔액은 17조 원, ABCP는 4조 5000억 원으로 급증했다. 이 누이 좋고 매부 좋은 PF 윈윈 공식은 주택 시장이 급속히 추락하면서 깨지기 시작했다. 아파트, 오피스텔, 상가 등을 팔아 들어오는 분양 수익금으로 대출금을 갚는 구조인데 아파트가 팔리지 않아 돈을 갚을 길이 없게 된 것이다. 글로벌 금융 위기까지 겹쳐 금융 기관은 기존 PF 대출의 만기 연장을 거부하거나 자금 회수에 나서자 상황은 더욱 악화됐다.

PF 대출은 미국의 서브프라임 모기지 부실과 세 가지 점에서 닮았다. 서브프라임 모기지가 신용불량자에게도 집값의 80-90퍼센트까지 대출해 준 것처럼 PF 대출도 대상 사업에 대한 철저한 수익성 검토 없이 진행된 경우가 많았다는 것이 첫째다.

서브프라임 사태에서 모기지 채권이 부채담보부증권CDO을 통해 유동화된 것과 마찬가지로 부동산 PF도 ABS나 ABCP 형태로 증권화돼 기관투자가나 개인에 팔렸다는 점이 둘째다. 미국의 주택 가격 급락이 서브프라임 사태를 촉발한 것처럼 한국도 집값 급락이 PF 대출 부실화와 연체율 증가를 불러오고 있는 점이 셋째다. 그러나 국내 주택담보대출 중 유동화 비율은 2퍼센트, 부동산 PF 대출의 유동화 비율은 15퍼센트에 불과하고, 채권 유동화도 단 1차에 그치고 있어 부실이 전방위로 확산될 가능성은 희박하다는 점이 다르다.

부동산 PF의 실패가 건설사 부도로 이어질 경우 해당 건설사가 채무 인수나 지급 보증을 했던 다른 프로젝트의 연쇄적인 부도로 전염될 가능성도 적지 않다. 부실을 떨어내는 방법으로 미분양 아파트를 헐값에 처분할 수도 있으나 이 경우 집값 하락을 부채질할 우려가 다분하다. 건설 회사들의 잇따른 자금 악화설은 이 PF 부실과 무관치 않다. 이미 스무 개 건설회사의 신용 등급이 하향 조정되고 5개 사는 등급 전망이 '부정적'으로 낮아졌다.

은행권을 중심으로 PF 대출 부도를 막기 위해 대주단 운영 협약에 따라 연체되는 PF 대출채권에 추가 대출을 해 주거나 만기를 연장해 주고 있다. 시중 은행이나 대형 저축은행들보다는 재무 건전성과 부실화에 따른 대응 능력이 취약한 중소형 저축은행들이 문제다.

금융자산 감소와 대출금리 상승으로 가계 대출의 부실화 가능성도 커지고 있다. LTV와 DTI 등의 엄격한 대출 규제와 약정 만기의 장기화 추세 등을 감안할 때 부실화 가능성은 크지 않은 것으로 판단된다지만 문제는 주택 시장 침체와 미분양 사태, 그에 따른 집값의 추가 하락 가능성이다. 특히 국내 주택담보대출 가운데 저低신용자신용 등급 7-10등급에 대한 대출 비율은

12-13퍼센트 수준으로 미국의 서브프라임 모기지 대출 비율 14퍼센트와 거의 비슷한 수준이다.

주택담보대출 연체율은 0.9퍼센트로 미국의 5퍼센트 수준에 비해 크게 낮지만 90일 이상 연체 채권 비중이 50-70퍼센트에 달해 미국 19.4퍼센트에 비해 월등히 높다. 이는 우리나라 주택담보대출이 일단 연체 상태에 진입하면 정상으로 회복되기가 훨씬 더 어렵다는 것을 의미한다.

한국의 주택 시장은 거품 붕괴의 시장 압력과 정부의 건설 및 부동산 경기 부양책이 힘겨운 싸움을 벌이는 형국이다. 정부가 미분양 물량 매입을 통해 인위적으로 집값을 떠받치기보다는 자산 시장에서 정상적으로 거래되도록 해 집값이 떨어지도록 하고 그를 통해 집값이 일정한 바닥을 찾고 유효 수요가 살아나도록 하는 것이 부동산 경기를 가장 빨리 활성화시키는 방법일 수도 있다.

인위적으로 가격을 떠받치면 거래가 형성되지 않아 부동산 시장의 침체는 길어질 뿐이다. 부실하고 무리한 경영을 해 온 건설 업체는 명확한 원칙과 기준에 따라 자연스레 퇴출을 유도하고, 고통스럽더라도 시장의 가격 조절 메커니즘에 따라 부동산 거품을 차제에 터뜨려 떨고 가는 것이 장기적이고 근원적인 해결책이자 진정한 구조조정이 될 수 있을 것이다.

# 3 반 토막 경제, 한국이 사는 길

세계 경제가 금융 위기 발생 이전의 성장률 연 5퍼센트 수준으로 돌아가려면 최소한 5년은 걸린다는 예측들이 나돈다. 한국은 이 어려운 시기를 수출 편중 경제 등 구조적 불균형을 바로잡아 지속적이고 안정적인 성장의 기반을 다지는 기회로 삼아야 한다. 위기일수록 기본에 더 충실하고 도약의 토대를 다지는 일은 사람을 아끼고 키우는 데서 출발해야 한다. 일자리 나누기로 고통을 분담하며 윈윈 방식의 구조조정으로 노사 대타협을 이루어 위기를 극복하고 코리아 디스카운트도 날려 버리는 기회로 삼아야 한다. 경제 규모와 국력에 걸맞게 국제 사회에서 제 목소리를 내고 이를 관철시킬 수 있는 협상력도 갖추어야 한다. 현재의 위기를 재도약의 기회로 삼으려면 국가 리더십부터 재정립해야 한다. 새 성장의 리더십, 소통의 리더십, 그리고 가진 것의 많고 적음과 관계없이 국민 모두를 행복하게 만드는 신뢰와 행복의 리더십이 절실하다.

## 5년은 각오하자

글로벌 금융 위기가 실물경제의 동반 침체를 불러오면서 2008년 한국 경제를 송두리째 '반 토막' 냈다. 주식과 펀드는 물론이고 부동산, 자동차와 조선 등 업종을 가릴 것 없이 짧게는 한두 달 전, 길게는 일이 년 전에 비해 시장 규모가 절반으로 줄어들었다.

4분기 주요 기업들의 순이익도 50퍼센트 이상 감소하고 코스피 지수는 1년 만에 40.73퍼센트가 폭락했다. '주가지수 2000 시대'를 열었던 2007년 10월 31일의 종가 2,064.85에 비하면 거의 반 토막이다. 선진국 펀드와 원자재 펀드는 평균 50퍼센트에서 80퍼센트까지 폭락했다.

부동산은 버블 세븐 지역에 급매물이 속출하면서 최고점 대비 호가가 절반 가까이 빠져 집값 반 토막 시대를 열었다. 그나마도 거래는 빈사 상태다.

경제 성장률 목표도 반 토막 났다. 생산, 소비, 투자가 모두 뒷걸음질 치면서 2009년은 반 토막은 고사하고 마이너스 성장을 향해 주저앉고 있다. 1997년 IMF 외환 위기에 이은 또 하나의 'IMF I'm falling'이다.

1997년 외환 위기를 겪은 이후 한국 경제는 몰라보게 달라졌다. 외환보유고는 2000억 달러 넘게 쌓았고 기업들은 부채비율을 100퍼센트까지 낮추었다. 은행들의 건전성은 크게 우려될 정도가 아니었고, 한때 미국 경제와 탈동조화 de-coupling를 거론할 정도로 자생력을 갖춘 것으로 평가받았다. 그럼에도 바깥의 충격이 한국을 비껴가기는커녕 되레 증폭되는 까닭은 무엇인가?

글로벌 금융 위기와 직결된 문제로 글로벌 단기 자본 의존도가 지나치게 높다는 점이 첫째다. 2008년 금융 시장 혼란의 핵심은 외국인 자금의 대거 이탈, 소위 '셀 코리아sell Korea'였다. 한국의 자본시장 개방 정도는 OECD 30개국 가운데 27위2007년 말 현재로 아직 갈 길이 멀어 보이지만 외국인 투자가 가장 회수하기 쉬운 주식 투자에 편중돼 있는 점이 문제다. 전체 외국인 투자 중 주식 투자의 비중은 39퍼센트로 30개국 중 3위, 채권 투자를 포함한 증권 투자의 비중은 55.7퍼센트로 6위를 점하고 있다.

2008년 금융 위기의 와중에 외국인 투자자들의 주식 순매도는 340억 달러12월 12일 기준로 일본, 인도, 대만 등을 포함한 아시아 7개국 중 최대를 기록했다. 규제가 상대적으로 적어 현금화가 쉬운 국내 주식을 집중적으로 팔아치운 결과다.

더구나 한국 외환시장이 원/달러 간 거래가 98퍼센트를 차지할 정도로 달러 편중이 심해 달러화의 조그만 수급 변동에도 환율이 급등락하는 구조적인 취약점을 안고 있다. 외국인 주식 매도 → 주가 하락 → 환율 상승의 악순환이다. 여기에 해외 단기 자금에 지나치게 의존하는 국내 금융 기관들의 채무 구조가 구조적 불안 요인으로 가세한다.

둘째는 실물경제 위기와 관련된 문제로 수출 의존도가 지나치게 높다는 점이다. 대외 충격의 여파가 그대로 경제 전체로 확산될 수밖에 없다. 글로벌 신용경색이 기본적인 무역 신용까지 옥죄며 산업 생산과 그에 따른 무역의 흐름까지 끊어 놓고 있다. 2008년 9-11월 석 달 동안 제조업 생산은 미국이 연율로 16퍼센트, 일본 21퍼센트, 독일 15퍼센트가 각각 떨어졌다. 신흥국들은 이보다 더 떨어져 한국은 연율로 25퍼센트였다. 성장에 대한 수출기여도는 내수의 근 두 배에 가깝다. 또 OECD 산업 생산 성장률이 1퍼센트 하락하면 한국의 수출은 5.22퍼센트가 감소한다는 연구 보고도 있다.

2008년 4분기10-12월 실질 국내총생산GDP은 전년 같은 기간에 비해 3.4퍼센트 감소했다. 한국의 성장 기관차가 후진하고 있다는 첫 경고등이 켜진 것이다. 한국 경제가 마이너스 성장으로 뒷걸음질 친 것은 1960년대 경제 개발 이후 단 두 번이었다. 2차 오일 쇼크의 영향으로 1980년에 마이너스 1.5퍼센트가 첫 번째였다. 그러나 이듬해부터 툴툴 털고 일어섰다. 그리고 1998년 국가 부도 사태를 맞은 IMF 외환 위기 때는 마이너스 6.9퍼센트였다. 당시는 한국과 태국 등 동아시아 몇 개 국들만이 위기를 겪었을 뿐 선진국 경기는 그런대로 괜찮았었다. 구조조정의 고통 속에서도 수출 활황과 낮은 원화 가치를 이용해 무역 흑자를 늘려 남들보다 쉽게 극복했다. 그러나 지금은 사정이 딴판이다.

선진국은 물론 신흥국과 개발도상국 등 모든 나라가 함께 어렵다. 세계 경제 전체도 빠른 회복을 기대하기도 어려운 상황이다. 게다가 한국의 성장 엔진마저 저성장 기조가 고착화돼 획기적인 돌파구가 없는 한 더 이상의 고성장을 기대하기가 어렵다.

1997년 국가 부도 사태 이후 일련의 구조조정으로 외환 위기는 조기에 수습했지만 영미식 시스템의 무리한 도입으로 기업가정신 등 한국 특유의 강점은 시들해졌다. '국민의 정부' 재임 기간 1998-2002 중 연평균 4.4퍼센트의 경제 성장을 달성했으나 대외 여건의 호조와 무리한 내수 부양에 따른 결과라는 평가가 일반적이다. 2000년까지는 IT 중심의 미국 신경제 New Economy 호황이 한국 경제의 성장을 뒷받침했다. 2001년 IT 거품 붕괴에 따른 세계 경제 침체로 수출이 어려워지자 2002년 신용카드 발급 기준 완화와 현금서비스 대출 한도 폐지 등 내수 경기를 인위적으로 부양하려다 카드 거품만 키웠다.

참여정부는 저금리와 유동성 과잉을 바탕으로 세계 경제가 호황 국면에 들어선 상태에서 출범했으나 출범 첫해인 2003년 카드 거품 붕괴에 따른 신용 대란으로 민간 소비가 마이너스 1.2퍼센트로 돌아서면서 실질 경제 성장률은 2002년의 7.9퍼센트에서 3.1퍼센트로 급락했다. 대외 여건에 힘입어 2007년까지 연평균 4.4퍼센트의 경제 성장을 이루었지만 내수 부진으로 저성장 기조가 굳어진 상태에서 이명박 정부가 출범한 것이다.

한국의 잠재성장률은 5퍼센트 내외로 평가되고 있으나 외환 위기 이후 10년간 실제 경제 성장률은 4퍼센트 대에 머물러 왔다. 노동력과 기술력 등 생산 자원을 효율적으로 활용하지 못하고 있다는 의미다. 기업들의 보수적 경영과 규제 지속 등으로 우선 투자가 부진하다. 경제가 장기적으로 안정적 성장을 하려면 경제성장률이 1퍼센트 증가할 때 설비투자는 1.5퍼센트 정도 증가해야 한다고 한다. 2001년부터 2007년간 연평균 설비투자 증가율은 3.0퍼센트로 경제성장률 4.7퍼센트을 크게 밑돌았다. 기존 설비 확장과 유지 보수에 치중할 뿐 기업들은 인원 감축과 부채비율 축소, 주가 관리 등 '기업 지키기'에 급급해 온 결과다.

민간의 소비 여력을 의미하는 개인 총가처분소득은 연평균 1.8퍼센트 증가에 그쳤다. 준조세와 사교육비, 대학 등록금 등 공교육에 대한 민간 지출 부담 등이 소비 증대를 가로막고 있다. 금융 및 실물자산의 가치 상승에도 불구하고 자산의 부富 효과가 취약해 소비 증대에 기여하지 못하고 주식 등 자산시장의 변동성이 너무 커 실물경제의 불안을 증폭시키고 이것이 다시 소비 심리에 찬물을 끼얹는 요인으로 작용하고 있다.

1인당 국민소득은 2007년 환율 급락으로 2만 달러를 넘어섰다가 2008년 환율 급등에 따른 17퍼센트 이상의 마이너스 요인으로 다시 1만 달러 대로 뒷걸음쳤다. 1인당 국민소득이 1만 달러에서 2만 달러로 점프하는 과정에서 연평균 설비투자 증가율이 일본 8.8퍼센트, 싱가포르 10.8퍼센트였던 점을 감안하면 한국의 연평균 3퍼센트 대는 턱없이 모자라는 수준이다.

2001년 신경제 IT 거품이 꺼진 지 어언 10년이 가까워 오지만 미국의 나스닥 주가지수도, IT 산업도 거품 붕괴 이전의 수준으로 복원되지 않고 있다. 글로벌 금융 위기로 반 토막 난 세계 경제와 한국 경제가 위기 이전의 수준으로 복원되기가 쉽지 않고 상당한 기간과 인내가 필요하다는 것을 시사한다.

더구나 글로벌 경제 위기는 지금도 진행 중이다. 금융 위기가 신용에서 비롯됐지만 경기가 하락 국면에 들어가면서 부실채권이 드러날 수밖에 없고 이것이 금융 기관의 수익률을 악화시켜 '나머지 절반의 위기'를 불러올 가능성이 매우 높다. 글로벌 금융 위기가 최악의 상황을 넘기기는커녕 '최악의 사태가 남아 있으며 글로벌 경기침체는 이제부터가 시작'이라는 비관론도 드세다. 경기 하락세는 급했지만 회복세는 아주 완만해 금융 위기 발생 이전의 세계 경제 성장률 5퍼센트 수준으로 돌아가려면 최소한 5년은 걸릴 것으로 모건스탠리의 스티븐 로치 아시아 회장은 전망했다. 글로벌 경제에 의존도가 높은 한국은 그만큼 불확실성이 더 높다. 외환 위기 때보다 더 어려운 상황이다.

돈을 풀고 재정을 통한 경기 부양 대책으로 쉽게 접근할 경우 부동산과 신용 거품을 유발할 위험이 크다. 이왕 위기가 닥친 마당에 이를 계기로 수출 편중 경제 등 구조적 불균형을 바로잡아 장기적으로 지속적이고 안정적인 경제 성장의 기반을 다지는 기회로 삼아야 한다.

지지부진하고 일관성과 일체성을 결여한 개혁 때문에 우리 사회에는 개혁 피로증이 만연했고 유동성 장세에 들떠 경제의 기초 체력을 돌보지 않아 성장 잠재력 확충에 실패했다.

형평성을 이유로 성장 기업에 사회가 발목을 잡았고 돈은 넘치는데 갈 곳이 없어 무슨 나쁜 피가 가는 곳마다 열병을 일으키듯 거품을 불러왔다. 선진국 클럽인 OECD에 가입은 했지만 복지 분야 지표 등 삶의 질은 최하위권이고 교통사고와 자살률, 노동 시간, 비정규직 비율은 선두권이다.

고도성장보다 '행복한 성장'을 위한 새 동력과 한국적 모델을 창출할 수 있는 새로운 기회다. 도요타 자동차의 쵸오 후지오(張富士夫) 회장은 위기야말로 '개선(改善)'의 기회라고 강조했다. 2008년 미국의 GM을 누르고 자동차 판매 대수 세계 1위로 올라섰지만 글로벌 경제 위기로 북미 지역의 판매가 급감하고 엔화 가치 급등으로 영업이익이 1938년 이래 첫 적자를 기록하는 위기를 맞고 있다. 개선은 단순한 원가 절감이 아니라, 보다 간편하고 보다 안전하고 보다 좋은 품질을 향한 도요타의 핵심 가치다. 아무리 위기라 해도 중장기적으로 보면 시장은 언젠가 되살아나기 마련이며 그때 선두로 치고 나가기 위해서는 지금 무엇을 어떻게 준비하느냐에 승패가 달려 있다고 했다.

불황기에는 기업 순위의 부침이 심해 준비 여하에 따라 작고 탄탄한 기업이 거대 기업을 넘어설 수도 있다. 부동산과 주식 등 자산 거품과 분에 넘치는 고소비 등 우리 생활 주변의 거품도 차제에 걷어내야 한다. 준비된 자만이 위기를 이용하여 강자로 발돋움하는 기회로 만들 수 있다. 우리 모두 5년은 각오하자.

## 기본을 더 다지자

2009년 글로벌 경제의 키워드는 생존을 위한 구조조정이다. 차입 비율을 줄이고, 부실 자산을 털어내고, 산업 재편을 본격화해 글로벌 경쟁력을 확보하지 않으면 살아남을 수가 없다.

위기일수록 기본에 더 충실해 새로운 도약의 바닥을 탄탄히 다지는 '다시 기본으로 돌아가자 Back to Basics Again'가 불황 극복의 구호로 되살아나고 있다.

특히 글로벌 기업들이 생존에 급급해 비상 경영 체제에 돌입하고 있는 지금이야말로 한국 기업에는 새로운 도약을 위한 절호의 기회가 될 수도 있다. 다가올 불확실성에 면밀히 대비하면서 미래 도약을 위한 숨고르기와 체력 비축에 역량을 집중시킬 때다.

과거 IMF 외환 위기 때는 한국 기업들의 역량이 모자라 수동적이고 단기적인 구조조정에 그쳐 아쉬움을 남겼었다. 일부 전통 제조업과 IT 산업에서 주도적 위치를 확보하고 있는 지금은 자신감을 갖고 전략적 구조조정을 추진할 저력과 인내력을 갖고 있다. 위기의식을 기반으로 비효율과 중복 낭비 요소를 제거하고 불황에 따른 산업 트렌드나 고객 니즈 needs 경쟁 구조의 변화를 선제적으로 파악해 불황 이후를 대비하는 슬기를 발휘해야 한다. 세계 각국이 경쟁적으로 추진 중인 경기 부양책의 초점이 어디에 있는지, 관련 사업 기회는 어떤 것인지를 지속적으로 살필 필요가 있다.

글로벌 불황 속에서도 신흥시장은 비록 성장률이 낮기는 해도 계속 성장은 할 것으로 전망돼 오히려 불황기의 핵심 승부처가 될 가능성도 높다. 글로벌 기업들 역시 투자 여력이 한정돼 신흥시장에 선별적인 투자가 예상된다.《월 스트리트 저널》은 2009년의 신흥시장으로 BRICs 브라질·러시아·인도·중국에서 브라질과 러시아를 빼고 한국을 추가한 ICK 인도·중국·한국를 주목하고 있지 않은가.

대한민국의 경제 성장 60년 역사는 불리한 여건을 기회로 활용해 온 역사라 해도 과언은 아니다. 1970-1980년대 정부의 강력한 중화학공업 육성 정책은 과잉 중복 투자 인플레 등의 문제점에도 불구하고 한국 경제 고도 성장의 원동력이 됐다. 1970년대의 과감한 투자와 1980년대 중후반 3저 저금리·저유가·저환율의 호기를 살려 철강, 석유화학, 자동차, 전기, 전자 부문에서 최고 수준의 경쟁력을 보유하게 됐다.

규모의 경제가 필수적인 중화학공업 육성은 본격적 대기업 성장의 계기로 작용했고 대기업에 대한 정책적 지원으로 이 분야에 진출한 포스코, 현대중공업, 삼성전자, 현대차 같은 21세기 대표적인 글로벌 기업들을 탄생시켰다.

조립과 모방 단계에 머물렀던 반도체 산업은 기술 발전 경로가 예측 가능하고 범용 제품으로 대량 생산이 가능한 DRAM을 주력 품목으로 선택 집중함으로써 돌파구를 열었다. 우수한 인재를 확보하여 육성하고 과감한 연구개발 및 설비투자로 64K, 256K, 1메가 DRAM을 연이어 개발해 세계 1위로 등극했다. 이 성공이 TFT-LCD, 휴대폰, 그리고 휴대 인터넷 서비스 등의 세계 최초 상용화로 이어지면서 IT 강국으로 도약했다. 최첨단 분야라도 열심히 하면 세계 1위를 할 수 있고 기술 자립도 가능하다는 자신감을 우리에게 심어 준 산업의 쾌거였다.

수출도 가격 경쟁력에 의존하던 과거와는 달리 제품 차별화와 신개념 선박, 중급 기술 제품 시장, 현지 밀착 등 다양한 시장 공략 전략을 구사해 증

한국 경제 성장률 추이(단위: %) 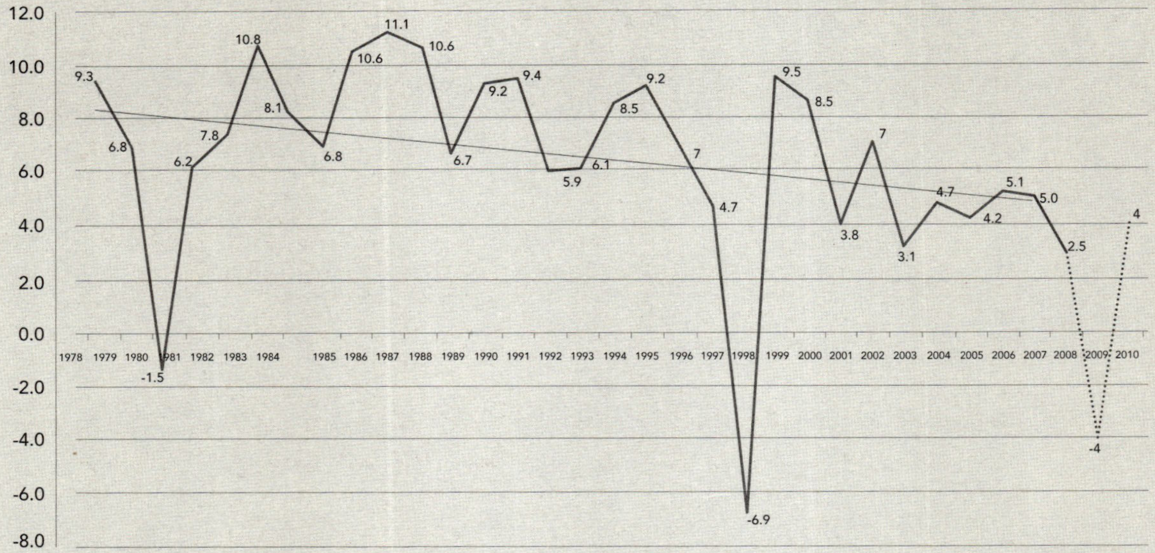
12.0
10.0
8.0
6.0
4.0
2.0
0.0
-2.0
-4.0
-6.0
-8.0
1978 1979 1980 1981 1982 1983 1984 1985 1986 1987 1988 1989 1990 1991 1992 1993 1994 1995 1996 1997 1998 1999 2000 2001 2002 2003 2004 2005 2006 2007 2008 2009 2010
9.3
6.8
-1.5
6.2
7.8
10.8
8.1
6.8
10.6
11.1
10.6
6.7
9.2
9.4
5.9
6.1
8.5
9.2
7
4.7
-6.9
9.5
8.5
3.8
7
3.1
4.7
4.2
5.1
5.0
2.5
-4
4
자료: 한국은행

가세를 견지해 왔다. 반도체와 LCD는 규모의 경제와 질적 우위를 바탕으로 한 시장 지배력을 통해, 조선과 플랜트는 축적된 노하우와 기술력으로 다양한 고객의 필요를 충족시키면서, 또 건설 및 공작 기계는 현지 상황에 맞는 제품과 서비스로 차별화를 통해 수출을 주도해 왔다.

그러나 글로벌 금융 위기가 실물경제를 동반 침체로 끌어내리면서 자동차, 가전, 휴대폰, 반도체, 디스플레이, 석유화학, 조선, 건설 등 업종과 규모를 가리지 않고 성장과 주문이 곤두박질치는 비상 상황이 전개되고 있다. 성장률이 마이너스로 뒷걸음질 치면서 통상 환경이 악화되고 경쟁이 격화되고 있다. 건설과 조선 분야는 주문 급감에다 버블과 과잉 투자로 2중고를 겪고 있고, 메모리 반도체 업계는 상대가 항복하고 쓰러질 때까지 출혈 경쟁을 벌이는 생존 게임을 2년 전부터 계속 진행 중이다. 대만과 독일 정부가 자국 기업에 대한 대대적 지원을 검토할 정도로 싸움이 치열하다. 사오 년을 주기로 호·불황을 거듭하며 승자만이 독식하는 불안한 산업 구도다. 초고속 인터넷이 국가의 기본 인프라로 각국이 다투어 보급을 늘리면서 인프라 우위의 IT 경쟁력도 약화 일로다. IT 분야의 강점을 경쟁력 강화의 지렛대로 활용하는 전략이 절실하지만 글로벌화의 부진으로 '디지털 한국'은 스스로 한계에 부닥치고 있다.

'포스트 교토의정서 체제'가 매듭 지어지면서 녹색 시장 선점을 위한 각국 간 경쟁도 치열해지고 있다. 또 한 단계의 큰 점프가 필요한데 몇몇 전통 제조업과 IT 산업 중심의 제한적 산업 구조로는 불가능하다는 데 한국의 고민이 있다.

한국이 뛰어넘어야 할 장벽으로 네 가지가 지적된다. 첫째가 기술 장벽이다. 원천 기술이 없어 미국과 일본을 따라잡지 못하면서 중국의 가격 경쟁력에 번번이 밀린다.

둘째가 이익 장벽이다. 단일 품목의 시장 지배력이 높아도 이익이 줄어든다. 대만 중견 업체들의 이익률이 더 높다.

셋째가 시장 지배 장벽이다. 막대한 투자로 규모의 경제를 추구하지 않고서는 경쟁력을 유지할 수 없다. 그런데 중국의 대규모 설비투자와 국가 자본 동원 능력을 감당할 수가 없다.

넷째가 첨단 산업 장벽이다. IT와 소프트웨어 서비스 산업의 축적된 지적 자산이나 브랜드력이 부족해 하청 구조에서 벗어나지 못하고 있다. 업종을 막론하고 핵심 부품은 일본에 의존한다.

금융과 환경, 에너지, 바이오 등 차세대 성장 주도 산업은 한국의 역량이 턱없이 부족하다. 지금까지의 학습과 모방 위주의 따라잡기 전략으로는 선진국 문턱을 넘어설 수가 없고 설사 넘어선다 해도 지속적 성장은 장담할 수 없다. 노동, 자본 등 요소 투입보다는 R&D 투자를 늘리고 효율성을 높여 혁신 주도형 경제로 옮아가야 한다. 그러기 위해서는 산업 구조를 다각화하고, 외국인 투자를 적극 유치하고, FTA <sup>자유무역협정</sup> 체결을 통한 대내외 개방을 통해 혁신의 자원과 역량을 보충해야 한다.

수출과 내수 간의 심각한 불균형 구조를 시정하기 위해서는 지식 기반 중심의 서비스 산업의 성장이 필수적이다. 무역 의존도 75퍼센트에 민간 소비는 전체 GDP의 49퍼센트에 불과해 바깥 수요에 과민한 경제 구조를 갖고 있다. 일자리 창출과 경제의 안정적 성장을 위한 해법으로 서비스 산업의 선진화가 강조되고 있지만 일반 자영업은 초과 공급에 따른 영세화로 고전하고 교육, 의료 등 고급 일자리를 창출할 수 있는 분야는 규제와 진입 장벽이 여전히 높다. 내수를 살리는 방안으로 중국과 일본 등 주변국 소비 인구를 끌어들여 한국 내에서 소비시키고 이를 바탕으로 주변국 시장으로 뻗어 나가는 '비욘드 코리아 Beyond Korea' 전략도 주목을 끈다.

서울과 부산의 피부과나 성형외과에 일본인 예약이 꼬리를 물고, 건강검진과 한방 치료를 받기 위한 '의료 관광객'이 2008년 한 해 2만 5000여 명이 한국을 다녀가는 등 가능성은 보인다. 이 역시 과거 제조업을 키울 때 못지않은 열성이 요구된다.

IMF 외환 위기 11년 만에 구조조정이란 말이 키워드로 다시 부활했다. 그러나 그 속도가 느려 터지고, 옥석 가리기 원칙이 실종됐으며, 부실 기업들이 자금 지원으로 연명하면서 출혈 경쟁을 유발해 정상적인 기업까지 부실화시키는 부작용을 낳고 있다.

과거의 구조조정은 기업의 과잉 부채와 금융 기관의 부실 채권을 정부가 공적자금을 통해 해소해 주는 데 그쳤다. 구조조정이 제대로 되려면 생존을 위해 항시적으로 해야 하는 기업 차원의 구조조정과 함께 산업 정책 차원에서 산업 전반에 대한 구조조정이 병행되어야 한다. 기업들의 내막을 잘 아는 채권은행들이 해당 기업들의 중장기 생존 가능성을 면밀히 분석해 과감한 퇴출 등 기업 구조조정을 주도함이 순리다. 그러나 이 과정에서 금융 기관들의 손실이 노출되고 이로 인한 금융 기관 책임자들의 책임 문제가 뒤따라 구조조정이 제대로 되지도, 될 수도 없는 현실이다. 조선업과 건설업 그리고 자동차도 문제가 발생한 원인은 과잉 투자에 있고 정부가 경기 부양을 위해 부추긴 측면도 적지 않다. 이들이 부실화될 경우 국민의 세금이 들어가기 때문에 정부가 상식과 사명감을 갖고 산업별로 경쟁의 강도와 퇴출의 비용을 고려하면서 구조조정 정책을 펼칠 수밖에 없다. 구조조정 과정에서 추가 실업자 증가로 경제가 더 어려워질 수 있으므로 모든 기업에 획일적으로 들이대는 융단 폭격이 아닌 선별 정밀 폭격이 요구된다.

수출 경쟁이 격화될수록 무역 상대국에 개방의 폭을 넓혀 호혜 관계를 유지하면서 통상 정책을 균형 있게 가져가는 세련미를 갖추어야 하고, 적정 환율을 유지할 수 있도록 외환시장을 안정시키고 이를 위한 국제 공조도 다져 놓아야 한다.

과거 우리의 구조조정은 기구를 축소 내지 통폐합하고 사람을 줄이는 다운사이징이 고작이었다. 핵심 부문에 역량을 집중시켜 내일을 설계하고 준비하는 리스트럭처링 restructuring이 진정한 구조조정이다. 저명한 경영 컨설턴트 오마에 겐이치는 "불황기에는 사람에게 투자하는 게 최고다. 기술이나 설비는 경기가 좋아지면 얼마든지 살 수 있지만 사람은 쉽게 얻을 수 없다. 글로벌 인재를 기르려면 최소한 10년은 걸린다."라고 했다. 새로운 도약을 위한 기본 다지기는 사람을 아끼고 키우는 데서 출발해야 한다.


## 제대로 평가받자


'메이드 인 코리아'에 대한 푸대접이 여전하다. 한국 상품을 구매하는 해외 바이어를 대상으로 대한무역진흥공사가 조사해 1월 21일 발표한 '국가 브랜드 현황'을 보자. 한국 상품의 가격을 100달러로 잡았을 때 미국, 독일, 일본, 중국 등 4개국에서 생산된 같은 제품에 얼마를 지불할 의사가 있는가를 물어봤다. 말하자면 지불 기대 가격이다. 독일 상품에는 149.4달러, 일본 상품에는 139.1달러, 미국 상품에는 135.6달러, 그리고 중국 상품에는 69.2달러를 지불할 의사가 있는 것으로 나타났다. 2년 전 조사 때보다는 선진 3개국과의 격차는 평균 5.2퍼센트 줄었다지만 격차는 지금도 30퍼센트를 훌쩍 넘는다.

그 차이를 코리아 디스카운트 Korea discount 로 볼 수 있다. 한국의 경제 규모는 국내총생산GDP 기준으로 세계 13위, 세계 100대 기업 수는 세 개로 7위권이다. 반면 국가 브랜드 가치는 33위에 불과하다. 코리아 디스카운트의 폭은 34퍼센트 정도 된다고 한다. 돈을 빌릴 때 스프레드 가산금리가 더 붙는 것도 여기에 비례한다.

원래 코리아 디스카운트는 한국 기업들의 값이 지나치게 싸다는 의미로 국제 금융 시장에서 통용되는 용어다. 선진국 기업들에 비해서는 말할 것도 없고 아시아 지역의 홍콩과 싱가포르, 심지어 대만과 타이, 말레이시아 기업들보다 한국 기업들이 30퍼센트 이상 낮은 수준으로 평가받아 왔다. 삼성전자 같은 대표적 우량 기업이 제대로 평가받는다면 추가적인 투자나 매출 없이도 주가는 30퍼센트 이상 높아질 수 있다는 계산이 된다.

한국 기업들이 이렇게 낮게 평가를 받는 원인으로 기업 지배 구조의 후진성과 노사 관계 불안이 지적되고 있다. 북한 핵문제 등 남북 관계의 불안도 주요 원인으로 곧잘 지적된다. 그러나 국가 위험에 해당하는 남북 관계 불안은 국가 신용도에 이미 반영되고 있다. 더구나 한국의 기업 가치가 국제 신용 평가 회사들의 한국에 대한 국가 신용도에 비해서도 낮기 때문에 남북 관계가 주요 원인이라고 보기는 어렵다.

한국 기업들의 투명성과 책임성은 많은 법과 제도를 개선했음에도 불구하고 크게 나아진 것이 없다는 것이 바깥의 대체적인 평가다. 그 근본 원인으로 재벌 기업의 소유 구조가 지목받고 있다. 재벌 총수와 그 가족들의 평균적인 소유 지분은 4퍼센트에 불과하다. 그럼에도 견제 받지 않는 절대적인 경영권을 행사하고, 그 결과에 대해 책임을 지지 않으면서 경영권을 대물림하고 있어서 투자자 불신의 구조적 원인이 되고 있다.

지배 구조와 함께 기업 경영에 대한 정부의 영향력 등 '외압' 의혹이 이런 불신을 증폭시킨다. 세계적 철강 기업 포스코는 2000년 민영화된 이후 외국인 주주가 현재 43퍼센트 선이다. 정부가 영향력을 미칠 수 있는 지분은 국민연금 4.3퍼센트 정도다. 그럼에도 정권이 바뀔 때마다 회장이 바뀌고 퇴임 후 뇌물 수수, 배임, 횡령 등의 혐의로 기소되는 일이 잦아 안팎의 오해를 사고 있다.

한국의 노사 관계에 대해 국제 평가 기관들은 "대립적이고 경직적이어서 경쟁력 약화의 주된 원인이 되고 있다."라며 부정적인 인식을 피력한다. 스위스의 국제경영개발원 IMD이 발표하는 한국의 노사 관계 경쟁력은 2008년 55위로 2003년 이래 6년 연속 조사 대상국 중 최하위로 평가됐다. 한국의 노조 결성률은 12퍼센트로 경제협력개발기구 OECD 회원국 가운데 가장 낮은 나라이면서 노사 불안은 가장 큰 나라의 하나로 평가받고 있다.

절대 다수의 노동자는 노동쟁의와 관계가 없고 노동자의 절반 이상을 차지하는 비정규직 노동자는 스스로 일자리를 지킬 힘이 없다. 강력한 교섭력을 무기로 투쟁 일변도로 치닫는 대기업 노조와 경영진 간의 힘겨루기 양상을 띠고 있다. 매년 통과의례처럼 파업이 반복되지만 개선되는 것은 없고 파업에 따른 피해는 비정규직 근로자와 하청업체, 궁극적으로 소비자들에게 전가되기 일쑤다. 노사가 각기 기득권을 지키기 위해 벌이는 이기적 행위가 코리아 디스카운트의 원인이 되고 국가 발전의 걸림돌이 되고 있는 것이다.

삼성과 LG가 '메이드 인 코리아'를 내세우지 않는 것은 대한민국의 국가 브랜드가 제품 판매와 기업 이미지에 도움이 되지 않기 때문이다. 세계 각국의 브랜드 경쟁은 치열하다. 높은 국가 브랜드 가치는 세계 소비자들의 태도를 호의적으로 변화시켜 그 국가의 개별 기업 상품 구매로까지 연결되기 때문이다. 비, 보아를 앞세운 문화에, 박태환, 김연아, 박지성을 앞세운 스포츠에, 휴대폰 반도체를 앞세운 글로벌 기업 수준에 대한민국 국가 브랜드가 따라가지 못하고 있다는 얘기다.

2002 월드컵 때 대한민국 공식 브랜드는 '다이내믹 코리아'였다. 2006년 산자부는 코리아 디스카운트에 대항하는 의미의 '프리미엄 코리아 전략'을 내세웠고, 2007년 2월 문화관광부는 '한韓 스타일 육성 계획', 한국관광공사는 '코리아 스파클링'을 각각 내걸었다.

정부 부처와 관계 기관들이 경쟁적으로 추진하지만 통일된 콘셉트와 대표 이미지가 없고 서로간의 유기적 통합을 통한 시너지 효과도 보이지 않는다. 국무총리가 위원장인 국가이미지위원회와 그 아래 이미지개발위원회의 조정 기능도 의문시된다.

코리아 디스카운트는 기업 부문만이 아니다. 국가 경쟁력 평가는 물론 대학 평가, 심지어 '월드컵 4강 축구'마저 심판의 봐주기로 평가절하된다. 주요 10개국 국민 1만 명을 대상으로 실시한 국가 브랜드 이미지 조사에서 한국은 중국과 인도보다 뒤지는 최하위권으로 나타났었다. 특히 한국 정부에 대한 이미지는 3분의 1이 '예측 불가'로 답했고 '위험하다'에서 심지어 '사악하다sinister'는 반응도 없지 않았다.

이런 '이상한' 이미지는 각종 국가 간 평가에 그대로 영향을 미친다. 국제경영개발원IMD이나 세계 경제포럼WEF 등이 작성하여 발표하는 한국의 국가경쟁력 순위는 기관별로 차이가 많고 순위 등락도 심해 일희일비하기 일쑤다.

조사 과정에서 설문조사가 절반 내지 70퍼센트의 비중을 차지해 조사의 객관성에 문제가 있다. 주된 응답자인 세계의 기업 경영자들은 국가경쟁력을 객관적으로 판단하기보다는 조사 당시의 경제·정치적 상황과 자신의 사업 여건과 경험 등을 감안해 응답하는 경향이 많다. 따라서 판단이 주관적이고 상황에 따라 변동성이 크다.

특히 제도와 관행, 문화, 가치관 등은 계량화가 어렵고 이에 대한 응답은 평소 한국에 대한 이미지와 선입견에 큰 영향을 미칠 수밖에 없다. 경제 구조나 발전 단계의 차이에 따른 국가 간 제도나 정책 역량의 차이는 반영되기가 어렵다.

그렇다고 평가 항목을 우리 쪽에서 집중 관리하고, 평가 관계자들에 대한 홍보 강화와 함께 국내 패널들의 우호적 응답과 권유 등을 통해 일시적으로 순위를 끌어올릴 수는 있겠지만 이는 본질인 국가경쟁력과는 무관한 부질없는 짓이다. 순위 변동에 민감하게 반응할 필요는 없다. 다만 경쟁 상대국에 비해 한국이 부족한 점, 노력과 개선이 필요한 부문에 대한 선의의 권고로 대범하게 받아들이면 된다.

한류 열풍으로 코리아 붐 조성에는 성공했지만 그 진원지인 아시아권에서도 문화 콘텐츠는 미국이나 유럽보다 떨어진다는 평가가 일반적이다. 문화 강국으로 대접은 받지 못한다는 얘기다. 한류 열풍을 지속시켜 '한 스타일'을 창출하는 데는 몇몇 인기 스타보다도 콘텐츠가 핵심이다. 황우석 교수의 논문 조작 사건 이후 한국 연구자들의 논문이 이유 없이 거절당하고 한국 과학자를 경계하는 국제 과학계의 코리아 디스카운트는 실로 가슴 아픈 일이다. 노벨상 집착이 부른 한국인들의 비극으로 회자되기도 한다. '노벨상 로비'를 둘러싼 한국 내의 옥신각신은 그야말로 누워서 침 뱉기다.

한국 학생들은 어릴 때부터 사교육에 시달려 스스로 호기심을 개발할 시간이 없다는 바깥의 지적들이 한국인들의 창의성 부족과 연결되고, 이것이 각급 학교의 국제 평가에도 그대로 영향을 미친다. 국력 평가와 국제경쟁력 평가에서 한국의 최대 강점은 항상 교육열과 높은 대학 진학률이다. 그럼에도 세계 100대 대학 등 랭킹의 상위권에 드는 한국의 대학은 하나도 없다. 한국의 국력과 한국 대학에 대한 평가 역시 엄청난 격차가 있다. 성급하게 성과에 너무 집착하고, 내실보다는 겉모양에 치중하며 기초 분야를 소홀히 해 온 한국 교육의 업보다.

고급 브랜드 시장에서 한국이 힘을 발휘하지 못하는 것은 디자인이나 품질의 문제라기보다는 브랜드 파워가 없기 때문이다. '프리미엄 브랜드'의 가장 중요한 가치는 신뢰다. 이 신뢰 요인에서 한국이 현저하게 낮은 평가를 받고 있는 것이 문제다. 이는 단순한 홍보 전략만으로는 안 된다. 분야별로 특화된 최고의 품질을 만들어 지역과 대상에 따라 쌍방의 소통 방식으로 꾸준히 파고들어야 한다. 여기에는 글로벌한 시각과 영어 커뮤니케이션 능력이 필수다.

한국 기업의 디스카운트 요인으로 지적되고 있는 기업 지배 구조는 실증 자료로 입증된 사실이라기보다는 가설적 주장이라는 견해도 있다. 한국 주식시장의 단기 투자 성향이 너무 강해 주가가 기업 실적과 동떨어져 형성되고, 그 결과 기업 가치와 펀더멘털 간 관련성이 낮은 데 따른 현상이라는 분석이다. 장기 투자 문화가 정착되면 코리아 디스카운트도 자연 해소될 것이라는 낙관적인 기대를 갖게 한다.

바깥에 비친 한국 경제의 아킬레스건은 노사 상생 문화의 부재다. 한국의 노사 관계는 대립 단계를 지나 상대방을 파트너로 인정하면서 갈등을 완화해 나가는 단계로 접어들었지만 상생과 공동 번영의 단계까지는 아직 요원하다. 외국인 투자 기업에 의한 노조들의 인수 반대, 무리한 고용 유지 요구, 게다가 국부 유출론과 '먹 튀'로 대표되는 반反외자 정서는 한국 경제를 깎아내리는 최대 요인의 하나다.

일자리 나누기로 고통을 분담하며 노사 모두가 살아남는 '윈윈' 방식의 구조 조정으로 대타협을 대내외에 과시할 수 있는 일대 기회. 네덜란드는 1982년 임금 삭감과 일자리 나누기를 통한 고용 확대를 골자로 한 '바세나르' 협약을 통해 경제 위기를 극복했었다. 경제 위기를 극복하고 코리아 디스카운트도 날려 버릴 수 있는 '2009 노사 대타협'을 이루어 내야 한다.


## 제 목소리를 내자


미국의 '스타 경제학자'의 한 사람인 제프리 삭스 교수 컬럼비아 대학는 연초 한국 방문 인터뷰(조선일보) 1월 17일자에서 만약 한국 대통령과 둘이서 마주 앉아 권고를 한다면 무슨 말을 하겠느냐는 질문을 받았다. 그는 대뜸 아프리카에 한국 기술로 거대한 태양광 발전소를 하나 세워 보라고 권하고 싶다고 말했다.

중남미의 외채 문제나 동유럽 국가들의 시장경제 전환에 활발한 자문을 해 온 그는 요즘 아프리카의 빈곤 해결에 관심과 열정을 쏟고 있다. 한국이 비교적 잘사는 나라이니까 태양광 발전소를 하나 지어 기부해 달라는 호소 정도로 받아들일 법도 하다. 그러나 그의 권고는 아프리카인들을 위하는 길이기도 하지만 한국을 위해서도 필요하다는 메시지를 강하게 담고 있다.

그 효과를 그는 세 가지로 요약했다. 우선 아프리카 전역에 한국이 개발 원조를 한다는 정치적 이미지를 매우 깊게 남길 수 있다. 빈곤과 함께 기회가 넘치는 땅 아프리카에 한국이 도덕적으로나 경제적으로 훌륭한 투자를 하는 셈이 된다. 또 한국의 기술 리더십을 전 세계에 광고하는 효과가 클 뿐 아니라 한국 정부는 대규모 재정 지출을 통하여 경기를 부양시키는 등 '1석 3조'의 효과를 거둘 수 있다고 했다. 한국이 국가적 위상과 경제력에 걸맞게 국제 사회에서 응분의 역할을 촉구한 얘기로 들린다.

한국은 1996년 엄청난 국가적 대가를 치르며 경제협력개발기구<sup>OECD</sup>에 스물아홉 번째 회원국으로 가입했다. OECD는 명색이 '선진 부국 클럽'이다. 그러나 가입 이후 10여 년이 지나도 회원국으로서 의무를 다할 뿐 제대로 선진국 대접도 못 받고 제 목소리도 못 내 OECD 회원국 맞느냐는 힐책도 가끔 듣는다. 통계 기준이 합치되지 않고 투명성도 결여돼 OECD 주요국별 각종 지표를 비교할 때 한국은 번번이 실종 상태다.

OECD 회원국이 되면 국가 위상의 제고와 함께 세계 경제 질서 형성에 참여할 수 있는 자격과 기회가 주어진다. 전세 관광버스를 타고 유럽 육로를 여행하다 국경을 지나갈 때 중국 관광객을 태운 버스는 멈추게 하고 형식적인 검문을 하면서 한국인들이 탄 버스는 그냥 통과시키는 광경을 가끔 볼 수 있다. 의아해서 물어봤더니 한국이 OECD 회원국이기 때문에 중국보다 예우를 해 준다는 설명이었다.

G8<sup>G7 + 러시아</sup>이 G13으로 확대 움직임을 보이면서 초청 대상 5개국이 브라질, 중국, 인도, 멕시코, 남아프리카로 굳혀지고 있다. 이 '플러스 5'에 왜 한국이 끼지 못하는가? 아시아에서 중국과 인도가 있어 지역별 안배 차원이라면 브라질과 멕시코는 꼭 남미와 중미로 구분해야 했을까? G13에 비중

© Michele Asselin/CORBIS

미국의 '스타 경제학자' 제프리 삭스 컬럼비아 대학교 교수는 아프리카에 한국 기술로 거대한 태양광 발전소를 하나 세울 것을 한국 대통령에게 제안하고 싶다고 말했다. 그의 권고는 아프리카인들을 위하는 길이기도 하지만, 한국이 개발 원조국이라는 정치적 이미지와 한국의 기술 리더십 선전, 그리고 대규모 재정 지출을 통한 경기 부양 등 한국에게도 이롭다는 메시지를 담고 있다. 한국이 국가적 위상과 경제력에 걸맞게 국제 사회에서 응분의 역할을 할 것을 촉구하고 있는 것이다.

있는 이슬람 국가 둘을 추가시켜 G15 내지 G16으로 확대하는 방안도 거론되고 있다. 그러나 여기에도 한국이 비집고 들어설 틈은 없어 보인다. 세계 질서는 다극 체제multipolarity에서 무극 체제nonpolarity로 바뀌고 있다. 열두 개가 넘는 주역들이 각기 다른 종류의 힘을 행사해 영향력과 책임 간의 글로벌 균형을 맞추기가 갈수록 복잡하고 어려워지고 있다. G7에서부터 G12 또는 G13의 기준이 경제 규모라면 한국이 배제될 이유가 없다. 우리의 경제 규모와 국력에 걸맞게 제 목소리를 내고 이를 관철시킬 수 있는 협상력을 속히 갖추어야 한다.

협상력은 곧 국력이라고 한다. 한미 FTA와 한미 쇠고기 협상, 한일 어업 협정 등 근래에 체결된 협정 및 협상은 협상력 부재와 미숙한 협상 기술로 국력을 끝없이 소모시키고 있다. 협상이란 내가 요구하는 것이 상대방에게도 이익이 된다는 것을 보여 줌으로써 상대방을 내가 원하는 방향으로 움직이는 기술이라고 한다. '준비의 기술'이다. '조속한 타결'을 목표로 스스로 시한을 정해 놓고 쫓기면서 벌이는 협상은 그 결과가 백전백패다. 국제 협상은 말이 국제 협상이지 '국내 협상'이 포함된 개념이다. 국제 협상의 과정과 결과를 뒷전에서 지켜보는 국민과 이해 집단을 설득하는 것도 국제 협상의 중요한 일부다. 당사자가 합의만 하면 모든 협상은 다시 할 수 있고, 고칠 수도 있고, 무효화할 수도 있다. 이 과정 또한 외교력과 협상력에 달려 있다.

자국 국민과 이해 집단을 설득하지 못하면서 바깥에 나가 제 목소리를 낼 수가 없고, 설사 목소리를 낸다 해도 상대방에게 설득력이 있을 리 없다. 제 목소리를 내기 위해 전문적인 협상 능력을 갖춰야 하고 분야별로 협상 전문가를 체계적으로 키워야 한다. 협상은 법적인 문제로 인식되지만 사람이 하기 때문에 서로 간에 신뢰가 중요하다. 통상 마찰이나 영토 분쟁은 법

보다는 신뢰로 풀어야 할 때가 더 많다. 우리를 제대로 알리고, 서로가 상대방의 입장에서 문제를 헤아릴 때 신뢰는 쌓인다.

다극화 내지 무극화 세계에서 한국이 주도적으로 국제 역학 관계를 만들어 나가려면 능동적인 세계화가 필수적이다. 한국의 세계화 수준은 OECD 회원국 가운데 최하위권이고, 세계 주요 62개국 조사에서도 인적 대외 접촉은 46위, 국제정치적 기여는 45위, 외국 직접 투자는 47위로 부끄러운 수준이다. 외국 문화 수용 정도는 세계 46위, 토플 점수는 세계 99위다. 영어 등 외국어를 통한 의사소통 능력도 능력이지만 한국 인재들의 시각이 글로벌하지 못한 점이 큰 걸림돌이다. 국정 데이터를 국제 기준에 맞춰 우리를 제대로 알리려는 국가적 노력이 부족할 수밖에 없다. 한국에는 영어로 된 공식 문서가 드물고 번역의 정확도도 떨어져 외국인들의 이해가 원활하지 못하다는 주한 외국인 상공회의소의 볼멘소리들이 이를 반증한다. 이러고서도 '소프트파워<sup>연성 국력</sup>'를 외쳐 대니 남들이 웃을 일이다.

국가 브랜드를 평가하는 척도로 후진국에 원조를 얼마나 주고 있느냐, 환경에 얼마나 관심을 갖고 있느냐, 문화 유산이 얼마나 있느냐, 그리고 당신이 기업의 최고경영자라면 그 나라<sup>조사 대상 국가</sup> 사람을 고용하겠는가의 여부가 중요시된다고 한다. 외국인들이 한국에 투자를 꺼리는 큰 이유의 하나가 언어 소통이다. 홍콩만 해도 우리 돈으로 월 100만 원 남짓한 월급만 주어도 영어에 능통한 사무직원을 구할 수 있지만 한국은 수백만 원을 주어도 어림도 없다는 얘기들이다.

한국이 단순히 잘사는 나라가 아니고 품격 있고 존경받는 나라가 되려면 지구촌 문제 해결에 적극 기여해야 한다. 새로운 국제 금융 질서 형성에 능동적으로 참여하고 글로벌 경제 위기 해결을 위한 협력 외교를 적극 펼쳐야 한다. OECD의 개발원조위원회에 조속히 가입해 총국민소득GNI 대비 대외 개발지원ODA 규모도 확대해야 한다. 제프리 삭스가 시사했듯이 대외개발지원은 그 지역에 대한 한국 기업의 해외 진출과 에너지 자원 확보 등에 전략적으로 활용할 수 있다.

한국이 제 목소리를 내며 국제 역학 관계를 엮어 나갈 수 있는 가장 큰 시험대가 한·중·일 새로운 협력 체제의 구축이다. 중국과 일본의 주도권 싸움 때문에 3국간 신협력 체제에 의문이 제기되기도 하지만 세계적 경기침체와 각국이 느끼는 통화 문제의 부담 때문에 서로 협조할 최적의 기회를 맞았다고 볼 수도 있다. 몇 세기에 걸쳐 전쟁을 하고 역사적 응어리가 많은 유럽 국가들이 오늘의 EU로 뭉치는 세상에 3국이 밀접하게 협력 체체를 구축하지 못할 이유는 없다. 한국이 중국·일본과 통화스와프 라인을 통해 그 가능성을 뚫었고 이를 통해 지역간 협력 체제를 굳힌다면 세계 경제 질서에 하나의 중요한 축을 형성할 수도 있다.

2008년 12월 한·중·일 정상회담을 계기로 3국간 포괄적 경제 안보 협력 체체가 마련되고 그동안 유명무실했던 동아시아 다자 협력 체제도 탄력을 받고 있다. 게다가 미국 오바마 대통령 당선을 계기로 다문화, 다인종을 포용하려는 정책적 노력이 전 세계로 파급되고 정치·경제뿐 아니라 예술과 문화 등 다양한 분야에서 다원주의가 확산되면서 아시아계 등 비영미권의 약진이 두드러지고 있는 추세다. 이 모두가 한국에는 새로운 기회다.

특히 한국 경제의 성장 과정과 그 역동성은 세계가 부러워하는 자산이다. 한국이 제 목소리를 갖고 이를 세계와 나눠 가지면서 한국적인 것이 세계적인 것이 되고, 세계적인 것이 한국적인 것이 되도록 만들어야 한다.

## 새 리더십을 창출하자

세기의 금융 쓰나미로 실물경제가 반토막 나면서 세계가 처절한 생존 게임에 들어갔다. 경제가 언제 회복될지는 아무도 모른다. 좋아질 때까지 당분간 더 나빠질 것이라는 전망 아닌 전망이 고작이다. 회복은 우리가 하기에 달렸고 우리 스스로가 만들어 낼 수밖에 없다. 반 토막 난 몸뚱이로 살아남으면서 동시에 회복 후의 새로운 도약을 준비해야 한다. 세계가 다 함께 어렵다면 역경에 역경을 헤쳐 온 한국으로서는 해볼 만한 게임이다.

가장 중요한 것이 우리의 국가적 역량을 한데 모으는 일이다. 국력 방정식이라는 것이 있다. 국력(P)=(C+E+M)×(S+W)이 그것이다. C는 영토와 인구 등 국가 규모, E는 경제력, M은 군사력이다. 이 셋의 합이 유형有形의 국력이다. S는 국가 전략, W는 이를 믿고 따르는 국민의 의지다. 유형의 국력이 아무리 방대해도 무형의 국력이 제로가 되면 전체 국력은 별 소용이 없게 된다. 미국이 베트남 전쟁에서 약소국 월맹에게 패배한 것도, 이라크 전쟁에서 지금까지 헤어 나오지 못하는 것도 이 'S+W'가 제로 상태였기 때문이다.

지도자가 국가 전략을 잘 세우고 국민들이 이를 믿고 자발적으로 따른다면 경제의 덩치가 반 토막 나도 국력은 얼마든지 극대화할 수 있다는 얘기가 된다. 이 S+W가 바로 국가 리더십이다. 이 국가 리더십은 위기일수록 빛이 난다. 프랑스의 구국 영웅 샤를르 드 골은 "프랑스에는 위기가 와야 한다. 그것 말고는 265가지 치즈 맛을 서로 뽐내는 이 나라를 단결시킬 수 없다."라고 단언했다. 드 골에게 위기는 기회였고 이를 현실화한 것은 '프랑스의 영광'이란 비전이었다.

글로벌 금융 위기 훨씬 이전부터 한국 경제는 구조적 위기에 직면해 있었다. 자본시장이 완전히 개방되면서 무한 경쟁 시대에 돌입했고 승자가 모든 것을 독식하면서 전 산업 부문이 경쟁 낙오 위험에 노출됐다. 국내 산업이 공동화되면서 성장 잠재력이 둔화되고, 투자와 기술 축적, 인적자원 개발이 모두 부진한 가운데 경제가 저성장의 함정에 빠져 들고 있다는 경고음이 잇따랐다. 제조업은 중국에 내주고 '반도체 이후'의 신통한 대안이 없다면 대한민국은 중국 옆에서 뭘 먹고 살 것인가 하는 절박한 물음도 제기됐다.

"삼성뿐 아니라 나라 전체가 정신을 차리지 않으면 사오 년 뒤에는 아주 혼란스러워질 것"이라는 2007년 봄 당시 삼성 이건희 회장의 경고가 기억에도 새롭다. 고비용 구조에 따른 과거의 고성장 시대가 가고 새로운 성장 모델과 나라 경제의 큰 그림을 다시 그려야 할 시기에 세계 동시 불황이 닥친 것이다.

'경제 하나만큼은 책임지겠다.'라고 공언하며 7퍼센트 경제 성장, 일인당 국민소득 4만 달러, 세계 7위 경제 국가 등 '대한민국 747공약'을 내건 이명박 정부의 의욕과 패기는 높이 살 만했다. 그러나 출범 1년도 못 돼 성장률은 마이너스로, 국민소득은 1만 달러 대로 뒷걸음질쳤다. 글로벌 금융 위기가 나지 않았어도 세계적 저성장 시대에 이들 목표는 애초부터 무리였고 비현실적이었다. 경제 성장률은 나라 전체 경제 활동의 총체적 결과물이다. 성장률 약속은 본질상 공약으로 부적절한데도 선거 때마다 뜨거운 감자가 되는 것은 성장률에 대한 이해 부족과 포퓰리즘 때문이다. 정책 노력 목표라고 둘러대지만 성장률을 정책 공약으로 내거는 나라는 지구상에 한국 말고는 찾아보기 힘들다.

경제 위기가 본격화하면서 청와대 지하 벙커에 경제 위기 상황실을 설치하고 '선제적 대응'에 정부가 팔을 걷고 나서는 모습은 보기에 든든하다. '위기를 기회로'라는 모토 아래 '튼튼한 경제', '신속한 대처', '철저한 확인' 등 군부대 지휘관실에나 붙어 있을 만한 구호들이 지하 벙커에 나붙었다고 한다. 그러나 이는 재난 현장에서 긴급 구조 작업을 벌이는 소방관들을 연상시킬 뿐 어려움에 처한 국민들에게 희망과 내일의 비전을 주는 메시지와 콘텐츠는 좀체 읽을 수가 없다.

이번 위기가 우리에게 기회라면 어떤 부문에 어떤 어려움이 있고, 우리가 어떻게 참고 대처하면 언제쯤 어떤 기회가 온다는 구체적 그림을 국민 앞에 그려 보이고 희망을 심어야 한다. 그럼에도 우리 국민은 저력이 있어 어려움을 능히 극복할 수 있다, 참고 견디면 희망이 있다, 국제 기관들이 한국이 가장 먼저 회복세를 보일 것으로 전망했다라는 둥 일반론이 고작이다. 이런 말들을 믿고 정부를 따르라고 한다면 이는 리더십이 아니다.

녹색 성장이 국정 운영의 새로운 비전으로 제시되기는 했다. 그러나 참여 정부의 10대 성장 동력 산업처럼 우리의 기술력 수준은 생각 않고 유망성에만 초점을 맞추느라 경쟁국들과 차별성도 없고 현실성도 떨어져 보인다. 녹색 산업이 아직 초기 단계이고, 선도 기업과의 기술 격차가 크지 않아 한국 기업들이 시장의 주역으로 나서는 일은 불가능한 일은 아니다.

그러나 녹색 성장이 국가 발전의 새 패러다임으로 자리 잡으려면 연구개발과 산업화를 위한 중장기 로드맵은 물론 법 제도 등 인프라 정비와 구체적 실천 계획이 앞서야 한다. 선진국들은 물론이고 중국 등 신흥개도국들의 대규모 투자가 예상되는 마당에 무엇이든 할 수 있다는 정신만으로 덤비는 것은 무리다. 졸속 비전으로는 국민들에게 감동을 줄 수 없고, '건설만 있고 녹색은 없는 성장', '건설을 앞세운 녹색 도박'이란 오해에서도 자유로울 수가 없다.

한국이 국가적 역량을 결집시켜 현재의 위기를 재도약의 기회로 삼으려면 국가 리더십부터 재정립해야 한다. 새 성장의 리더십, 소통의 리더십, 그리고 신뢰와 행복의 리더십이다.

한국 경제는 경제 선진화를 달성하기도 전에 조로$^{早老}$ 현상을 보이며 성장 엔진이 식어 왔다. 이 엔진을 재가동해 성장 시스템을 복원하는 일이 화급한 국가 과제다. 경제 규모가 세계 10위권에 들고 세계적인 저성장 국면에서 과거와 같은 고성장은 기대하기 어렵다. 지속적이고 안정적인 성장을 위해 성장 친화적 정책 환경을 조성하고, 기업의 기를 살리고, 시장경제 시스템에 한국 대기업 집단 시스템의 강점을 접목시켜 한국형 성장 시스템을 새로이 구축할 때다.

그룹 단위의 베팅 없이 오늘의 삼성전자를 생각하기 어렵다. 일관되고 체계적인 성장 전략을 수립하고 이 비전을 국민과의 소통을 통해 사회적 합의를 이루면서 국민을 이끌고 가는 능력이 곧 성장의 리더십이다.

새로운 정책이 성공하려면 정책 자체의 질도 중요하지만 소통을 통한 이해 관계자의 조정도 필수적이다. 정책의 질은 필요조건이지만 소통은 충분조건에 해당한다. 위기 극복 때일수록 소통이 중요하다. 대공황 때 루스벨트는 수시로 국민의 동의를 구하며 정책에 확신을 가질 수 있도록 국민을 설득했다. 고이즈미 준이치로 전 일본 총리는 우정성 등 공공 부문 혁신을 추진할 때 거의 매일 TV에 등장해 규제 개혁에 관한 소신을 피력하며 개혁에 대한 공감대 형성에 주력했다. 루드 루버스 전 네델란드 총리는 노사 양측을 끈질기게 설득해 임금 인상 자제와 일자리 나누기의 '바세나르' 협약을 이끌어내어 1990년대 네델란드 기적의 초석을 놓았다. 이것이 바로 소통의 리더십이다.

한국 사회의 갈등은 단순한 경제 문제를 넘어 이념, 복지, 환경, 세대 갈등을 포함하는 복합 갈등으로 번지고 있다. 그러나 갈등 조정 및 해결 장치가 미흡하고 사회적 갈등이 법과 질서 위반으로 표출돼 경제의 성장 동력이 훼손되는 사례가 빈발하고 있다. 성장이 분배를 개선하는 선순환 메커니즘을 확립하고 타협의 문화가 정착되도록 법치의 확보를 통해 사회적 신뢰를 축적하는 것이 신뢰의 리더십이다.

성장의 목표는 모두 함께 잘사는 것이다. 그런데 잘사는 것은 곧 부자가 되는 것을 의미하지는 않는다. 가진 것의 많고 적음에 관계없이 국민 모두를 행복하게 만드는 것이 행복의 리더십이다. 성장률 수치보다 국민들의 삶의 질인 행복지수를 높이는 일이 더 중요하다.

앞으로 적어도 사오 년은 우리 모두가 어려움을 각오해야 한다. 이명박 정부는 남은 4년 동안 경제 실적 수치에 집착하거나 연연치 말고 새로운 국가 리더십을 창출하고 실천에 옮겨 한국 경제 재도약의 발판을 탄탄히 다져 놓아야 한다. 그 열매는 다음 정부 때부터 거두겠지만 미래의 세대를 위해 국가적 초석을 다져 놓는 일이 '불도저 건설 대통령 MB'의 이미지에 더 걸맞고, 청계천 복원과 4대 강 정비와는 비교도 안 되는 역사적 업적으로 평가받을 것이다.

# 글로벌 금융 위기 주요 일지 (2007년 2월 – 2009년 2월)

## 2007년

**2월 28일**    프래디맥, 서브프라임 모기지 채권 더 이상 매입하지 않는다고 발표.

**3월 13일**    미국 모기지은행협회, 2006년 4분기 중 서브프라임 연체율 13.3퍼센트로 급증했다고 발표.

**4월 3일**    주요 모기지 대출 회사 뉴센추리파이낸셜 파산 신청.

**6월 10일**    무디스가 서브프라임 관련 주택담보부증권 및 부채담보부증권CDO의 신용 등급을 낮추자, S&P도 뒤따라 등급 하향 조정.

**7월 31일**    베어스턴스 산하 두 헤지펀드 파산 신청.

**8월 2일**    독일 IKB 은행 미국 서브프라임 부실로 긴급구제 위기.

**8월 6일**    아메리칸홈모기지 투자회사 파산 신청.

**8월 9일**    프랑스 BNP파리바, 두 개 펀드의 유동성 완전 증발했다고 발표.

**8월 28일**    독일 작센 란데스방크, 서브프라임 부실로 붕괴 직전에 경쟁 은행에 팔림.

**9월 13일**    영국은행, 노던록 은행 긴급구제 금융 지원.

**9월 18일**    미국 연방준비은행, 기준금리 4.75퍼센트로 0.5퍼센트 포인트 인하.

**10월 1일**    스위스 UBS 은행 34억 달러 손실 발표와 함께 CEO 사임.

**10월 30일**    메릴린치 79억 달러 손실 발표 후 CEO 사임.

**12월 19일**    S&P 채권 보증 회사 모노라인의 투자 등급 하향 조정.

## 2008년

**1월 21일**    세계 주식시장, 2001년 9·11 테러 사건 이후 최대 폭락.

1월 22일  미국 연방준비은행, 기준금리 25년 만에 최대 폭인 0.75퍼센트 포인
트 인하.

2월 10일  G7 정상들, 서브프라임 관련 손실 4000억 달러라고 밝힘.

3월 17일  월 스트리트 다섯 번째로 큰 투자은행 베어스턴스, 헐값에 JP모건체이
스로 넘어감.

4월  8일  IMF, 신용경색에 따른 세계 경제 손실 1조 달러 이상으로 추정.

5월 22일  스위스 UBS은행, 370억 달러 손실 보전 위해 155억 달러 신주 발행.

6월 25일  영국 바클레이즈 은행, 45억 파운드 상당 주식 발행.

7월 13일  모기지 대출 은행 인디맥 파산, 미국 은행 파산 역사상 두 번째로 큰
규모.

7월 14일  패니메이와 프레디맥에 금융 당국 개입.

8월  4일  서브프라임 부실 피해가 큰 HSBC 은행 상반기 이익 28퍼센트 하락.

9월  7일  미국 모기지 두 거인 패니메이와 프레디맥 정부가 긴급구제.

9월 15일  리먼브라더스 파산 신청, 메릴린치는 뱅크오브아메리카BOA에 넘어
감.

9월 16일  최대 보험 회사 AIG에 850억 달러 구제금융 지원, 주식 80퍼센트 정
부 인수.

9월 18일  FRB, 유럽과 일본 등에 1000억 달러 통화스와프 허용.

9월 24일  유럽중앙은행ECB이 영국, 스위스, 일본에 통화스와프 무제한 허용.

9월 25일  자산 3070억 달러의 모기지 대출 은행 워싱턴뮤추얼이 JP모건체이스
에 매각. 미국 은행 파산 역사상 최대 규모.

9월 28일  유럽 금융 보험 거인 포르티스 일부 국유화.

9월 29일  미국 네 번째로 큰 은행 와초비아, 씨티그룹이 인수.

**10월 3일**　미국 하원, 7000억 달러 금융 구제 법안 승인.

**10월 7일**　아이슬란드 정부, 두 번째로 큰 은행 란드스방키 국유화.

**10월11일**　G7 재무장관들 5개 항의 신용경색 완화 공조에 합의.

**10월19일**　한국 정부, 1300억 달러 규모의 긴급 금융 지원 종합 대책 발표.

**10월30일**　미 연방준비은행 기준금리 1.5퍼센트에서 1퍼센트로 인하.

　　　　　한국, 브라질, 멕시코, 싱가포르에 통화스와프 확대.

　　　　　IMF, 단기유동성지원제도SLF 설립.

**11월 6일**　IMF, 우크라이나에 164억 달러 구제금융 지원.

　　　　　영국 중앙은행, 기준금리 1955년 이래 최저인 3퍼센트로 인하.

　　　　　유럽 중앙은행, 유로 지역 금리 3.25퍼센트로 인하.

**11월 9일**　중국, 2년간 5860억 달러 경제 부양 종합 시책 발표.

**11월20일**　IMF, 아이슬란드에 21억 달러 구제금융 지원.

**11월23일**　미국 정부, 씨티그룹에 200억 달러 긴급 지원.

**11월25일**　IMF, 파키스탄에 76억 달러 긴급 융자 지원.

**12월 1일**　미국 NBER전미경제연구소, 미국 경제 2007년 12월부터 경기후퇴

　　　　　recession에 진입했다고 공식 선언.

**12월 4일**　사르코지 프랑스 대통령, 260억 유로 경제 부양책 발표.

**12월 16일**　미 연방준비은행, 기준금리 1퍼센트에서 0.25퍼센트 내지 0퍼센트로

　　　　　사실상 제로 금리로 인하.

**12월19일**　일본 중앙은행, 기준금리 0.3퍼센트에서 0.1퍼센트로 인하.

**12월29일**　미국 재무부, 제너럴모터스의 자동차 구입 융자 회사 GMAC에 60억

　　　　　달러 구제금융 지원.

**2009년**

**1월  8일**   영국은행, 기준금리 315년 역사상 최저인 1.5퍼센트로 인하.

**1월 13일**   독일 메르켈 총리, 500억 유로 규모의 종합 경기 부양책 발표.

**1월 15일**   유럽 중앙은행, 유로 지역 금리 2퍼센트로 인하.

**1월 16일**   미국 정부 BOA에 200억 달러 추가 지원, 씨티그룹은 두 개 분야로 분
리 계획 발표.

**1월 24일**   미국 오바마 대통령, 경제 부양 대책 80퍼센트를 18개월 내 지출 다짐.

**1월 28일**   IMF, 2009년 세계 경제 성장률 전망치를 0.5퍼센트로 다시 하향 조정.
미국 하원, 8190억 달러 규모의 오바마 경기 부양 종합 대책을 공화당
의 찬성 없이 민주당 지지만으로(244대 188) 승인.

**2월  3일**   미국 FRB, 통화스와프 만기 6개월 연장 허용.

# 위기와 기회
## 세계 동시 불황, 한국에는 기회다

1판 1쇄 찍음  2009년 3월  5일
1판 1쇄 펴냄  2009년 3월 10일

지은이  변상근
발행인  박근섭·박상준
편집인  장은수
펴낸곳  (주)민음사

출판등록  1966. 5. 19. 제16-490호
주소  서울시 강남구 신사동 506번지 강남출판문화센터 5층 (135-887)
대표전화  515-2000 | 팩시밀리  515-2007
홈페이지  www.minumsa.com

값 13,000원



ISBN 978-89-374-2657-5 (03320)